全 世 界 无 产 者 ， 联 合 起 来 ！

恩格斯

自然辩证法

中共中央 马克思 恩格斯 著作编译局编译
列　宁　斯大林

人民出版社

编 辑 说 明

　　马克思、恩格斯和列宁的著作是马克思主义的理论原典,是学习、研究、宣传和普及马克思主义的基础文献。为了适应马克思主义中国化、时代化、大众化不断推进的形势,满足广大读者多层次的需求,我们总结了迄今为止的编译经验,考察了国内外出版的有关读物,吸收了理论界提出的宝贵建议,精选马克思、恩格斯和列宁的重要著述,编成《马列主义经典作家文库》。

　　文库辑录的文献分为三个系列:一是著作单行本,收录经典作家撰写的独立成书的重要著作;二是专题选编本,收录经典作家集中论述有关问题的短篇著作和论著节选;三是要论摘编本,辑录经典作家对有关专题的论述,按逻辑结构进行编排。

　　文库编辑工作遵循面向实践、贴近群众的原则,力求在时代特色、学术质量、编排设计方面体现新的水准。

　　本系列是《马列主义经典作家文库》的著作单行本,主要收录马克思、恩格斯和列宁的基本著作以及在各个历史时期的代表性著作,同时收入马克思、恩格斯和列宁在不同时期为这些著作撰写的序言、导言或跋。有些重点著作还增设附录,收入对理解和研究经典著作正文有重要参考价值的文献和史料。列入著作单行本系列的文献一般都是全文刊行,只有马克思恩格斯的《德意志意识形态》、马克思的经济学手稿以及列宁的《哲学笔记》等篇幅较大的著作采用节选形式。

著作单行本系列所收的文献均采用马克思、恩格斯和列宁著作最新版本的译文,以确保经典著作译文的统一性和准确性。自1995年起,由我局编译的《马克思恩格斯全集》第二版陆续问世,迄今已出版24卷;从2004年起,我们又先后编译并出版了《马克思恩格斯文集》和《马克思恩格斯选集》第三版。著作单行本系列收录的马克思恩格斯著作采用了上述最新版本的译文,对未收入上述版本的马克思恩格斯著作的译文,我们按照最新版本的编译标准进行了审核和修订;列宁著作则采用由我局编译的《列宁全集》第二版和《列宁选集》第三版修订版译文。

著作单行本系列采用统一的编辑体例。每本书正文前面均刊有《编者引言》,简要地综述相关著作的时代背景、理论观点和历史地位,帮助读者理解原著、把握要义;同时概括地介绍相关著作写作和流传情况以及中文译本的编译出版情况,供读者参考。正文后面均附有注释和人名索引,以便于读者查考和检索。

著作单行本系列的技术规格沿用《马克思恩格斯全集》第二版和《列宁全集》第二版的相关规定。在马克思、恩格斯、列宁著作的目录和正文中,凡标有星花*的标题都是编者加的;引文中的尖括号〈 〉内的文字和标点符号是马克思、恩格斯、列宁加的;未注明"编者注"的脚注,是马克思、恩格斯、列宁的原注;人名索引的条目按汉语拼音字母顺序排列。在马克思恩格斯著作中,引文里加圈点处是马克思、恩格斯加着重号的地方,目录和正文中方括号〔 〕内的文字是编者加的。在列宁著作中,凡注明"俄文版编者注"的脚注都是指《列宁全集》俄文第五版编者加的注,人名索引中的条头括号内用黑体字排印的是相关人物的真实姓名,未加黑体的则是笔名、别名、曾用名或绰号。此外,列宁著作标题下括号内的日期是编者加的;编者加的日期,公历和俄历并用时,俄历在前,公历在后。

中共中央 马克思　恩格斯 著作编译局
　　　　　列　宁　斯大林
2014 年 6 月

目　录

插　图

编 者 引 言

《自然辩证法》是恩格斯 1873—1882 年撰写的一部未完成的手稿，由论文、札记和片断等组成，是他研究自然界和自然科学的辩证法问题的重要著作。

从 19 世纪中叶开始，自然科学突飞猛进，其标志性成果是细胞学说、能量守恒和转化定律、生物进化论这三大发现。自然科学的新发展为马克思主义科学世界观提供了丰富的科学依据。

1869 年恩格斯结束了曼彻斯特的商业活动，1870 年迁居伦敦。他积极投身工人运动，和马克思一起在国际工人协会内部开展反对错误思潮的斗争，指导工人阶级建立独立政党的活动。为了捍卫、传播和发展马克思主义，他投入紧张的理论研究工作，系统阐发马克思主义基本原理；为了进一步论证辩证唯物主义的自然观，他全面总结了自然科学的新成就，深入研究了自然界和自然科学中的辩证法问题。《自然辩证法》就是恩格斯在 19 世纪 70 年代到 80 年代初理论研究的重要成果之一。

　　恩格斯在这部著作中论述了自然科学史、唯物辩证的自然观和自然科学观、自然科学和哲学的关系、自然界的辩证法规律和自然科学的辩证内容、自然研究中的认识论和方法论问题。这部著作开辟了马克思主义哲学的一个新领域，为自然辩证法这一学科奠定了理论基础。

　　恩格斯在《导言》和相关札记中用辩证唯物主义的观点总结了欧洲文艺复兴以来近代自然科学形成和发展的历史以及自然科学的成就，批判了形而上学的自然观，阐述了辩证唯物主义自然观的自然科学基础及其基本特征。他指出，从近代自然科学诞生到18世纪上半叶，自然科学还处于掌握已有材料的时期，"这个时期的突出特征是形成了一种独特的总观点，其核心就是自然界绝对不变的看法。不管自然界本身是怎样产生的，只要它一旦存在，那么它在存在的时候就总是这个样子"（见本书第12页）。从18世纪下半叶开始，自然科学从收集材料阶段进入综合整理和理论概括阶段，自然科学的各个部门迅速发展，取得巨大成就，特别是能量守恒和转化定律、细胞学说和达尔文的生物进化论等发现，揭示了自然界的普遍联系和发展的辩证过程，为辩证唯物主义自然观的确立奠定了自然科学基础。"新的自然观就其基本点来说已经完备：一切僵硬的东西溶解了，一切固定的东西消散了，一切被当做永恒存在的特殊的东西变成了转瞬即逝的东西，整个自然界被证明是在永恒的流动和循环中运动着。"（见本书第18页）

　　恩格斯以大量自然科学的成就论述了自然界的辩证发展直至人类产生的过程。他还分析了自然科学与生产的关系，揭示了自然科学发展的原因，指出："科学的产生和发展一开始就是由生产决定的。""如果说，在中世纪的黑夜之后，科学以意想不到的力量

一下子重新兴起,并且以神奇的速度发展起来,那么,我们要再次把这个奇迹归功于生产。"(见本书第28页)

在《〈反杜林论〉旧序。论辩证法》、《神灵世界中的自然研究》及相关札记中,恩格斯论述了哲学和自然科学的关系、自然科学家掌握唯物辩证法的必要性。他指出,自然科学发展到19世纪,在各个领域已积累了大量实证知识材料,迫切需要在每一研究领域中系统地按其内在联系来整理这些材料,也迫切需要在各个知识领域之间确立正确的关系,而在这里经验的方法不中用了,只有理论思维才管用。因此,自然科学家必须摆脱形而上学,掌握唯物辩证法,"对于现今的自然科学来说,辩证法恰好是最重要的思维形式,因为只有辩证法才为自然界中出现的发展过程,为各种普遍的联系,为一个研究领域向另一个研究领域过渡提供类比,从而提供说明方法"(见本书第42页)。他强调指出:"一个民族要想站在科学的最高峰,就一刻也不能没有理论思维。"(见本书第43页)恩格斯还通过一些自然科学家迷信降神术、陷入唯灵论的实例,阐明了自然科学家停留于片面经验而忽视理论思维的危害,指出:"蔑视辩证法是不能不受惩罚的";"经验主义者蔑视辩证法便受到惩罚:连某些最清醒的经验主义者也陷入最荒唐的迷信中,陷入现代唯灵论中去了。"(见本书第59页)

在《辩证法》及相关的札记中,恩格斯阐明了辩证法作为同形而上学相对立的关于联系的科学的一般性质及其基本规律。他把唯物辩证法的规律归结为"量转化为质和质转化为量的规律"、"对立的相互渗透的规律"、"否定的否定的规律",指出辩证法的规律是从自然界和人类社会的历史中抽象出来的,也是思维本身的一般规律。他还区别了客观辩证法和主观辩证法,指出"所谓的客观辩证法是在整个自然界中起支配作用的,而所谓的主观辩证法,即辩证的思维,不过是在自然界中到处发生作用的、对立中的运动的反映"(见本书第82页)。他对唯物辩证法的一些重要范畴,如同一和差别、必然性和偶然性、有限和无限、相互作用、因果性等等,作了科学的剖析,阐明了它们的辩证内涵。他还论述了自然研究中的认识论和辩证逻辑问题,阐明了判断的辩证分类、归纳与演绎的辩证关系,批判了自然研究中的不可知论。

在论述物质运动形式的论文和札记中,恩格斯阐明了辩证唯物主义的运动观:"运动,就它被理解为物质的存在方式、物质的固有属性这一最一般的意义来说,涵盖宇宙中发生的一切变化和过程,从单纯的位置变动直到思维。"(见本书第132页)整个自然界构成各种物体相联系的总体,各种物体是相互作用着的,"它们的相互作用就是运动",因此,"没有运动,物质是不可想象的"(见本书第133页)。他考察了物质运动的几种基本形式以及这些运动形式由低级向高级的转化,由此说明研究物质不同运动形式的各门自然科学之间的有机联系。恩格斯还广泛收集了数学、力学、天文学、物理学、化学和生物学的材料,用唯物辩证法观点对这些科学材料进行梳理和评述。他总结了这些科学领域取得的成果,批判了自然科学研究中的各种错误倾向,揭示了各门科学中的辩证内容,进一步论证了辩证思维对自然科学研究的重要性。

在《劳动在从猿到人的转变中的作用》一文中,恩格斯用历史唯物主义的观点研究了人类的起源问题,论述了劳动在人类起源中的决定性作用,指出:"劳动是整个人类生活的第一个基本条件,而且达到这样的程度,以致我们在某种意义上不得不说:劳动创造了人本身。"(见本书第303页)他阐明了人与动物在对待自然界方面的本质区别在于人能够按照自己的目的来利用自然界、支配自然界,同时强调必须处理好人与自然的关系,指出:"我们不要过分陶醉于我们人类对自然界的胜利。对于每一次这样的胜利,自然界都对我们进行报复。""我们每走一步都要记住:我们决不像征服者统治异族人那样支配自然界,决不像站在自然界之外的人似的去支配自然界……我们对自然界的整个支配作用,就在于我们比其他一切生物强,能够认识和正确运用自然规律。"(见本书第313—314页)他还指出,随着自然科学的大踏步前进,人们越来越有可能学会认识和控制我们日常的生产行为所造成的较远的自然后果,但是在资本主义生产方式中资本家都是为了直接的利润而从事生产和交换,他们不考虑这些行为的自然后果。因此,要处理好人与自然的关系,"需要对我们的直到目前为止的生产方式,以及同这种生产方式一起对我们的现今的整个社会制度实行完全的变革"(见本书第315页)。

恩格斯在阐发辩证唯物主义科学世界观的过程中高度重视自然科学的新成果,密切关注自然科学中的哲学问题。1873年1月前后,他打算写一部批判庸俗唯物主义者路·毕希纳的论战性著作,并拟定了提纲(见本书第60—63页),后来改变计划,转入写作《自然辩证法》。恩格斯在1873年5月30日给马克思的信中,叙述了撰写《自然辩证法》的宏大计划(见本书第325—327页)。在以后几年,恩格斯按既定计划做了大量工作,但原定计划未能完全实现。列入《自然辩证法》的材料,除《〈费尔巴哈〉的删略部分》外,都是1873—1882年这一时期写成的。《自然辩证法》的写作可分为两个主要时期:从计划写作这部著作到完成《反杜林论》(1873年初—1878年中);从《反杜林论》完成到马克思病逝前

(1878年夏—1882年夏)。在前一个时期,恩格斯几乎完成了所有的札记和有关问题的细节的研究,还写了一篇较完整的论文《导言》。在后一时期,恩格斯拟定了未来著作的具体计划,写完了几乎所有的论文。马克思逝世后,恩格斯把主要精力用于完成《资本论》的编辑出版工作和领导国际工人运动,停止了《自然辩证法》的写作。

恩格斯生前将《自然辩证法》的材料分为四束:《辩证法和自然科学》、《自然研究和辩证法》、《自然辩证法》、《数学和自然科学。各种札记》。四束手稿中还包括恩格斯原定计划以外的一些文稿:《〈反杜林论〉旧序》、《反杜林论》的注释(《关于现实世界中数学上的无限之原型》、《关于"机械的"的自然观》和《注释(1),凯库勒)》、《〈费尔巴哈〉的删略部分》、《劳动在从猿到人的转变中的作用》和《神灵世界中的自然研究》,此外还有几篇短小的札记材料。

《自然辩证法》的手稿在恩格斯生前没有发表过。恩格斯逝世后,德国有关报刊发表了收入《自然辩证法》手稿的两篇论文:《劳动在从猿到人的转变中的作用》发表在1896—1897年《新时代》第14年卷第1册;《神灵世界中的自然研究》发表在1898年《新世界历书》上。1925年《自然辩证法》以德文和俄译文对照的形式首次全文发表于《马克思恩格斯文库》莫斯科版第2卷。

《马克思恩格斯全集》历史考证版第1部分第26卷(1985年)刊出的《自然辩证法》,分别按手稿写作时间顺序编排和按手稿内容编排。后一种编排方式以恩格斯的写作计划为基本依据。本书采用后一种编排方式,并在每篇论文、札记和片断的开头标注按手稿写作时间顺序加的序号。

《自然辩证法》先后出版过几种不同的中译本:1932年上海神州国光社出版了杜畏之的译本;1950年北京三联书店出版了郑易里的译本;1955年人民出版社出版了曹葆华、于光远、谢宁的译本;1984年人民出版社出版了于光远等的译编本。

上个世纪70年代初,中央编译局根据《马克思恩格斯全集》德文版第20卷,同时参照俄文版《马克思恩格斯全集》第20卷译校《自然辩证法》,编入《马克思恩格斯全集》中文第一版第20卷,并出版了单行本,此后以节选的形式编入1972年出版的《马克思恩格斯选集》第一版第3卷,1995年又以节选的形式编入《马克思恩格斯选集》第二版第4卷,并根据1985年出版的《马克思恩格斯全集》历史考证版第1部分第26卷对译文作了修订。

从2004年起,中央编译局在编辑十卷本《马克思恩格斯文集》过程中,根据《马克思恩格斯全集》历史考证版第1部分第26卷,并参照《马克思恩格斯全集》德文版第20卷,对《自然辩证法》译文重新做了审核校订,以节选形式编入2009年出版的《马克思恩格斯文集》第9卷,此后又编入2012年出版的《马克思恩格斯选集》第三版第3卷。2014年,中央编译局在出版《马克思恩格斯全集》中文第二版第26卷时全文收入《自然辩证法》,并对没有收入《马克思恩格斯文集》第9卷的《自然辩证法》的部分译文重新作了修订。

本书采用了《马克思恩格斯全集》中文第二版第26卷的译文和资料,并在附录中全文收录或节录了恩格斯写给马克思以及彼·拉·拉甫罗夫的五封书信。这些书信反映了恩格斯一直非常关心自然科学的发展并注重从哲学上概括自然科学的成就,反映了恩格斯最初制定的关于《自然辩证法》的宏大计划。本书在末尾还收录了《〈自然辩证法〉细目(按手稿写作时间编排)》和《〈自然辩证法〉细目(按手稿内容编排)》以及《〈自然辩证法〉四束手稿内容索引》,供读者研究时参考。

弗·恩格斯

自 然 辩 证 法

［计 划 草 案］

［ 164 ］①

［1878 年的计划］**1**

1. 历史导论:在自然科学中,形而上学观点由于自然科学本身的发展已经站不住脚了。
2. 黑格尔以来的德国理论发展进程(旧序②)。回到辩证法是不自觉的,因而是充满矛盾的和缓慢的。
3. 辩证法是关于普遍联系的科学。主要规律:量和质的转化——两极对立的相互渗透和它们达到极端时的相互转化——由矛盾引起的发展或否定的否定——发展的螺旋形式。
4. 各门科学的联系。数学,力学,物理学,化学,生物学。圣西门(孔德)和黑格尔。
5. 关于各门科学及其辩证内容的概要:

---

① 方括号中的数字是编者按照恩格斯各篇手稿写作时间顺序加的序号。——编者注

② 指《〈反杜林论〉旧序。论辩证法》,见本书第39—48页。——编者注

（1）数学:辩证的辅助手段和表达方式——数学上的无限
是实际存在的;

（2）天体力学——现在被解释为一个**过程**。——力学:出
发点是惯性,而惯性只是运动不灭性的反面表现;

（3）物理学——分子运动的相互转化。克劳修斯和洛施
密特;

（4）化学:理论,能;

（5）生物学。达尔文主义。必然性和偶然性。

6. 认识的界限。杜布瓦-雷蒙**2**和耐格里**3**——亥姆霍兹,康
德,休谟。

7. 机械论。海克尔。**4**

8. 原生粒的灵魂——海克尔和耐格里。**5**

9. 科学和讲授——微耳和。**6**

10. 细胞国家——微耳和。**7**

11. 达尔文主义的政治学和社会学说——海克尔和施米特。**8**
人通过**劳动**而分化出来。——经济学应用于自然科学。
亥姆霍兹的"**功**"［"*Arbeit*"］（《通俗科学讲演集》第 2
册）。**9**

《自然辩证法》1878 年的计划手稿

［历 史 导 论］

［57］

［历　　史］①

现代自然科学——它同希腊人的天才的直觉和阿拉伯人的零散的无联系的研究比较起来,是唯一可以称得上科学的自然科学——发端于市民等级摧毁封建主义的那个伟大时代。那个时代,在市民和封建贵族间的斗争背景下出现了造反的农民,而在农民后面则出现了现代无产阶级的革命先驱,他们已经手持红旗,高喊共产主义了[10];那个时代,在欧洲建立起了大君主国,摧毁了教皇的精神独裁,重新展现了希腊的古代,同时展现了新时代的最高度的艺术发展,打破了旧世界的界限,并且第一次真正地发现了地球。

这是地球从来没有经历过的一场最伟大的革命。自然科学在这场革命中也生机勃勃,它是彻底革命的,它和意大利伟大人物[11]的觉醒的现代哲学携手并进,并使自己的殉道者被送到火刑场和牢狱。值得注意的是,新教徒同天主教徒一道竞相迫害他们。前

---

① 这篇札记是《导言》(见本书第8—27页)的初稿。——编者注

者烧死了塞尔维特,后者烧死了乔尔丹诺·布鲁诺。这是一个需要巨人并且产生了巨人的时代,那是一些在学识、精神和性格方面的巨人。这个时代,法国人正确地称之为文艺复兴,而新教的欧洲则片面狭隘地称之为宗教改革。

自然科学在当时也有自己的独立宣言[12],诚然,宣言并不是一开头就发布的,正如路德并不是第一个新教徒一样。哥白尼在自然科学领域内推出伟大的著作,犹如路德在宗教领域内焚毁教谕;哥白尼在他的著作中虽然还有些胆怯,但经过 36 年的踌躇之后,可以说是在临终之际向教会的迷信提出了挑战。[13]从此以后,自然研究基本上从宗教下面解放出来了,尽管彻底弄清各种细节的工作一直延续到今天,而且在许多人的头脑中还远没有解决。但是,科学的发展从此便大踏步地前进,这种发展可以说同从其出发点起的时间距离的平方成正比,仿佛要向世界表明,对于有机物最高精华的运动即对于人的精神起作用的,是一种和无机物的运动规律正好相反的规律。

近代自然科学的第一个时期——在无机界的领域内——是以牛顿告结束的。这是一个掌握已有材料的时期,它在数学、力学和天文学、静力学和动力学的领域中获得了伟大的成就,这一点尤其要归功于开普勒和伽利略,牛顿就是从他们那里得出自己的结论的。但是在有机界的领域内,却没有超出最初的阶段。对历史地相继出现和依次取代的生命形态以及与之相适应的各种变化着的生活条件的研究——古生物学和地质学——当时还不存在。那时,自然界根本不被看做某种历史地发展着的、在时间上具有自己的历史的东西;人们注意的仅仅是自然界在空间的广延性;各种不同的形态不是前后相继地而只是彼此并列地被组合在一起;博物学被认为适用于一切时代,就像行星的椭圆形轨道被认为适用于一切时代一样。对于有机物的所有进一步的研究,还缺乏两个首要的基础:化学以及关于有机物的主要结构即细胞的知识。开初那样革命的自然科学,面对着一个彻头彻尾保守的自然界,在这个自然界中,今天的一切都和世界一开始的时候一模一样,并且直到世界末日,一切都仍将和一开始的时候一模一样。

值得注意的是,这种保守的自然观无论在无机界中还是在有机界中［……］①

天文学	物理学	地质学	植物生理学	治疗学
力学	化学	古生物学	动物生理学	诊断学
数学		矿物学	解剖学	

第一个突破口:康德和拉普拉斯。第二个突破口:地质学和古生物学,赖尔,缓慢的进化。第三个突破口:有机化学,它制造出有机体,表明化学定律适用于有生命体。第四个突破口:1842年,力学的热理论,格罗夫。第五个突破口:拉马克,细胞等等,达尔文(斗争,居维叶和阿加西斯)。第六个突破口:解剖学、气候学(等温线)、动物地理学和植物地理学、特别是自然地理学(洪堡)②中**的比较的要素**(18世纪中叶以来的科学考察旅行),材料的搜集整理。形态学(胚胎学,贝尔)③。

旧的目的论被抛弃了,但这时有一种信念牢固地确立了:物质

---

① 手稿此处缺损。——编者注
② 指亚·洪堡《宇宙》1845—1862年柏林版第1—5卷。——编者注
③ 这篇札记到此为止的全部正文在手稿中用一条垂直线划掉了,因为恩格斯已在《导言》的第一部分(见本书第8—19页)中利用过。接下去的两段也部分地用于《导言》的第二部分(见本书第19—27页),但在手稿中并未划掉。——编者注

在其永恒的循环中是按照规律运动的,这些规律在一定的阶段上——时而在这里,时而在那里——必然在有机体中产生出思维着的精神。

动物的正常生存条件,是在它们当时所生活和所适应的环境中现成具有的;而人一旦从狭义的动物中分化出来,其正常生存条件却从来就不是现成具有的,这种条件只是由以后的历史的发展造成的。人是唯一能够挣脱纯粹动物状态的动物——他的正常状态是一种同他的意识相适应的状态,是**需要他自己来创造的**状态。

［ 98 ］

［导　　言］[14]

现代的自然研究不同于古代人的天才的自然哲学的直觉,也不同于阿拉伯人的非常重要的、但是零散的并且大部分都无果而终的发现,它是唯一得到科学的、系统的、全面的发展的自然研究——现代的自然研究同整个近代史一样,发端于这样一个伟大的时代,这个时代,我们德国人根据我们当时所遭遇的民族不幸称之为宗教改革,法国人称之为文艺复兴,而意大利人则称之为 16世纪,但这些名称没有一个能把这个时代充分地表达出来。这个时代是从 15 世纪下半叶开始的。王权依靠市民摧毁了封建贵族的权力,建立了巨大的、实质上以民族为基础的君主国,而现代的欧洲国家和现代的资产阶级社会就在这种君主国里发展起来;当市民和贵族还在互相争斗时,德国农民战争就预告了未来的阶级斗争,因为德国农民战争不仅把起义的农民引上了舞台——这已经不是什么新鲜事了——，而且在农民之后，把现代无产阶级的先驱也引上了舞台，他们手持红旗，高喊财产公有的要求。拜占庭灭亡时抢救出来的手稿，罗马废墟中发掘出来的古代雕像，在惊讶的西方面前展示了一个新世界——希腊古代；在它的光辉的形象面前，中世纪的幽灵消逝了；意大利出现了出人意料的艺术繁荣，这种艺术繁荣好像是古典古代的反照，以后就再也不曾达到过。在意大利、法国、德国都产生了新的文学，即最初的现代文学；英国和西班牙跟着很快进入了自己的古典文学时代。旧世界的界限被打破了；直到这个时候才真正发现了地球，奠定了以后的世界贸易以及从手工业过渡到工场手工业的基础，而工场手工业则构成现代大工业的起点。教会的精神独裁被摧毁了，日耳曼语各民族大部分都直截了当地抛弃了它，接受了新教，同时，在罗曼语各民族那里，一种从阿拉伯人那里吸收过来并从新发现的希腊哲学那里得到营养的开朗的自由思想，越来越深地扎下了根，为18世纪的唯物主义做了准备。

这是人类以往从来没有经历过的一次最伟大的、进步的变革，是一个需要巨人并且产生了巨人的时代，那是一些在思维能力、激情和性格方面，在多才多艺和学识渊博方面的巨人。给资产阶级的现代统治打下基础的人物，决没有市民局限性。相反，这些人物都不同程度地体现了那种勇于冒险的时代特征。那时，几乎没有一个著名人物不曾作过长途的旅行，不会说四五种语言，不在好几个专业上放射出光芒。莱奥纳多·达·芬奇不仅是大画家，而且也是大数学家、力学家和工程师，他在物理学的各种不同分支中都有重要的发现。阿尔布雷希特·丢勒是画家、铜版雕刻家、雕塑家、建筑师，此外还发明了一种筑城学体系，这种筑城学体系已经包含了一些在很久以后又被蒙塔朗贝尔和近代德国筑城学采用的观念。马基雅弗利是政治家、历史编纂学家、诗人,同时又是第一个值得一提的近代军事著作家。路德不但清扫了教会这个奥吉亚斯的牛圈,而且也清扫了德国语言这个奥吉亚斯的牛圈,创造了现代德国散文,并且创作了成为 16 世纪《马赛曲》的充满胜利信心的赞美诗的词和曲。**15**那个时代的英雄们还没有成为分工的奴隶,而分工所产生的限制人的、使人片面化的影响,在他们的后继者那里我们是常常看到的。而尤其突出的是,他们几乎全都置身于时代运动中,在实际斗争中意气风发,站在这一方面或那一方面进行斗争,有人用舌和笔,有人用剑,有些人则两者并用。因此他们具有成为全面的人的那种性格上的丰富和力量。书斋里的学者是例外:他们不是二流或三流的人物,就是唯恐烧着自己手指的小心翼翼的庸人。

自然研究当时也在普遍的革命中发展着,而且它本身就是彻底革命的,因为它必须为争取自己的生存权利而斗争。自然研究同开创了近代哲学的意大利伟大人物携手并进,并使自己的殉道者被送到火刑场和宗教裁判所的牢狱。值得注意的是,新教徒在迫害自由的自然研究方面超过了天主教徒。塞尔维特正要发现血液循环过程的时候,加尔文便烧死了他,而且还活活地把他烤了两个钟头;而宗教裁判所则只是满足于直截了当地烧死乔尔丹诺·布鲁诺。

自然研究通过一个革命行动宣布了自己的独立,仿佛重演了路德焚毁教谕的行动,这个革命行动就是哥白尼那本不朽著作的出版①,他用这本著作向自然事物方面的教会权威提出了挑战,虽

---

① 尼·哥白尼《天体运行论》1543 年纽伦堡版。——编者注

然他当时还有些胆怯,而且可以说直到临终之际才采取了这一行动。从此自然研究便开始从神学中解放出来,尽管彼此间一些不同主张的争论一直延续到现在,而且在许多人的头脑中还远没有得到解决。但是科学的发展从此便大踏步地前进,而且很有力量,可以说同从其出发点起的(时间)距离的平方成正比。这种发展仿佛要向世界证明:从此以后,对有机物的最高产物即人的精神起作用的,是一种和无机物的运动规律正好相反的运动规律。

在自然科学的这一刚刚开始的最初时期,主要工作是掌握现有的材料。在大多数领域中必须完全从头做起。古代留传下欧几里得几何学和托勒密太阳系,阿拉伯人留传下十进位制、代数学的发端、现代的数字和炼金术;基督教的中世纪什么也没有留下。在这种情况下,占首要地位的必然是最基本的自然科学,即关于地球上的物体和天体的力学,和它靠近并且为它服务的,是一些数学方法的发现和完善化。在这方面已取得了一些伟大的成就。在以牛顿和林耐为标志的这一时期末,我们见到这些科学部门在某种程度上已臻完成。最重要的数学方法基本上被确立了;主要由笛卡儿确立了解析几何,耐普尔确立了对数,莱布尼茨,也许还有牛顿确立了微积分。固体力学也是一样,它的主要规律彻底弄清楚了。最后,在太阳系的天文学中,开普勒发现了行星运动的规律,而牛顿则从物质的普遍运动规律的角度对这些规律进行了概括。自然科学的其他部门甚至离这种初步的完成还很远。液体和气体的力学只是在这个时期末才有了更多的研究①。如果把光学当做例

----

① 恩格斯在此处页边上写着:"托里拆利在治理阿尔卑斯山区河流方面的研究。"——编者注

外,那么本来意义上的物理学在当时还没有超出最初的阶段,而光学取得例外的进步是由于天文学的实践需要。化学刚刚借助燃素说[16]从炼金术中解放出来。地质学还没有超出矿物学的胚胎阶段;因此古生物学还完全不可能存在。最后,在生物学领域内,人们主要还是从事搜集和初步整理大量的材料,不仅是植物学和动物学的材料,而且还有解剖学和本来意义上的生理学的材料。至于对各种生命形态的相互比较,对它们的地理分布以及对它们在气候学等方面的生活条件的研究,则还几乎谈不上。在这里,只有植物学和动物学由于林耐而接近完成。

　　然而,这个时期的突出特征是形成了一种独特的总观点,其核心就是**自然界绝对不变**的看法。不管自然界本身是怎样产生的,只要它一旦存在,那么它在存在的时候就总是这个样子。行星及其卫星,一旦由于神秘的"第一推动"而运动起来,它们便依照预定的椭圆轨道旋转下去,永不停息,或者一直旋转到万物的末日。恒星永远固定不动地停留在自己的位置上,凭着"万有引力"而互相保持这种位置。地球亘古以来或者从它被创造的那天起(不管是哪一种说法)就一成不变地总是保持原来的样子。现在的"五大洲"早就存在着,它们始终有同样的山岭、山谷和河流,同样的气候,同样的植物区系和动物区系,而这些植物区系和动物区系只有经过人手才发生变化或移植。植物和动物的种,一旦形成便永远固定下来,原来是什么样,所产生的东西仍是什么样,而当林耐承认通过杂交有时可能育出新种的时候,这已经是作出很大的让步了。与在时间上发展着的人类历史不同,自然界的历史被认为只是在空间中扩张着。自然界中的任何变化、任何发展都被否定了。开初那样革命的自然科学,突然面对着一个彻头彻尾保守的自然界,在这个自然界中,今天的一切都和一开始的时候一模一样,而且直到世界末日或万古永世,一切都仍将和一开始的时候一模一样。

18世纪上半叶的自然科学在知识上,甚至在材料的整理上大大超过了希腊古代,但是在以观念形式把握这些材料上,在一般的自然观上却大大低于希腊古代。在希腊哲学家看来,世界在本质上是某种从混沌中产生出来的东西,是某种发展起来的东西、某种生成的东西。在我们所探讨的这个时期的自然科学家看来,世界却是某种僵化的东西、某种不变的东西,而在他们中的大多数人看来,是某种一下子就造成的东西。科学还深深地禁锢在神学之中。它到处寻找,并且找到了一种不能从自然界本身来解释的外来的推动作为最后的原因。如果牛顿所夸张地命名为万有引力的吸引被当做物质的本质特性,那么开初造成行星轨道的未经说明的切线力又是从哪里来的呢?植物和动物的无数的种是如何产生的呢?而早已确证并非亘古就存在的人类最初是如何产生的呢?对于这些问题,自然科学往往只能以万物的创造者对此负责来回答。哥白尼在这一时期之初向神学下了挑战书;牛顿却以神的第一推动这一假设结束了这个时期。这时的自然科学所达到的最高的普遍的思想,是关于自然界的安排的合目的性的思想,是浅薄的沃尔弗式的目的论,根据这种理论,猫被创造出来是为了吃老鼠,老鼠被创造出来是为了给猫吃,而整个自然界被创造出来是为了证明造物主的智慧。当时的哲学博得的最高荣誉就是:它没有被同时代的自然知识的狭隘状况引入迷途,它——从斯宾诺莎一直到伟大的法国唯物主义者——坚持从世界本身来说明世界,并把细节的证明留给未来的自然科学。

我把 18 世纪的唯物主义者也算入这个时期,因为除了上面所叙述的,再也没有其他的自然科学材料可供他们利用。康德的划时代的著作对于他们依然是一个秘密,而拉普拉斯在他们以后很久才出现。**17**我们不要忘记:这种陈旧的自然观,虽然由于科学的进步而显得漏洞百出,但是它仍然统治了 19 世纪的整个上半叶①,并且一直到现在,所有学校里主要还在讲授它。②

在这种僵化的自然观上打开第一个突破口的,不是一位自然科学家,而是一位哲学家。1755 年,**康德的**《自然通史和天体论》出版。关于第一推动的问题被排除了;地球和整个太阳系表现为某种在时间的进程中**生成的东西**。如果大多数自然科学家对于思维并不像牛顿在"物理学,当心形而上学啊!"**18**这个警告中那样表现出厌恶,那么他们一定会从康德的这个天才发现中得出结论,

---

① 恩格斯在此处页边上写着:"旧自然观的知识,为把全部自然科学概括为一个整体提供了基础:法国的百科全书派还是纯粹机械地进行罗列,后来圣西门和由黑格尔完成的德国自然哲学同时做过这方面的工作。"——编者注

② 恩格斯在这里加了一个注:"有一个人以自己的科学成就提供了排除上述观点的极其重要的材料,可是直到 1861 年,这个人居然还毫不动摇地相信这种观点,下面这段典型的表述就是证明:

'我们的太阳系的所有安排,就我们所能观察到的而言,就是为了保持现存的东西,保持其长久不变。正如从远古以来,地球上的任何一种动物,任何一种植物,都没有变得更完美些,或者说根本就没有变过样;正如我们在一切有机体中只见到各个阶段彼此**并列**,而不是前后**相继**;正如我们本身的种属从躯体方面来看始终是一样的,——同样,甚至同时存在的诸天体的极大的多样性,也并没有使我们有理由认为,这各种形式无非是各种不同的发展阶段,正好相反,一切被创造出来的东西本身具有**同样的**完美性。'(梅特勒《通俗天文学》1861 年柏林第 5 版第 316 页)"——编者注

从而避免无穷无尽的弯路,省去在错误方向上浪费的无法估算的时间和劳动,因为在康德的发现中包含着一切继续进步的起点。如果地球是某种生成的东西,那么它现在的地质的、地理的和气候的状况,它的植物和动物,也一定是某种生成的东西,它不仅在空间中必然有彼此并列的历史,而且在时间上也必然有前后相继的历史。如果当时立即沿着这个方向坚决地继续研究下去,那么自然科学现在就会大大超过它目前的水平。但是哲学能够产生什么成果呢? 康德的著作没有产生直接的成果,直到很多年以后拉普拉斯和赫歇尔才充实了这部著作的内容,并且作了更详细的论证,因此才使"星云假说"逐渐受人重视。进一步的一些发现使它终于获得了胜利;其中最重要的发现是:恒星的自行;宇宙空间中具有阻抗的介质得到证实;宇宙物质的化学同一性以及康德所假定的炽热星云团的存在通过光谱分析得到证明①。

但是,如果这个逐渐被认识到的观点,即关于自然界不是**存在着**,而是**生成着**和**消逝着**的观点,没有从其他方面得到支持,那么大多数自然科学家是否会这样快地意识到变化着的地球竟承载着不变的有机体这样一个矛盾,那倒是值得怀疑的。地质学产生了,它不仅揭示了相继形成的和逐次累积起来的地层,而且指出了这些地层中保存着已经灭绝的动物的甲壳和骨骼,以及已经不再出现的植物的茎、叶和果实。人们不得不下决心承认:不仅整个地球,而且地球现今的表面以及在这一表面上生存的植物和动物,也都有时间上的历史。这种承认最初是相当勉强的。居维叶关于地

---

① 恩格斯在此处页边上写着:"同样是由康德发现的潮汐对地球自转的阻碍作用现在才被认识。"——编者注

球经历多次变革的理论[19]在词句上是革命的,而在实质上是反动的。这种理论以一系列重复的创造行动取代了上帝的**一次**创造行动,使神迹成为自然界的根本杠杆。最初把知性带进地质学的是赖尔,因为他以地球的缓慢变化所产生的渐进作用,取代了由于造物主一时兴动而引起的突然变革。①

赖尔的理论,与以前的一切理论相比,同有机物种不变这个假设更加不能相容。地球表面和各种生存条件的逐渐改变,直接导致有机体的逐渐改变和它们对变化着的环境的适应,导致物种的变异性。但传统不仅在天主教教会中是一种势力,而且在自然科学中也是一种势力。赖尔本人许多年来一直没有看到这个矛盾,他的学生们就更没有看到。这只有用当时在自然科学中流行的分工来说明,这种分工使每个人都或多或少地局限在自己的专业中,只有少数人没有被它夺走纵览全局的眼力。

这期间物理学取得了长足的进步,其成果由三个不同的人在自然研究的这一部门的划时代的一年即 1842 年中几乎同时作出概括。迈尔在海尔布隆[20],焦耳在曼彻斯特[21],都证明了从热到机械力和从机械力到热的转化。热的机械当量的确定,使这个结果成为无可置疑的。同时,格罗夫[22]——不是职业的自然科学家,而是英国的一名律师——通过单纯地整理物理学上已经取得的各种成果就证明了这样一个事实:一切所谓物理力,即机械力、热、光、

———————

① 恩格斯在这里加了一个注:"赖尔的观点的缺陷——至少就这一观点的最初的形式来说——在于,他认为在地球上发生作用的各种力是不变的,在质上和量上都是不变的。地球的冷却对他说来是不存在的;地球不是朝着一定的方向发展着,而只是以杂乱无章的、偶然的方式变化着。"——编者注

电、磁,甚至所谓化学力,在一定的条件下都可以互相转化,而不会损失任何力。这样,他就用物理学的方法补充证明了笛卡儿的原理:世界上存在着的运动的量是不变的。因此,各种特殊的物理力,也可以说是物理学上的各个不变的"种",就变成形形色色的并且按照一定的规律互相转化的物质运动形式。种种物理力的存在的偶然性,从科学中被排除出去了,因为它们之间的联系和转化已经得到证明。物理学和以前的天文学一样,获得了一种结果,这种结果必然表明:运动着的物质的永恒循环是最终的结论。

从拉瓦锡以后,特别是从道尔顿以后,化学的惊人迅速的发展从另一方面向旧的自然观进行了攻击。由于用无机的方法制造出过去只能在活的有机体中产生的化合物,就证明了适用于无机物的化学定律对有机物是同样适用的,而且把康德还认为是无机界和有机界之间的永远不可逾越的鸿沟大部分填平了。

最后,在生物学研究的领域中,特别是由于自上世纪中叶以来系统地进行的科学考察旅行,由于生活在当地的专家对世界各大洲的欧洲殖民地的更精确的考察,此外还由于古生物学、解剖学和生理学的进步,尤其是从系统地应用显微镜和发现细胞以来的进步,已积累了大量的材料,使得运用比较的方法成为可能,同时也成为必要①。一方面,由于有了比较自然地理学,查明了各种不同的植物区系和动物区系的生存条件;另一方面,对各种不同的有机体按照它们的同类器官相互进行了比较,不仅就它们的成熟状态,而且就它们的一切发展阶段进行了比较。这种研究越是深刻和精确,那种固定不变的有机界的僵硬系统就越是一触即溃。不仅动

---

① 恩格斯在此处页边上写着:"胚胎学"。——编者注

17

物和植物的单个的种之间的界线无可挽回地变得越来越模糊,而且冒出了像文昌鱼和南美肺鱼[23]这样一些使以往的一切分类方法遭到嘲弄的动物①;最后,甚至发现了说不清是属于植物界还是动物界的有机体。古生物学档案中的空白越来越多地被填补起来了,甚至最顽固的分子也被迫承认整个有机界的发展史和单个机体的发展史之间存在着令人信服的一致,承认有一条阿莉阿德尼线,它可以把人们从植物学和动物学似乎越来越深地陷进去的迷宫中引导出来。值得注意的是:几乎在康德攻击太阳系的永恒性的同时,即在 1759 年,卡·弗·沃尔弗对物种不变进行了第一次攻击,并且宣布了种源说。[25]但是这在他那里不过是天才的预见,到了奥肯、拉马克、贝尔那里才具有了确定的形式,而在整整 100 年以后,即 1859 年,才由达尔文胜利地完成了②。几乎同时还发现,以前被说成是一切有机体的最后构成成分的原生质和细胞,原来是独立生存着的最低级的有机形式。因此,不仅无机界和有机界之间的鸿沟缩减到最小限度,而且机体种源说过去遇到的一个最根本的困难也被排除了。新的自然观就其基本点来说已经完备:一切僵硬的东西溶解了,一切固定的东西消散了,一切被当做永恒存在的特殊的东西变成了转瞬即逝的东西,整个自然界被证明是在永恒的流动和循环中运动着。

————

于是我们又回到了希腊哲学的伟大创立者的观点:整个自然

————

① 恩格斯在此处页边上写着:"一角鱼。同样,始祖鸟等等[24]"。——编者注
② 查·达尔文的主要著作《根据自然选择即在生存斗争中适者保存的物种起源》于 1859 年 11 月 24 日在伦敦出版。——编者注

界,从最小的东西到最大的东西,从沙粒到太阳,从原生生物[26]到人,都处于永恒的产生和消逝中,处于不断的流动中,处于不息的运动和变化中。只有这样一个本质的差别:在希腊人那里是天才的直觉,在我们这里则是以实验为依据的严格科学的研究的结果,因而其形式更加明确得多。当然,对这种循环的经验证明并不是完全没有缺陷的,但是这些缺陷与已经确立的东西相比是无足轻重的,而且会一年一年地得到弥补。如果我们想到科学的最主要的部门——超出行星范围的天文学、化学、地质学——作为科学而存在还不足 100 年,生理学的比较方法作为科学而存在还不足 50 年,而几乎一切生命发展的基本形式即细胞被发现还不到 40 年,那么这种证明在细节上怎么会没有缺陷呢![①]

————

从旋转的、炽热的气团中(它们的运动规律也许要经过几个世纪的观察弄清了恒星的自行以后才能揭示出来),经过收缩和冷却,发展出了以银河最外端的星环为界限的我们的宇宙岛的无数个太阳和太阳系。这一发展显然不是到处都具有同样的速度。在我们的星系中,黑暗的、不仅仅是行星的天体的存在,即熄灭了的太阳的存在,越来越迫使天文学予以承认(梅特勒);另一方面,属于我们这一星系的(依据赛奇的观点)还有一部分气状星云,它们是还没有形成的太阳;这并不排斥这样的情况:另一些星云如梅特勒所认为的,是一些遥远的独立宇宙岛,这些宇宙岛的相对发展阶段要用分光镜才能确定。[27]

————————

① 手稿中本段上下端均用横线同上下文隔开,中间画有几道斜线,恩格斯通常以这一方式表示手稿相应段落已在其他著作中利用。——编者注

拉普拉斯以一种至今尚未被超越的方法详细地证明了一个太阳系是如何从一个单独的气团中发展起来的；以后的科学越来越证实了他的说法。

在这样形成的各个天体——太阳以及行星和卫星上，最初是我们称为热的那种物质运动形式占优势。甚至在今天太阳还具有的那种温度下，也是谈不上元素的化合物的；对太阳的进一步的观察将会表明，在这种场合下热会在多大程度上转变为电和磁；在太阳上发生的机械运动不过是由于热和重力发生冲突而造成的，这在现在几乎已成定论。

单个的天体越小，冷却得越快。首先冷却的是卫星、小行星和流星，正如我们的月球早已死寂一样。行星冷却较慢，而最慢的是中心天体。

随着进一步的冷却，相互转化的物理运动形式的交替就越来越占有重要地位，直到最后达到这样一点，从这一点起，化学亲和性开始起作用，以前化学上没有区分的元素现在彼此在化学上区分开来，获得了化学性质，相互发生化合作用。这些化合作用随着温度的下降（这不仅对每一种元素，而且对元素的每一种化合作用都产生不同的影响），随着一部分气态物质由于温度下降先变成液态，然后又变成固态，随着这样造成的新条件，而不断地变换。

当行星有了一层硬壳而且在其表面有了积水的时候，行星固有的热同中心天体传递给它的热相比就开始越来越处于次要地位。它的大气层变成我们现在所理解的气象现象的活动场所，它的表面成为地质变化的场所，在这些地质变化中，大气层的沉降物所起的沉积作用，同来自炽热而流动的地球内核的慢慢减弱的外张作用相比越来越占有优势。

　　最后，一旦温度降低到至少在相当大的一部分地面上不再超过能使蛋白质生存的限度，那么在具备其他适当的化学的先决条件的情况下，就形成了活的原生质。这些先决条件是什么，今天我们还不知道，这是不足为怪的，因为直到现在连蛋白质的化学式都还没有确定下来，我们甚至还不知道化学上不同的蛋白体究竟有多少，而且只是在大约十年前才认识到，完全无结构的蛋白质执行着生命的一切主要机能：消化、排泄、运动、收缩、对刺激的反应、繁殖。

　　也许经过了多少万年，才形成了进一步发展的条件，这种没有形态的蛋白质由于形成核和膜而得以产生第一个细胞。而随着这第一个细胞的产生，也就有了整个有机界的形态发展的基础；我们根据古生物学档案的完整类比材料可以假定，最初发展出来的是无数种无细胞的和有细胞的原生生物，其中只有加拿大假原生物[28]留传了下来；在这些原生生物中，有一些逐渐分化为最初的植物，另一些则分化为最初的动物。从最初的动物中，主要由于进一步的分化而发展出了动物的无数的纲、目、科、属、种，最后发展出神经系统获得最充分发展的那种形态，即脊椎动物的形态，而在这些脊椎动物中，最后又发展出这样一种脊椎动物，在它身上自然界获得了自我意识，这就是人。

　　人也是由分化而产生的。不仅从个体方面来说是如此——从一个单独的卵细胞分化为自然界所产生的最复杂的有机体，而且从历史方面来说也是如此。经过多少万年的努力，手脚的分化，直立行走，最后终于确定下来，于是人和猿区别开来，于是奠定了分音节的语言的发展和人脑的巨大发展的基础，这种发展使人和猿之间的鸿沟从此不可逾越了。手的专业化意味着**工具**的出现，而工具意味着人所特有的活动,意味着人对自然界进行改造的反作用,意味着生产。狭义的动物也有工具,然而这只是它们的身躯的肢体,蚂蚁、蜜蜂、海狸就是这样;动物也进行生产,但是它们的生产对周围自然界的作用在自然界面前只等于零。只有人能够做到给自然界打上自己的印记,因为他们不仅迁移动植物,而且也改变了他们的居住地的面貌、气候,甚至还改变了动植物本身,以致他们活动的结果只能和地球的普遍灭亡一起消失。而人所以能做到这一点,首先和主要是借助于手。甚至蒸汽机这一直到现在仍是人改造自然界的最强有力的工具,正因为是工具,归根到底还是要依靠手。但是随着手的发展,头脑也一步一步地发展起来,首先产生了对取得某些实际效益的条件的意识,而后来在处境较好的民族中间,则由此产生了对制约着这些条件的自然规律的理解。随着自然规律知识的迅速增加,人对自然界起反作用的手段也增加了;如果人脑不随着手、不和手一起、不是部分地借助于手而相应地发展起来,那么单靠手是永远造不出蒸汽机来的。

随同人,我们进入了**历史**。动物也有一部历史,即动物的起源和逐渐发展到今天这样的状态的历史。但是这部历史对它们来说是被创造出来的,如果说它们自己也参与了创造,那也是不自觉和不自愿的。相反,人离开狭义的动物越远,就越是有意识地自己创造自己的历史,未能预见的作用、未能控制的力量对这一历史的影响就越小,历史的结果和预定的目的就越加符合。但是,如果用这个尺度来衡量人类的历史,甚至衡量现代最发达的民族的历史,我们就会发现:在这里,预定的目的和达到的结果之间还总是存在着极大的出入。未能预见的作用占据优势,未能控制的力量比有计划运用的力量强大得多。只要人的最重要的历史活动,这种使人从动物界上升到人类并构成人的其他一切活动的物质基础的历史活动，即人的生活必需品的生产，也就是今天的社会生产，还被未能控制的力量的意外的作用所左右，而人所期望的目的只是作为例外才能实现，而且往往适得其反，那么情况就不能不是这样。我们在最先进的工业国家中已经降服了自然力，迫使它为人们服务；这样我们就无限地增加了生产，现在一个小孩所生产的东西，比以前的 100 个成年人所生产的还要多。而结果又怎样呢？过度劳动日益增加，群众日益贫困，每十年发生一次大崩溃。达尔文并不知道，当他证明经济学家们当做最高的历史成就加以颂扬的自由竞争、生存斗争是动物界的正常状态的时候，他对人们，特别是对他的同胞作了多么辛辣的讽刺。只有一种有计划地生产和分配的自觉的社会生产组织，才能在社会方面把人从其余的动物中提升出来，正像一般生产曾经在物种方面把人从其余的动物中提升出来一样。历史的发展使这种社会生产组织日益成为必要，也日益成为可能。一个新的历史时期将从这种社会生产组织开始，在这个时期中，人自身以及人的活动的一切方面，尤其是自然科学，都将突飞猛进，使以往的一切都黯然失色。

但是，一切产生出来的东西，都注定要灭亡①。也许经过多少亿年，多少万代生了又死；但是这样一个时期会无情地到来，那时日益衰竭的太阳热将不再能融解从两极逼近的冰，那时人们越来越聚集在赤道周围，最终连在那里也不再能够找到足以维持生存的热，那时有机生命的最后痕迹也将渐渐地消失，而地球，一个像月球一样死寂的冰冻的球体，将在深深的黑暗里沿着越来越狭小

---

① 　参看歌德《浮士德》第 1 部第 3 场《书斋》。——编者注

的轨道围绕着同样死寂的太阳旋转,最后就落到太阳上面。有的
行星遭到这种命运比地球早些,有的比地球晚些;代替配置得和谐
的、光明的、温暖的太阳系的,只是一个寒冷的、死去的球体,它在
宇宙空间里循着自己的孤寂的轨道运行着。像我们的太阳系一
样,我们的宇宙岛的其他一切星系或早或迟地都要遭到这样的命
运,无数其他的宇宙岛的星系都是如此,还有这样一些星系,它们
发出的光在地球上还有活人的眼能接受时将不会达到地球,甚至
连这样一些星系也要遭到同样的命运。

但是,当这样一个太阳系走完自己的生命旅程并且遭受一切
有限物的命运,即死亡的时候,以后又会怎样呢?太阳的遗骸是否
将永远作为遗骸在无限的空间里继续运转,而一切以前曾无限多
样地分化了的自然力,是否将永远变成引力这样一种运动形式?

"或者",如赛奇问道(第810页),"在自然界中是否存在着这样一些力,
它们能使死了的星系恢复到最初的炽热的星云状态,重新唤起它的新的生
命?我们不知道。"①

当然,在这方面我们所知道的,并不像知道 2×2＝4 或物质引
力的增减取决于距离的平方一样。但是在理论自然科学中,我们
往往不得不运用还不完全清楚的数量去进行计算,而且在任何时
候都必须用思想的首尾一贯性去补救有缺陷的知识;理论自然科
学把它的自然观尽可能地加工为一个和谐的整体,如今甚至连最
没有思想的经验主义者离开理论自然科学也寸步难行。现在,现
代自然科学必须从哲学那里采纳运动不灭的原理;离开这个原理
它就无法继续存在下去。但是物质的运动不仅仅是粗糙的机械运

① 见安·赛奇《太阳》1872 年不伦瑞克版。——编者注

动、单纯的位置移动，它也是热和光、电压和磁压、化学的化合和分解、生命乃至意识。有人说，物质在其整个无限悠久的存在中仅仅只有一次，而且是在与其永恒性相比只是极短的时间内，才有可能使自身的运动发生分化，从而展示这种运动的全部多样性，而在此以前和以后则永远局限于单纯的位置移动，这样说就等于宣称物质是会死亡的，而运动是短暂的。运动的不灭性不能仅仅从量上，而且还必须从质上去理解；一种物质的纯粹机械的位置移动即使有可能在适当条件下转化为热、电、化学作用、生命，但是这种物质如果不能从自身中产生这些条件，那么这样的物质就**丧失了运动**；一种运动如果失去了转化为它所能有的各种不同形式的能力，那么即使它还具有潜在力，但是不再具有活动力了，因而它部分地被消灭了。但是这两种情况都是不可想象的。

　　有一点是肯定的：曾经有一个时期，我们的宇宙岛的物质把如此大量的运动——究竟是何种运动，我们到现在还不知道——转化成了热，以致（依据梅特勒的说法）从中可能产生了至少包括2 000万颗星的诸太阳系，而这些太阳系的逐渐死寂同样是不容置疑的。这个转化是怎样进行的呢？关于我们的太阳系的将来的遗骸①是否总是重新变为新的太阳系的原料，我们和赛奇神父一样，一无所知。在这里，我们要么必须求助于造物主，要么不得不作出如下的结论：形成我们的宇宙岛的太阳系的炽热原料，是按自然的途径，即通过运动的转化产生出来的，而这种转化是运动着的物质**天然具有的**，因而转化的条件也必然要由物质再生产出来，尽管这

---

①　原文是"caput mortuum"，直译是骷髅，转义是遗骸，燃烧、化学反应等等之后的残渣；这里指熄灭的太阳和落在太阳上失去生命的行星。
　　——编者注

种再生产要到亿万年之后才或多或少偶然地发生，然而也正是在这种偶然中包含着必然性。

这种转化的可能性越来越得到承认。现在人们得出了这样的见解：诸天体的最终命运是互相碰在一起。人们甚至已经计算这种碰撞必然产生的热量。天文学所报道的新星的突然闪现和已知旧星的同样突然的亮度增加，用这种碰撞最容易说明。同时，不仅我们的行星群绕着太阳运动，我们的太阳在我们的宇宙岛内运动，而且我们的整个宇宙岛也在宇宙空间中不断运动，和其余的宇宙岛处于暂时的相对的平衡中；因为连自由浮动的物体的相对平衡也只有在相互制约的运动中才能存在；此外，还有一些人认为宇宙空间中的温度不是到处都一样的。最后，我们知道，我们的宇宙岛的无数个太阳的热，除了极小的一部分以外，都消失在空间里，甚至不能把宇宙空间的温度提高百万分之一摄氏度。这全部巨大的热量变成了什么呢？它是不是永远用于为宇宙空间供暖的尝试，是不是实际上已不复存在而只在理论上仍然存在于宇宙空间的温度已上升百亿分之一度或更低度数这一事实中？这个假定否认了运动的不灭性；它认可这样一种可能：由于诸天体不断地相互碰在一起，一切现存的机械运动都变为热，而且这种热将发散到宇宙空间中去，因此尽管存在"力的不灭性"，一切运动还是会停下来（在这里顺便可以看出，用力的不灭性这个说法替代运动的不灭性这个说法，这是多么错误）。于是我们得出这样一个结论：发散到宇宙空间中去的热一定有可能通过某种途径（指明这一途径，将是以后某个时候自然研究的课题）转变为另一种运动形式，在这种运动形式中，它能够重新集结和活动起来。因此，阻碍已死的太阳重新转化为炽热气团的主要困难便消除了。

此外，诸天体在无限时间内永恒重复的先后相继，不过是无数天体在无限空间内同时并存的逻辑补充——这一原理的必然性，甚至德雷帕的反理论的美国人头脑也不得不承认了①。

这是物质运动的一个永恒的循环，这个循环完成其轨道所经历的时间用我们的地球年是无法量度的，在这个循环中，最高发展的时间，即有机生命的时间，尤其是具有自我意识和自然界意识的人的生命的时间，如同生命和自我意识的活动空间一样，是极为有限的；在这个循环中，物质的每一有限的存在方式，不论是太阳或星云，个别动物或动物种属，化学的化合或分解，都同样是暂时的，而且除了永恒变化着的、永恒运动着的物质及其运动和变化的规律以外，再没有什么永恒的东西了。但是，不论这个循环在时间和空间中如何经常地和如何无情地完成着，不论有多少亿个太阳和地球产生和灭亡，不论要经历多长时间才能在一个太阳系内而且只在**一个**行星上形成有机生命的条件，不论有多么多的数也数不尽的有机物必定先产生和灭亡，然后具有能思维的脑子的动物才从它们中间发展出来，并在一个很短的时间内找到适于生存的条件，而后又被残酷地毁灭，我们还是确信：物质在其一切变化中仍永远是物质，它的任何一个属性任何时候都不会丧失，因此，物质虽然必将以铁的必然性在地球上再次毁灭物质的最高的精华——思维着的精神，但在另外的地方和另一个时候又一定会以同样的铁的必然性把它重新产生出来。

---

① 恩格斯在这里加了一个注："'无限空间中的无数天体导致无限时间中天体先后相继的概念。'（德雷帕《欧洲智力发展史》第 2 卷第［325］页）"——编者注

［札记和片断］

［ 87 ］

必须研究自然科学各个部门的**循序发展**。首先是**天文学**——游牧民族和农业民族为了定季节,就已经绝对需要它。天文学只有借助于**数学**才能发展。因此数学也开始发展。——后来,在农业的某一阶段上和在某些地区(埃及的提水灌溉),特别是随着城市和大型建筑物的出现以及手工业的发展,有了**力学**。不久,力学又成为**航海和战争**的需要。——力学也需要数学的帮助,因而它又推动了数学的发展。可见,科学的产生和发展一开始就是由生产决定的。

在整个古代,本来意义的科学研究只限于这三个部门,而在后古典时期[29]才有了精确的和系统的研究(亚历山大里亚学派[30]、阿基米德等)。在头脑中几乎还没有区分开来的物理学和化学(元素论,还没有化学元素的概念)中,在植物学、动物学、人体和动物解剖学中,直到那时人们还只会搜集事实和尽可能系统地整理这些事实。生理学一离开最明显的事情(例如,消化和排泄)便成了纯粹的猜测;在连血液循环都不知道的时候,也不能不如此。——在这一时期末,化学以炼金术的原始形式出现了。

如果说,在中世纪的黑夜之后,科学以意想不到的力量一下子重新兴起,并且以神奇的速度发展起来,那么,我们要再次把这个奇迹归功于生产。第一,从十字军征讨[31]以来,工业有了巨大的发展,并随之出现许多新的事实,有力学上的(纺织、钟表制造、磨坊),有化学上的(染色、冶金、酿酒),也有物理学上的(眼镜),这些事实不但提供了大量可供观察的材料,而且自身也提供了和以往完全不同的实验手段,并使**新的**工具的设计成为可能。① 可以说,真正系统的实验科学这时才成为可能。第二,这时整个西欧和中欧,包括波兰在内,已在相互联系中发展起来,虽然意大利由于自己的从古代流传下来的文明,还继续居于首位。第三,地理上的发现——纯粹是为了营利,因而归根到底是为了生产而完成的——又在气象学、动物学、植物学、生理学(人体的)方面,展示了无数在此以前还见不到的材料。第四,**印刷机**出现了。

这时——撇开早就有的数学、天文学和力学不谈——物理学和化学最终分开了(托里拆利、伽利略——前者依靠工业上的水利工程第一个研究了液体的运动,见克拉克·麦克斯韦)。波义耳使化学确立为科学。哈维由于发现了血液循环而使生理学(人体生理学和动物生理学)确立为科学。动物学和植物学起初一直是从事搜集事实的科学,直到古生物学的出现(居维叶),以及不久以后细胞的发现和有机化学的发展。由此,比较形态学和比较生理学才成为可能,而且从此以后两者才成为真正的科学。在上一世纪末创立了地质学,最近则出现了名称很别扭的所谓人类学,它是从人和人种的形态学和生理学向历史过渡的中介。这还要进一步详加研究和阐明。

[95]

黑格尔《哲学史》。——希腊哲学(古代人的自然观)。第

---

① 恩格斯在此处页边上写着:"以前人们只夸耀生产应归功于科学,但是科学应归功于生产的事实却多得不可胜数。"——编者注

一卷①。

亚里士多德在谈到早期的哲学家时说道(《形而上学》第 1 卷第 3 章):他们断言,

"有一个东西,万物由它构成,万物最初从它产生,最后又复归于它,它作为实体(οὐσία),永远同一,仅在自己的规定(πάθεσι)中变化,这就是元素(στοιχεῖον),这就是万物的本原(ἀρχή)。因此他们认为,没有一个物能生成(οὔτε γίγνεσθαι οὐδέν)或消逝,因为物永远保持同一本性"(第 198 页)。

可见,在这里已经完全是一种原始的、自发的唯物主义了,它在自己的起始时期就十分自然地把自然现象的无限多样性的统一看做不言而喻的,并且在某种具有固定形体的东西中,在某种特殊的东西中去寻找这个统一,比如泰勒斯就在水里去寻找。

西塞罗说:

"米利都的泰勒斯……说水是万物的本原,而神则是用水创造出万物的精神。"(《论神之本性》第 1 章第 10 节)

黑格尔非常正确地宣称这是西塞罗附加上去的说法,并且补充道:

"但是,泰勒斯此外是否还相信神这个问题,在这里与我们并不相干;这里所谈的不是假设、信仰、民间宗教……即使他说神是用水制造万物的造物主,我们也并不因此就对这个本质有更多的认识……这是毫无意义的空话。"(第 209 页)([公元前]600 年前后)

最早的希腊哲学家同时也是自然科学家:**泰勒斯**是几何学家,他确定了一年是 365 天,据说他曾预言过一次日蚀。——**阿那克**

---

① 黑格尔《哲学史讲演录》第 1 卷 1833 年柏林版。——编者注

西曼德制造过日晷、一种海陆地图（$\pi\epsilon\rho\acute{\iota}\mu\epsilon\tau\rho o\nu$）和各种天文仪器。——毕达哥拉斯是数学家。

根据普卢塔克（《席间谈话》第 8 章第 8 节）的说法，米利都的阿那克西曼德认为，"人是由鱼变成，是从水中到陆地上来的"（第213 页）。在他看来，本原和原始元素是无限的东西，他没有把它规定为（$\delta\iota o\rho\acute{\iota}\zeta\omega\nu$）空气或水或其他什么（第欧根尼·拉尔修①，第2 卷第 1 节）［第 210 页］。黑格尔（第 215 页）正确地把这个无限的东西表达为"未规定的物质"（［公元前］580 年前后）。

米利都的阿那克西米尼把空气当做本原和基本元素，认为它是无限的（西塞罗《论神之本性》第 1 章第 10 节），而且

"万物产生于空气，又消解于空气"（普卢塔克《论哲学家的见解》**32**第 1 章第3 节）。

在这里，空气，呼吸＝精神：

"正如我们的灵魂，即空气，把我们结合在一起，精神（$\pi\nu\epsilon\tilde{\upsilon}\mu a$）和空气也把整个世界结合在一起；精神和空气是同等重要的。"（普卢塔克）［第 215—216 页］

灵魂和空气被视为普遍的媒介质（［公元前］555 年前后）。

亚里士多德已经说过：这些较早的哲学家都设想原初本质是某种物质：空气和水（也许阿那克西曼德设想是空气和水的某种中间物）；后来赫拉克利特设想是火，但是没有一个人设想是土，因为土的成分太复杂（$\delta\iota\grave{a}\ \tau\grave{\eta}\nu\ \mu\epsilon\gamma a\lambda o\mu\acute{\epsilon}\rho\epsilon\iota a\nu$）。《形而上学》第

---

① 第欧根尼·拉尔修《著名哲学家的生平》（十卷集）1833 年莱比锡版。
　　——编者注

1卷第8章(第217页)。

关于所有这些人,亚里士多德说得很正确:他们没有说明运动的起源(第218页及以下几页)。

萨摩斯的**毕达哥拉斯**([公元前]540年前后)认为**数**是基本的本原:

"数是万物的本质,就宇宙的规定性来说,它的组织通常是数及其关系的和谐的体系。"(亚里士多德《形而上学》第1卷,散见第5章)

黑格尔正确地指出:

"这种说法是大胆的:它一下子推翻了表象认为是存在的或本质的(真实的)一切东西,根绝了感性的本质",并且把本质设想为一个思维规定,虽然这个思维规定是很狭隘的和片面的[第237—238页]。

数服从于一定的规律,宇宙也同样服从于一定的规律。这样就第一次表述了宇宙的规律性。人们认为,是毕达哥拉斯把音乐的和谐归结为数学的比例。

同样:

"毕达哥拉斯派把火放在中央,而把地球看做沿轨道环绕这个中心天体运行的一颗星。"(亚里士多德《天论》第2章第13节)[第265页]

但是这火不是太阳;这毕竟是关于**地球运行**的第一个推测。

黑格尔关于行星系说道:

"……对于用来确定[行星间的]距离的和谐律,一切数学至今还不能提供任何根据。经验的数,大家确切地知道了;但是一切看起来都是偶然的而不是必然的。大家知道了这些距离的大致的规则性,因而侥幸地预想到了火星和木星间还有某些行星,后来果然在那里发现了谷神星、灶神星、智神星等等;但是天文学在这些距离中还没有找到包含着理性、知性的前后一贯的序

列。相反,它以轻蔑的态度看待关于这种序列的有规则的叙述;而这本身是非常重要的一点,是不应当放弃的。"(第267页)

　　虽然古希腊人的整个宇宙观具有素朴唯物主义的性质,但是在他们那里已经包藏着后来分裂的种子:早在泰勒斯那里,灵魂就被看做某种特殊的东西,某种和肉体不同的东西(比如他认为磁石也有灵魂);在阿那克西米尼那里,灵魂是空气(正像在《创世记》中一样)①;在毕达哥拉斯派那里,灵魂已经是不死的和可移动的,肉体对它说来是纯粹偶然的。在毕达哥拉斯派那里,灵魂又是"以太**33**的碎片($\dot{\alpha}\pi\acute{o}\sigma\pi\alpha\sigma\mu\alpha\ \alpha i\vartheta\acute{e}\rho o\varsigma$)"(第欧根尼·拉尔修,第8卷第26—28节),冷的以太是空气,密集的以太则形成海和湿气[第279—280页]。

　　亚里士多德又正确地责备毕达哥拉斯派:

　　用他们的数,"他们并没有说明运动是怎样发生的,没有说明没有运动和变化怎么会有生成和灭亡或天体的状态和活动"(《形而上学》第1卷第8章)[第277页]。

　　据说毕达哥拉斯发现启明星和长庚星是同一颗星,发现月球是从太阳取得自己的光。最后,他发现了毕达哥拉斯定理。

　　"据说毕达哥拉斯发现这个定理的时候,举行了一个百牛大祭…… 而引人注目的是,他竟这样地快活,以致举行盛宴,把富人和全体人民都邀请了;这番辛苦是值得的。这是精神(认识)的快乐和喜悦——然而牛遭了殃。"(第279页)

————

　　埃利亚派34。

————————

①　参看《旧约全书·创世记》第2章第7节。——编者注

［ 96 ］

留基伯和德谟克利特[35]

"留基伯和他的学生德谟克利特说,充实和虚空都是元素,并称其中一个为存在,另一个为非存在,也就是说,称充实和坚实〈即原子〉为存在,称虚空和稀薄为非存在。因此,他们还说,存在决不比非存在更多地存在着…… 这二者作为物质,就是一切存在物的根据。有些人认为,有一个唯一的基本实体,其他事物是从这种实体的变化中产生的,……同这些人一样,他们［即留基伯和德谟克利特］也同样教导说,差别〈即原子的差别〉是其他事物的原因。他们说,这些差别有三种:形状、次序和位置。……例如,A 在形状上与 N 有差别,AN 在次序上与 NA 有差别,Z 在位置上与 N 有差别。"(亚里士多德《形而上学》第 1 卷第 4 章)

留 基 伯

"他〈留基伯〉第一个提出原子是始基……并且把原子称为元素。他说:无数的天体由元素构成,复又分解成元素。天体是这样产生的:无数多种多样的物体从无限中脱落出来,进入巨大的虚空之中,它们聚拢在一起而形成一个唯一的漩涡,在漩涡的作用下,它们互相碰撞,以多种方式旋转,同者相聚,最后分离开来。它们由于数量巨大而再也不能均衡旋转,于是细小的部分像筛掉似的被抛到外部虚空之中;其余的都聚合在一起,互相黏附,沿同一轨道运行,从而形成最初的球形的整体。"(第欧根尼·拉尔修,第 9 卷第 6 章［第 30、31 节］)

以下是关于伊壁鸠鲁

"原子在不断地运动。往下他说道:它们［原子］也以同等速度运动,因为虚空使其中最轻的能够永远和最重的同样地运转…… 原子除了形状、体积和重力外,没有其他性质…… 原子并不具有任意大小的体积,无论如何从来还没有一个原子被视觉观察到。"(第欧根尼·拉尔修,第 10 卷第 1 章第

43—44 节）"其次,当原子在没有任何阻碍的情况下在虚空中运动时,它们的
速度必定是一样快的。因为如果没有任何东西阻挡,重的原子运动的速度不
会比小而轻的原子快;同样,小的原子运动的速度也不会比大的原子快,因为
它们都有一条自由通行的道路,如果没有任何阻碍的话。"(同上,第61 节)

"所以,显然一在所有的种里面都是某种本性,而在任何情况下其本性都
不可能只是一。"(亚里士多德《形而上学》第9 卷第2 章)①

［157］

萨摩斯的阿里斯塔克早在公元前270 年就已经提出**哥白尼关
于地球和太阳的理论了**(梅特勒②,第44 页;沃尔夫③,第35 — 37
页)。

德谟克利特已经推测到,**银河投给我们的是无数小星的汇合
起来的光**(沃尔夫,第313 页)。

［89］

古代世界末期(300 年前后)和中世纪末期(1453 年)的情况
的差别[36]:

(1)地中海沿岸的一条狭长的文明地带——它的分支曾分散
地伸向内地并且一直达到西班牙、法国和英国的大西洋海岸,因而
很容易被来自北方的德意志人和斯拉夫人以及来自东南方的阿拉
伯人冲破和击溃,——现在已被连成一片的文明地区取代,这就是
整个西欧以及作为前哨阵地的斯堪的纳维亚、波兰和匈牙利。

---

① 在《形而上学》各种最新版本中第9 卷改称第10 卷。——编者注
② 约·亨·梅特勒《宇宙的奇妙结构,或通俗天文学》1861 年柏林增订
第5 版。——编者注
③ 鲁·沃尔夫《天文学史》1877 年慕尼黑版。——编者注

（2）希腊人或罗马人同野蛮人的对立，现在已被六个具有文明语言的文明民族**37**（斯堪的纳维亚等民族还不计在内）所取代，所有这些语言都已经很发达，都能参与 14 世纪盛极一时的文学繁荣，而且同古代末期已经走向衰退和死亡的希腊语和拉丁语比较起来，它们保证了文化取得更加多方面的发展。

（3）由中世纪的市民等级所创立的工业生产和商业获得极大发展；一方面，生产更加完备，更加多样化，规模也更大，另一方面，商业交往更加兴盛，航海从萨克森人、弗里西亚人和诺曼人时代起更加富于无限的冒险精神，再一方面，各种发明的大量涌现和东方发明的引进，不仅使希腊文献的引进和传播、海上探险以及资产阶级宗教革命成为可能，并且使它们的影响范围异常广泛而迅速地扩展，此外还提供了大量古代从未见过的、虽然还未系统化的科学事实：磁针、活字印刷、亚麻纸（12 世纪以来阿拉伯人和西班牙犹太人所使用的；棉纸自 10 世纪以来就逐渐出现，而在 13 和 14 世纪已经传布得更广，莎草纸从阿拉伯人占领埃及以后就根本不再使用了）、火药、**眼镜**、**机械时计**，后者在**计时**上和**力学**上都是一大进步。

（关于发明见№11）①。

此外还有**旅行**所提供的材料（马可波罗**38**，1272 年前后，等等）。

因为有了大学**39**，普通教育即使还很差，却普及得多了。

随着君士坦丁堡的兴起和罗马的衰落，古代便完结了。中世

---

① 恩格斯指他的札记的第 11 张。在这一张上写下的发明年表就是下面刊出的第［90］节。——编者注

纪的终结是和君士坦丁堡的衰落不可分离地联系着的。新时代是
以返回到希腊人而开始的。——否定的否定!

[90]

历史——发明

公元前:

灭火唧筒,滴漏计时器,公元前 200 年前后。石砌路面(罗
马)。

羊皮纸,160 年前后。

公元后:

摩泽尔河上的水磨,340 年前后,在查理大帝时代的德国。

最早的玻璃窗遗迹。安塔基亚的路灯,370 年前后。

蚕在 550 年前后从中国输入希腊。

羽毛笔尖,6 世纪。

棉纸在 7 世纪从中国传到阿拉伯人那里,在 9 世纪输入意
大利。

法国的水风琴,8 世纪。

哈茨山的银矿从 10 世纪开始开采。

风磨,1000 年前后。

阿雷佐的圭多的音符和音阶,1000 年前后。

养蚕业传入意大利,1100 年前后。

有齿轮的钟——同上。

磁针从阿拉伯人传到欧洲人手中,1180 年前后。

巴黎的石砌路面,1184 年。

佛罗伦萨的眼镜。玻璃镜子。
腌制鲱鱼。水闸。　　　　　} 13 世纪后半期。
自鸣钟。法国棉纸。

破布造纸,14 世纪初叶。

票据——同一世纪的中叶。

德国第一座造纸工场(纽伦堡),1390 年。

伦敦的路灯,15 世纪初叶。

威尼斯的邮局——同上。

木刻和木版印刷——同上。

铜版雕刻术——同一世纪的中叶。

法国的驿邮,1464 年。

萨克森厄尔士山区的银矿,1471 年。

脚踏风琴,1472 年发明。

怀表。气枪。火枪枪机——15 世纪末叶。

纺车,1530 年。

潜水钟罩,1538 年。

[黑格尔以来的理论发展进程。哲学和自然科学]

《反杜林论》旧序。论辩证法[40]

这部著作决不是由于"内心冲动"而产生的。恰恰相反,我的朋友李卜克内西可以为我作证:他曾经费了多少力气才说服我对杜林先生的最新的社会主义理论进行评析。我既然决心这样做,就不得不把这种被宣称为某种新哲学体系的最终实际成果的理论同这一体系联系起来进行研究,同时研究这一体系本身,舍此别无选择。因此,我只好跟着杜林先生进入一个广阔的领域,在这个领域中,他谈到了所有可能涉及的东西,而且还不止这些东西。这样就产生了一系列的论文,它们从1877年初开始陆续发表在莱比锡的《前进报》[41]上,现汇集成书,献给读者。

对于一种大肆自我吹嘘却根本不值一提的体系作出这个对象本身所要求的详尽批判,可以归因于两种情况。一方面,这种批判使我有可能在不同领域中正面阐发我对这些在现时具有较为普遍的科学意义或实践意义的争论问题的见解。我根本不想以另一个体系来同杜林先生的体系相对立,不过也希望读者不要因为所考察的材料的极其多样化而忽略我所提出的各种见解之间的内在联系。

另一方面，"创造体系的"杜林先生在当代德国并不是个别的现象。近来，哲学体系，特别是自然哲学体系，如雨后春笋出现在德国，至于政治学、经济学等等的无数新体系，就更不用说了。正如在现代国家里假定每一个公民对于他所要表决的一切问题都具有判断能力一样，正如在经济学中假定每一个买主对他要买来供日用的所有商品都是内行一样，现今在科学上据说也要作这样的假定。每个人都可以著书立说来谈论任何东西，而"科学自由"①恰恰就是人们可以著书立说来谈论自己从未学过的东西，而且标榜这是唯一的严格科学的方法。杜林先生正是这种放肆的伪科学的最典型的代表之一，这种伪科学现在在德国到处流行，并把一切淹没在它的高超的胡说的喧嚷声中。诗歌、哲学、经济学、历史编纂学中有这种高超的胡说；讲台和论坛上有这种高超的胡说；到处都有这种高超的胡说；这种高超的胡说妄想出人头地并成为深刻思想，以别于其他民族的粗浅平庸的胡说；这种高超的胡说是德国智力工业最具特色和最大量的产品，它们价廉质劣，完全和德国其他的制品一样，只可惜它们没有和这些制品一起在费城陈列出来[42]。甚至德国的社会主义，特别是自从有了杜林先生的范例以后，近来也十分热衷于高超的胡说；只有实际的社会民主主义运动才很少为这种高超的胡说所迷惑，而在一个除了自然科学以外目前几乎普遍患病的国家里，这再一次证明我们的工人阶级具有非

---

① 恩格斯在这里借用了鲁·微耳和的《现代国家中的科学自由》这一书名中的说法。——编者注

常健康的本性。

耐格里在他向慕尼黑自然科学家大会所作的演说中曾谈到人的认识永远不具有全知的性质[3],他这样说显然还不知道杜林先生的贡献。这些贡献迫使我也跟随其后进入一系列的领域,在这些领域中我顶多只能以涉猎者的资格行动。这特别是指自然科学各个部门而言,在这些部门中直到现在人们还常常认为,一个"门外汉"想发表意见未免不大谦虚。不过微耳和先生给了我几分勇气,这位先生也在慕尼黑发表了看法,并在另外的地方作了更详细的论述。他认为每个自然科学家在本身的专业之外也只是一个半通[43],不客气地说是一个门外汉。既然一位这样的专家可以而且不得不常常不揣冒昧地涉及邻近的领域,既然在这些领域中他在表达上的笨拙之处和些许不确切之处可以得到有关专家的谅解,那我也就敢于放手来引用某些自然过程和自然规律作为我的一般理论观点的例证,并且可以指望得到同样的谅解。① 现今的自然科学家,不论愿意与否,都不可抗拒地被迫关心理论上的一般结论,同样,每个从事理论研究的人也不可抗拒地被迫接受现代自然科学的成果。这里出现了某种相辅相成现象。如果说理论家在自然科学领域中是半通,那么今天的自然科学家在理论的领域中,在迄今为止被称为哲学的领域中,实际上也同样是半通。

经验的自然研究已经积累了庞大数量的实证的知识材料,因而迫切需要在每一研究领域中系统地和依据其内在联系来整理这些材料。同样也迫切需要在各个知识领域之间确立正确的关系。

---

① 本手稿从开头到此处为止这一部分,恩格斯从上到下画了直线,表示他在《反杜林论》第一版序言(见《马克思恩格斯全集》中文第 2 版第 26 卷第 7—10 页)中已经利用过了。——编者注

于是，自然科学便进入理论领域，而在这里经验的方法不中用了，在这里只有理论思维才管用。① 但是理论思维无非是才能方面的一种生来就有的素质。这种才能需要发展和培养，而为了进行这种培养，除了学习以往的哲学，直到现在还没有别的办法。

每一个时代的理论思维，包括我们这个时代的理论思维，都是一种历史的产物，它在不同的时代具有完全不同的形式，同时具有完全不同的内容。因此，关于思维的科学，也和其他各门科学一样，是一种历史的科学，是关于人的思维的历史发展的科学。这一点对于思维在经验领域中的实际运用也是重要的。因为，首先，思维规律的理论并不像庸人的头脑在想到"逻辑"一词时所想象的那样，是一种一劳永逸地完成的"永恒真理"。形式逻辑本身自亚里士多德以来直到现在仍是激烈争辩的领域。而辩证法直到今天也只有两位思想家曾作过较仔细的研究，这就是亚里士多德和黑格尔。然而对于现今的自然科学来说，辩证法恰好是最重要的思维形式，因为只有辩证法才为自然界中出现的发展过程，为各种普遍的联系，为一个研究领域向另一个研究领域过渡提供类比，从而提供说明方法。

其次，认识人的思维的历史发展过程，认识不同时代所出现的关于外部世界的普遍联系的各种见解，对理论自然科学来说也是必要的，因为这种认识可以为理论自然科学本身所要提出的理论提供一种尺度。然而，在理论自然科学中，往往非常明显地显露出对哲学史缺乏认识。哲学上在几百年前就已经提出，并且在哲学界中往往早已被抛弃的一些命题，在理论自然科学家那里却常常

_____

① 手稿中这一句和前面一句都用铅笔划掉了。——编者注

作为崭新的知识而出现,甚至在一段时间里成为时髦。力学的热理论以新的论据支持了能量守恒原理,并使这一原理重新受到重视,这无疑是它的一个重大成就;但是,如果物理学家先生们还能记起,这一原理早就由笛卡儿提出过,那么它还能以某种绝对全新的东西的面貌出现吗? 自从物理学和化学再一次几乎专门从事于分子和原子的研究以来,古希腊的原子论哲学必然重新受到人们的重视。但是,甚至最优秀的自然科学家对这种哲学所作的研究也是何等肤浅! 例如,凯库勒指出(《化学的目的和成就》①),原子论哲学的创始人不是留基伯,而是德谟克利特,并且断言,道尔顿最先假定了不同质的元素原子的存在,并且最先认定不同元素具有各自特有的不同重量。可是,我们在第欧根尼·拉尔修的著作②(第 10 卷第 43—44 和 61 节)中可以看到:伊壁鸠鲁早已认定原子不仅在大小上和形态上不相同,而且在**重量**上也不相同,也就是说,他早就按照自己的方式认识了原子量和原子体积。

1848 年这一年在德国一事无成,只是在哲学领域中发生了全面的转折。这个民族由于热衷于实际,一方面初步建立起大工业和投机事业,另一方面为德国自然科学此后所经历的、由巡回传教士和漫画人物福格特、毕希纳等等所揭开的巨大跃进奠定了基础,于是这个民族坚决摒弃了在柏林老年黑格尔派中陷入困境的德国古典哲学。柏林的老年黑格尔派确实应该遭到这样的命运。但是,一个民族要想站在科学的最高峰,就一刻也不能没有理论思维。可是正当自然过程的辩证性质以不可抗拒的力量迫使人们承

① 奥·凯库勒《化学的目的和成就》1878 年波恩版。——编者注
② 第欧根尼·拉尔修《著名哲学家的生平》(十卷集)1833 年莱比锡版。——编者注

认它,因而只有辩证法能够帮助自然科学战胜理论困难的时候,人们却把辩证法同黑格尔派一起抛进大海,因而又无可奈何地陷入旧的形而上学。从此以后,在公众当中流行起来的一方面是叔本华的、尔后甚至是哈特曼的迎合庸人的浅薄思想,另一方面是福格特和毕希纳之流的庸俗的巡回传教士的唯物主义。在大学里,各种各样的折中主义互相展开竞争,不过在一点上它们是一致的,这就是它们全都是由过时哲学的十足的残渣拼凑而成的,并且全都同样地是形而上学的。在古典哲学的各种残余中,只有某种新康德主义得以幸存,这种新康德主义的最终结论就是永远不可知的自在之物,也就是康德哲学中最不值得保存下来的部分。最终的结果就是理论思维现在处处表现出杂乱无章。

现在几乎没有一本理论自然科学著作不给人以这样的印象:自然科学家们自己就感觉到,这种杂乱无章多么严重地左右着他们,并且现今流行的所谓哲学又决不可能使他们找到出路。在这里,既然没有别的出路,既然无法找到明晰思路,也就只好以这种或那种形式从形而上学思维向辩证思维复归。

这种复归可以通过不同的道路来实现。它可以仅仅通过自然科学的发现本身所具有的力量自然而然地实现,这些发现不会甘于再被束缚在旧的形而上学的普罗克拉斯提斯的床上。但这是一个旷日持久的、步履艰难的过程,在这一过程中要克服大量额外的阻碍。这个过程在很大程度上已在进行中,特别在生物学中是如此。如果理论自然科学家愿意较为仔细地研究一下辩证哲学在历史上有过的各种形态,那么上述过程可以大大缩短。在这些形态中,有两种形态对现代的自然科学可以格外有益。

第一种是希腊哲学。在这种哲学中,辩证思维还以原始的朴素的形式出现,还没有受到令人迷醉的障碍①的干扰,而这些障碍是 17 和 18 世纪的形而上学——英国的培根和洛克,德国的沃尔弗——为自己设置的,并且由此就堵塞了自己从认识个别到认识整体,到洞察普遍联系的道路。在希腊人那里——正是因为他们还没有进步到对自然界进行解剖、分析——自然界还被当做整体,从总体上来进行观察。自然现象的总的联系还没有在细节上得到证明,这种联系在希腊人那里是直接观察的结果。这是希腊哲学的缺陷所在,由于这种缺陷,它后来不得不向其他的观点让步。然而这也正是希腊哲学要比它以后的所有形而上学对手更高明之处。如果说,形而上学同希腊人相比在细节上是正确的,那么,希腊人同形而上学相比则在总体上是正确的。这就是我们在哲学上以及在其他许多领域中不得不一再回到这个小民族的成就上来的原因之一,这个民族的无所不包的才能和活动使他们在人类发展史上享有任何其他民族都不能企求的地位。而另外一个原因就是在希腊哲学的多种多样的形式中,几乎可以发现以后的所有看法的胚胎、萌芽。因此,理论自然科学要想追溯它的今天的各种一般原理的形成史和发展史,也不得不回到希腊人那里去。这种见解已经越来越被接受。有的自然科学家一方面把希腊哲学的残篇如原子论当做永恒真理来看待,另一方面以希腊人缺少经验自然科学为理由而对他们采取培根式的高傲的蔑视态度,这样的自然科学家越来越少了。但愿上述见解再前进一步,能促使人们对希腊哲学真正有所认识。

辩证法的第二种形态恰好离德国的自然科学家最近,这就是从康德到黑格尔的德国古典哲学。这里已经有了开头,因为即使

_____

① 参看海涅《新春集》1831 年版诗序。——编者注

把刚才提到的新康德主义除外,回到康德去又重新成为时髦。自从人们发现康德是两个天才假说的首创者以来,他在自然科学家当中重新获得了应有的荣誉。这两个假说就是先前曾归功于拉普拉斯的太阳系起源理论和地球自转由于潮汐而受到阻碍的理论。没有这两个假说,今天的理论自然科学简直就不能前进一步。但是,自从黑格尔著作中已提出一个虽然是从完全错误的出发点阐发的、却无所不包的辩证法纲要以后,要向康德学习辩证法,就是一件费力不讨好的和收效甚微的事情。

一方面,在很大程度上由于这种错误的出发点和柏林黑格尔派的无可救药的堕落而对"自然哲学"采取的反对态度,得到了随心所欲的表现,并且演变成了纯粹的谩骂;另一方面,自然科学在有理论上的需要时又被流行的折中主义的形而上学置于完全无援的境地。而在这以后,也许才有可能在自然科学家面前重新提起黑格尔的名字,而不致引发那种使杜林先生出尽洋相的舞蹈病。

首先要明确的是,这里的问题决不是要捍卫黑格尔的出发点:精神、思维、观念是本原的东西,而现实世界只是观念的摹写。这种出发点已经被费尔巴哈摒弃了。在下述这一点上我们大家都是一致的:在自然界和历史的每一科学领域中,都必须从既有的**事实**出发,因而在自然科学中要从物质的各种实在形式和运动形式出发①;因此,在理论自然科学中也不能构想出种种联系塞到事实中去,而要从事实中发现这些联系,而且这些联系一经发现,就要尽可能从经验上加以证明。

---

① 手稿中接着删掉一句话:"我们社会主义的唯物主义者,在这方面甚至比自然科学家走得还远得多,因为我们也……"——编者注

同样,也谈不上保持黑格尔体系的独断的内容,而这一内容正是柏林老年黑格尔派和青年黑格尔派所鼓吹的。随着唯心主义出发点的垮台,建筑在这一出发点上的体系,特别是黑格尔的自然哲学也就垮台了。但是要记住,自然科学上反对黑格尔的论战,在对黑格尔有大致正确理解的范围内,仅仅针对以下两点:唯心主义的出发点和不顾事实而任意编造体系。

去除这一切之后,剩下的就只是黑格尔的辩证法。马克思的功绩就在于,他和"今天在德国知识界发号施令的、愤懑的、自负的、平庸的模仿者们"①相反,第一个把已经被遗忘的辩证方法、它和黑格尔辩证法的联系以及差别重新提到人们面前,同时在《资本论》中把这个方法应用到一种经验科学即政治经济学的事实上去。他获得了成功,以致德国现代的经济学派只是由于借口批判马克思而抄袭马克思(还常常抄袭错),才胜过了庸俗的自由贸易派**44**。

在黑格尔的辩证法中,正像在他的体系的所有其他分支中一样,一切真实的联系都是颠倒的。但是,正如马克思所说的,"辩证法在黑格尔手中神秘化了,但这决没有妨碍他第一个全面地有意识地叙述了辩证法的一般运动形式。在他那里,辩证法是倒立着的。必须把它倒过来,以便发现神秘外壳中的合理内核。"①

可是,在自然科学本身中,我们常常遇到这样一些理论,它们把真实的关系弄颠倒了,把映象当做了原型,因而这些理论同样需要倒置过来。这样的理论常常在一个较长的时间里盛行。在差不多两个世纪内,热一直不是被看做普通物质的一种运动形式,而是

---

① 见马克思《资本论》第 1 卷,《马克思恩格斯选集》第 3 版第 2 卷第 94 页。——编者注

被看做一种特殊的神秘的物质,就是这种情况,而力学的热理论完成了这种倒置。尽管如此,热素说占统治地位的物理学却发现了关于热的一系列非常重要的定律,特别是傅立叶和萨迪·卡诺[45]为一些正确的见解开辟了道路,而这些见解不过是把其先驱所发现的定律倒置过来,翻译成自己的语言。[①] 同样,在化学中,燃素说[16]经过上百年的实验工作才提供了一些材料,而拉瓦锡利用这种材料才在普利斯特列提取出来的氧气中发现了想象中的燃素的实在对立物,从而推翻了全部燃素说。但是燃素说的实验成果决不因此就被抛弃。正好相反。这些成果依然存在,只不过其表述被颠倒过来,从燃素说的语言翻译成了现今通行的化学语言,因此仍然保持着自己的有效性。

黑格尔的辩证法同合理的辩证法的关系,正像热素说同力学的热理论的关系一样,正像燃素说同拉瓦锡的理论的关系一样。

[162]

神灵世界中的自然研究[46]

深入人民意识的辩证法有一个古老的命题:两极相联。根据这个道理,我们在寻找幻想、轻信和迷信的极端表现时,如果不是面向像德国自然哲学那样竭力把客观世界嵌入自己主观思维框子内的自然科学派别,而是面向与此相反的派别,即一味吹捧经验、

---

① 恩格斯在此处页边上写着:"卡诺函数 C 的倒数 $\frac{1}{C}$ = 绝对温度。此函数不倒置过来,毫无用处。"——编者注

极端蔑视思维而实际上思想极度贫乏的派别,我们就不至于犯什么错误。后一个学派在英国占据统治地位。它的始祖,备受称颂的弗兰西斯·培根就已经渴望他的新的经验归纳法能够付诸应用,并首先做到:延年益寿,在某种程度上使人返老还童,改形换貌,易身变体,创造新种,腾云驾雾,呼风唤雨。他抱怨这种研究无人问津,他在他的自然史中开出了制取黄金和创造种种奇迹的正式的丹方。[47]同样,伊萨克·牛顿在晚年也热衷于注释《约翰启示录》[48]。因此,难怪近年来以几个远非最差的人物为代表的英国经验主义,看来竟不可救药地迷恋于从美国输入的招魂术和降神术。

属于这一行列的第一位自然科学家,是功勋卓著的动物学家兼植物学家阿尔弗勒德·拉塞尔·华莱士,此人曾和达尔文同时提出物种通过自然选择发生变异的理论。他在 1875 年由伦敦白恩士出版社出版的小册子《论奇迹和现代唯灵论》里面说,他在自然知识的这个分支中的最初经验是在 1844 年开始取得的,那时他听到斯宾塞·霍尔先生关于麦斯默术[49]的讲演,因此他在他的学生身上做了同样的实验。

"我对这个问题非常感兴趣,并且有热心〈ardour〉进行研究。"[第 119 页]

他不仅使人进入催眠状态并发生四肢僵硬和局部丧失知觉的现象,而且也证实了加尔颅骨图[50]的正确,因为在触摸任何一个加尔器官的时候,相应的活动就在已受催眠的人身上发生,并以灵活的动作按规定演示出来。其次,他断言,他的被催眠者只要被他触摸一下,就会产生催眠者的一切感觉;他只要把一杯水说成白兰地酒,就可以让被催眠者喝得酩酊大醉。他能使一个年轻人甚至在清醒的时候糊涂得忘记自己的姓名,然而这是其他教员不用麦斯默术也可以办到的。如此等等。

　　1843—1844年冬季，我也适逢其会在曼彻斯特见到了这位斯宾塞·霍尔先生。他是一个很普通的江湖术士，在几个教士的赞助下在国内跑来跑去，用一个少女做催眠颅相学的表演，借以证明上帝的存在，证明灵魂不死，证明当时欧文主义者在各大城市中所宣传的唯物主义毫无价值。少女被催眠后，催眠者只要摸一摸她的颅骨上的任何一个加尔器官，她就像演戏一样做出各种表示相应器官活动的动作和姿势；例如，摸一下爱孩子（philoprogenitiveness）的器官，她就爱抚和亲吻所幻想的婴孩，如此等等。此外，这位堂堂的霍尔还用一个新的巴拉塔里亚岛[51]丰富了加尔的颅骨地理学：他在颅骨顶上发现了一个敬神的器官，只要摸一摸这里，他的那位受了催眠的小姐就跪下去，把双手合在一起，并且在惊讶的庸人观众面前做出一副虔敬地祈祷的天使的样子。表演到此结束并达到高潮。上帝的存在得到了证明。

　　我和我的一个熟人也同华莱士先生一样，对这些现象颇感兴趣，并且想试一下，我们能在什么程度上再现这些现象。我们选择了一个12岁的活泼的男孩来做对象。安详的凝视或轻柔的抚摩就轻而易举地使他进入催眠状态。但是，因为我们对这套把戏不像华莱士先生那样虔诚，那样热心，所以我们也就得到完全不同的结果。除了很容易产生的肌肉僵硬和丧失知觉状态以外，我们还发现了一种意志完全被动而感觉又异常过敏的状态。被催眠者一旦由于任何外部刺激而从昏睡中醒过来，他就显得比清醒的时候更活跃得多。被催眠者同催眠者没有任何神秘的感应关系；任何其他的人都同样可以很容易地使被催眠者动作起来。让加尔颅骨器官起作用，在我们看来是太容易了；我们的花样还更多：我们不仅能使这些器官互相置换,把它们配置在整个身体的任何地方,而且还能造出不拘数目的其他器官,如唱歌、吹口哨、吹笛、跳舞、拳击、缝纫、补鞋、抽烟等等的器官,这些器官我们希望安在什么地方都可以。华莱士用水使他的被催眠者酩酊大醉,而我们却在大脚趾上发现了醉酒的器官,只要摸它一下,被催眠者就会演出最妙的喝醉酒的滑稽戏。但是十分清楚:如果不使被催眠者明白人们希望他做些什么,那么任何器官都不能显示任何作用。这个小孩经过实际练习很快便熟练到这样的程度:只要多少有一点暗示就够了。这样造成的器官只要不用同样的方法加以改变,对于以后的催眠是永远有效的。这个被催眠者也就有双重的记忆,一种是清醒时的记忆,另一种是催眠状态中的完全独立的记忆。至于说到意志的被动性,说到对第三者的意志的绝对服从,只要我们不忘记整个状态是在被催眠者的意志服从催眠者的意志的情况下开始的,而且没有这种服从就形成不了这种状态,那么这种被动性,这种绝对服从就没有什么奇怪的了。只要被催眠者同催眠者开个玩笑,那就连世界上最有魔力的催眠术家也无计可施了。

这样,我们不过随便怀疑了一下,便发现了催眠颅相学的江湖骗术的老底,这是一系列与清醒状态时的现象多半只有程度差异的、无须作任何神秘主义解释的现象,而华莱士先生的热心(ardour)却使他一再地欺骗自己,靠了这种自我欺骗去在各种细节上证实加尔颅骨图,确认催眠者和被催眠者之间的神秘的感应关系。① 在华莱士先生的天真得有些稚气的谈话中,到处都可以

---

① 恩格斯在这里加了一个注:"如前所述,被催眠者是通过练习而熟练起来的。因此,当意志的服从变成习惯以后,两个当事者之间的关系会越来越密切,某些个别现象会越来越强化,甚至在清醒状态中也有微弱的反应,这是完全可能的。"——编者注

看到：他所关心的并不是探究这种江湖骗术的真相，而是不惜任何代价去再现所有的现象。只要有了这种心态，就可以在很短的时间内使刚入门的研究者靠简便易行的自我欺骗变成一位行家。华莱士先生终于相信了催眠颅相学的奇迹，这时他已经有一只脚踏进神灵世界中去了。

到1865年，他的另一只脚也跟着踏进去了。当他在热带地方旅行了12年回来以后，桌子跳舞的降神术实验促使他加入了各种"神媒"的团体。他进步得多么快，他对这套把戏掌握得多么纯熟，上述小册子就可以证明。他希望我们不仅要当真相信霍姆、达文波特兄弟以及其他看来多少是为了钱并且大多一再暴露出骗子面目的"神媒"的一切所谓的奇迹，而且要当真相信许多从很古的时候起就被信以为真的神灵故事。希腊神托所的女占卜者、中世纪的女巫便都是"神媒"，而扬布利柯在他的《论预言》中已经十分确切地描绘了

"现代唯灵论中最令人惊异的现象"［第229页］。

我们只举一个例子来表明，华莱士先生对于这些奇迹在科学上的确证是处理得何等轻率。如果有人要我们相信神灵会让人给它们照相，那么这的确是一个奢望，而我们在认定这种神灵照片是真实的以前，当然有权要求以最真实可信的方式对它们加以证明。但华莱士先生在第187页上说：1872年3月，主神媒古皮太太（父姓为尼科尔斯）跟她的丈夫和小儿子在诺丁山①的赫德森先生那里一起照了相，而在两张不同的照片上都看得出她背后有一个身

———————

① 诺丁山是伦敦西城的一个区。——编者注

材高高的女人的形象,优雅地(finely)披着白纱,面貌略带东方韵味,摆出祝福的姿势。

"所以,在这里,两件事中必有一件是绝对确实的①。要不是眼前有一个活生生的、聪敏的、然而肉眼看不见的存在物,就是古皮先生夫妇、摄影师和某一第四者筹划了一桩卑劣的〈wicked〉骗局,而且一直隐瞒着这一骗局。但是我非常了解古皮先生夫妇,所以我绝对相信:他们像自然科学领域中任何真挚的真理探求者一样,是不会干这种骗人的勾当的。"[第188页]

这样看来,要么是骗人的勾当,要么是神灵的照片。对极了。如果是骗人的勾当,那么,不是神灵早已印在照片底版上,就是有四个人参与其事,或者有三个人参与其事,如果我们把活到84岁于1875年1月去世的对自己的行为不能负责的或易受愚弄的古皮老先生撇开不谈的话(只要把他送到作为背景的屏风后面就行了)。一位摄影师要替神灵找个"模特儿"是没有什么困难的,我们对此无须多费唇舌。但是摄影师赫德森不久就因一贯伪造神灵照片而被公开检举,而华莱士先生却安慰人们说:

"有一件事情是明白的:如果发生了骗人的勾当,那立刻就会被唯灵论者自己看破的。"[第189页]

这也就是说,摄影师也不大可信了。剩下的是古皮太太,而对她,我们的朋友华莱士表示"绝对相信",此外再没有别的。再没有别的吗?决不是这样。表明古皮太太的绝对可靠的,还有她自

① 恩格斯在这里加了一个注:"原文是'Here, then, one of two things **are** absolutely certain'。神灵世界是超越于语法的。有一次,一位爱开玩笑的人让神媒把语法家林德利·默里的灵魂召来。问他来了没有,他回答道:'I are'[我来了](美国人的说法,不说'I am')。这位神媒是在美国出生的。"——编者注

己的如下说法：1871年6月初的一个晚上，她在不省人事的状态中从汉伯里山公园她的家里，由空中被摄到兰布斯·康第特街69号——两地的直线距离是三英里——并且被弄到上述69号房子中正在举行降神仪式的一张桌子上。房门是关着的，虽然古皮太太是一个极肥胖的伦敦女人（这的确很重要），可是她突然闯到屋里来，在门上或天花板上连个小小的窟窿都没有留下来（1871年6月8日伦敦《回声报》[52]上的报道）。现在谁还不相信神灵照片是真的，那真是不可救药了。

英国自然科学家中的第二位著名的行家，是威廉·克鲁克斯先生，化学元素铊的发现者和辐射计（在德国也叫做光转车辐射计）的发明者。[53]克鲁克斯先生大约从1871年起开始研究唯灵论者的表演，为了这个目的应用了许多物理学仪器和力学仪器，如弹簧秤、电池等等。他是否带来了主要的仪器，即一颗抱怀疑态度的有批判力的头脑，他是否使这颗头脑始终保持工作能力，我们是会看到的。无论如何，在一个不长的时期内，克鲁克斯先生就像华莱士先生一样完全被俘虏了。华莱士叙述道：

"几年的工夫，一个年轻的女人，弗洛伦斯·库克小姐，就显示出值得注意的神媒的特性，而且最近已经登峰造极，化成一个肯定是来自神灵世界的完美的女性形象，赤着脚，披着飘洒的白色长袍，而这时神媒却穿着深色的衣服，被捆缚着，沉睡在一间密室〈cabinet〉或邻室里。"［第181页］

这个神灵自称凯蒂，看起来非常像库克小姐。一天晚上，沃尔克曼先生，古皮太太现在的丈夫，突然拦腰把它抱住，紧紧搂住不放，看它到底是不是库克小姐的化身。这个神灵显示出是一个结结实实的女人，它竭力反抗，观众们来干预，瓦斯灯被熄灭，撕扯了一阵以后，重新安静下来，屋子里点起了灯，这时神灵已经不见了，而库克小姐仍然被捆着,不省人事地躺在原来的角落里。但是,据说沃尔克曼先生直到现在还坚持认为,他抱住的是库克小姐而不是别人。为了从科学上来确证这件事情,一位著名的电学家瓦利先生做了一次新的实验,把电池的电流通到神媒库克小姐身上,使得她不切断电流就不能扮演神灵的角色。然而神灵还是出现了。所以它的确是和库克小姐不同的存在物。而进一步确证这件事情便是克鲁克斯先生的任务。他第一步是要取得这位神灵小姐的**信任**。

这种信任,如他自己在1874年6月5日的《灵学家报》[54]中所说的,"逐渐加深,直到除非由我来安排,不然她就拒绝降神。她说她希望我一直在她近旁,就在内室的隔壁;我发现,在这种信任已经建立而且她确信我决不对她食言以后,各种现象的表现程度大大加强了,用其他方法得不到的证据也如意地得到了。她常常和我商量参加降神仪式的人以及他们的席位,因为她最近变得非常不安〈nervous〉,原因是她感到有人曾不怀好意地向她暗示,除了使用其他的比较科学的研究方法以外,有人可能使用武力。"①

这位神灵小姐对这种既亲切又科学的信任给了最充分的回报。她甚至出现——现在这使我们不会再感到吃惊——在克鲁克斯先生家里,和他的孩子们玩耍,给他们讲"她在印度冒险的趣闻",向克鲁克斯先生讲述"她过去生活中的一些痛苦的经历",让他拥抱她,好让他相信她的结结实实的物质性,并让他察看她每分钟的脉搏次数和呼吸次数,最后她自己还和克鲁克斯先生并排照相。华莱士先生说:

"这个形象在人们看见她,摸到她,给她照相,并且和她谈话以后,就从一

---

① 见威·克鲁克斯《"凯蒂·金"的最后出现》,载于1874年6月5日《灵学家报》第23号。——编者注

个小屋子里面绝对地消失了,这个小屋子除了通往挤满观众的隔壁一间屋子,是没有其他出口的。"［第183页］

假若观众们十分有礼貌,信任发生事情的房子的主人克鲁克斯先生,就像克鲁克斯先生信任神灵一样,这也就不是什么了不起的把戏了。

可惜这些"完全被证实了的现象",甚至在唯灵论者看来也不是随随便便就可以相信的。我们在前面已经看到,十分相信唯灵论的沃尔克曼先生怎样采取了非常物质的突然下手的办法。现在又有一个教士,"不列颠全国灵学家协会"委员,也出席了库克小姐的降神仪式,而且毫无困难地发现:神灵从门进到里面并在里面消失的那间屋子,是有**第二道门**通往外界的。当时也在场的克鲁克斯先生的举动,"使我原以为这些表演中也许有点什么玩意儿的信念受到了最后的致命打击"(查·莫里斯·戴维斯牧师《神秘的伦敦》,伦敦廷斯利兄弟出版社版)。此外,人们怎样使"凯蒂们""现身"的事,在美国也真相大白了。有一对姓霍姆斯的夫妇在费城举行表演,当时也出现了一个"凯蒂",她得到信徒们丰厚的馈赠。但是,这位凯蒂有一次竟因为报酬不够多而罢了工,这就引起一个怀疑者下决心非要探查出她的踪迹不可;他发现她住在一个 boarding house(公寓)里,是一个毫无疑问有血有肉的年轻女人,占有了赠送给神灵的一切礼物。

同时,欧洲大陆也有自己的科学界的降神者。彼得堡的一个学术团体——我不大清楚是大学或者甚至是研究院——曾委托枢密官阿克萨科夫和化学家布特列罗夫探究降神现象,但似乎并没有多少结果。[55]另一方面——如果可以相信唯灵论者的喧嚣的声明——德国现在也推出自己的唯灵论者,这就是莱比锡教授策尔纳先生。

大家知道,策尔纳先生多年来埋头研究空间的"第四维",发现在三维空间里不可能出现的许多事情,在四维空间里却是不言而喻的。例如,在四维空间里,一个全封闭的金属球,不在上面钻一个孔,就可以像翻手套一样地翻过来;同样,在一条两端各无尽头或两端都被系住的线上可以打结,两个相互分离的闭合的圆环,不锯开其中的任何一个就可以套在一起,还有许多这一类的把戏。根据神灵世界最近传来的捷报,策尔纳教授先生曾请求一个或几个神媒帮助他确定第四维空间中的各种细节。结果据说是惊人的。他把自己的手臂架在椅子的扶手上,而手掌按在桌子上不动,降神仪式一开始,椅子的扶手就和他的手臂套在一起了;一条两端用火漆固定在桌子上的线,竟在中间打了四个结,如此等等。一句话,神灵是可以极其容易地完成第四维空间的一切奇迹的。但是必须注意:我是在转述别人的说法。我不能保证这个神灵通报的正确性,如果它有什么不确实的地方,策尔纳先生应当感谢我给他提供了一个更正的机会。但是,如果这个通报不是虚假地报道策尔纳先生的经历,那么这些经历显然会在神灵科学和数学方面开辟一个新纪元。神灵证明第四维空间的存在,而第四维空间则为神灵的存在作担保。而这一点一经发现,便给科学开辟出一个崭新的广阔的天地。对于第四维和更高维的空间的数学来说,对于待在这种高维空间中的神灵们的力学、物理学、化学和生理学来说,过去的全部数学和自然科学都不过是一种预备科目罢了。克鲁克斯先生不是已经在科学上确证桌子和其他家具在移到——我们现在可以这样说——第四维空间的过程中会损失多少重量,而华莱士先生不是也声称他已经证明在第四维空间中火不会伤害人体吗！现在甚至已经有神体生理学了！神灵们会呼吸，有脉搏，这就是说，它们有肺脏、心脏和循环器官，因而在身体的其他器官方面至少是和我们一样齐全的。因为要呼吸就要有碳水化合物在肺里被转化，而这些碳水化合物又只能由外界供给，于是要有胃、肠及其附属器官，而这一切一经确定，其余的就毫无困难地都跟着有了。但是这些器官的存在就使得神灵们有生病的可能，这样一来，微耳和先生也许就不得不写一部神灵世界的细胞病理学了。而因为这些神灵大多是非常漂亮的年轻女人，除了她们的超凡的美丽，她们和世间的女人没有什么不同，完完全全没有什么不同，所以用不了多久她们就会出现在"爱上她们的男人"①的身边；而且，既然克鲁克斯先生通过脉搏已经断定，她们"并不缺少女性的心"，所以对于自然选择来说，也同样会出现一个第四维空间，在那个空间里，再也用不着担心人们会把自然选择和万恶的社会民主主义混淆起来。**56**

够了。这里已经看得一清二楚，究竟什么是从自然科学走向神秘主义的最可靠的道路。这并不是过度滋蔓的自然哲学理论，而是蔑视一切理论、怀疑一切思维的最肤浅的经验。证明神灵存在的并不是那种先验的必然性，而是华莱士先生、克鲁克斯先生之流的经验的观察。既然我们相信克鲁克斯利用光谱分析进行的观察（铊这种金属就是由此发现的），或者相信华莱士在马来群岛所获得的动物学上的丰富的发现，人们就要求我们同样去相信这两位研究者在唯灵论方面的经验和发现。而如果我们认为，在这里

---

① 见莫扎特《魔笛》第 1 幕第 14 场帕米纳和巴巴盖诺的二重唱。——编者注

毕竟有一个小小的区别,即前一种发现可以验证,而后一种却不能,那么降神者就会反驳我们说:不是这么回事,他们是乐于给我们提供机会来验证这些神灵现象的。

实际上,蔑视辩证法是不能不受惩罚的。对一切理论思维尽可以表示那么多的轻视,可是没有理论思维,的确无法使自然界中的两件事实联系起来,或者洞察二者之间的既有的联系。在这里,问题只在于思维正确或不正确,而轻视理论显然是自然主义地进行思维,因而是错误地进行思维的最可靠的道路。但是,根据一个自古就为人们所熟知的辩证法规律,错误的思维贯彻到底,必然走向原出发点的反面。所以,经验主义者蔑视辩证法便受到惩罚:连某些最清醒的经验主义者也陷入最荒唐的迷信中,陷入现代唯灵论中去了。

数学方面的情形也一样。平庸的形而上学的数学家,都十分高傲地夸耀他们的科学成果是绝对无法推翻的。但是这些成果也包括虚数在内,从而这些虚数也就带有某种实在性。如果我们已习惯于给$\sqrt{-1}$或第四维硬加上我们的头脑以外的某种实在性,那么我们是否再前进一步,承认神媒的神灵世界,这也就不是什么重要问题了。这正如凯特勒谈到德林格尔时所说的:

"这个人一生中曾为那么多的谬论作辩护,就连教皇永无谬误[57]的说法他也真能接受了!"

事实上,单凭经验是对付不了唯灵论者的。第一,那些"高级的"现象,只有当有关的"研究者"已经着迷到像克鲁克斯自己天真无比地描绘的那样,只能看到他应看到或他想看到的东西的时候,才能够显现出来。第二,唯灵论者并不在乎成百件的所谓事实被揭露为骗局,成打的所谓神媒被揭露为下流的江湖骗子。只要所谓的奇迹还没有被**逐一**揭穿,唯灵论者就仍然有足够的活动地盘,华莱士在伪造神灵照片的事件中就一清二楚地说明了这一点。伪造物的存在,正好证明了真实物的真实。

这样,经验要摆脱降神者的纠缠,就不得不借助于理论的思考,而不再靠经验性的实验;用赫胥黎的话说:

"我认为从证明唯灵论是真理这件事当中所能得到的唯一好处,就是给反对自杀提供一个新论据。与其死后借每举行一次降神仪式赚一个基尼①的神媒的嘴巴说一大堆废话,还不如活着做清道夫好。"**58**

［札记和片断］

［1］

毕 希 纳**59**

这一派别的产生。德国哲学消融于唯物主义。对科学的控制被排除了。庸俗的唯物主义通俗化者一哄而起,他们的唯物主义据说要弥补科学的贫乏。盛行于资产阶级德国和官方德国科学极度衰落的时代——1850—1860年。福格特、摩莱肖特、毕希纳。相互的保险。——由于达尔文主义变为时髦并被这些先生们立即借用而引起的新的活跃。

人们本来可以听其自然,让他们从事自己的虽然狭隘但尚可称道的职业,即教给德国庸人以无神论等等。但是,第一,他们对

---

① 基尼是英国从前的一种金币,合21先令。——编者注

《自然辩证法》第一束手稿的第 1 页

那些毕竟给德国带来荣誉的哲学家大肆谩骂(文句尚待引证)①，第二，他们妄图把他们的自然理论应用于社会并用来改良社会主义。这就迫使我们不得不注意他们了。

第一，他们在自己的领域内做了些什么呢？引证。

第二，转变，第170—171页。这个突然出现的黑格尔的东西是从哪里来的呢?[61]向辩证法的过渡。——两个哲学派别：主张固定范畴的形而上学派，主张流动范畴的辩证法派(亚里士多德，特别是黑格尔)；后一派证明：理由和推断、原因和结果、同一和差异、现象和本质这些固定的对立是站不住脚的，经分析证明，一极已经作为核内的东西存在于另一极之中，到达一定点一极就转化为另一极，整个逻辑都只是从这些前进着的对立中展开的。——这在黑格尔本人那里是神秘的，因为各种范畴在他那里表现为预先存在的东西，而现实世界的辩证法表现为这些范畴的单纯的反照。实际上恰恰相反：头脑中的辩证法只是现实世界即自然界和历史的各种运动形式的反映。到上一世纪末，甚至到1830年，自然科学家靠旧的形而上学差不多还能应付过去，因为真正的科学当时还没有越出力学——地球上的力学和宇宙的力学的范围。尽管如此，高等数学已经带来了混乱，因为高等数学把初等数学的永恒真理看做已被摒弃的观点，常常作出相反的论断，提出一些在初

---

① 恩格斯在这里加了一个注："毕希纳把这些哲学家仅仅看做独断主义者，其实他本人正是宣扬德国的所谓启蒙学说的最浅薄滥调的独断主义者；德国的所谓启蒙学说背弃了伟大的法国唯物主义者(黑格尔曾谈到他们)的精神和运动，就像尼古拉背弃了伏尔泰的精神一样。莱辛提到的'死狗斯宾诺莎'([黑格尔]《全书》序言第19页)[60]。"——编者注

等数学家看来纯属谬论的命题。固定的范畴在这里消融了,数学达到这样一种境地,在这里即使很简单的关系,如纯粹抽象的量之间的关系、恶无限性,都采取了完全辩证的形态,迫使数学家们既不自愿又不自觉地成为辩证的数学家。数学家们为了解决这种矛盾,为了调和高等数学和初等数学,为了弄清楚在他们面前表现为不可否认的结果的那些东西并不是纯属荒诞无稽的东西,以及为了合理地说明以无限为研究对象的数学的出发点、方法和成果所采用的隐晦说法、无聊诡计和应急手法,是再滑稽可笑不过了。

　　但是现在一切都不同了。化学——原子论。物理学的抽象的可分性——恶无限性。生理学——细胞(由分化而发生的个体和种的有机发展过程,是对合理的辩证法的最令人信服的验证)。最后,各种自然力的同一性及其相互转化,这种转化使范畴的一切固定性都终结了。尽管如此,大批自然科学家仍然束缚在旧的形而上学的范畴之内,在必须合理地解释这些可以说在自然界中证实了辩证法的最新事实并把它们彼此联系起来的时候,他们就束手无策了。在这里就不能不靠**思维**:原子和分子等等是不能用显微镜来观察的,只能用思维来把握。看看那些化学家(肖莱马例外,他懂得黑格尔)以及微耳和的《细胞病理学》①,在那里最终不得不用笼统的空话来掩盖这种束手无策。脱掉神秘主义外衣的辩证法成为自然科学绝对必需的东西,因为自然科学已经离开这样的领域,在那里,固定不变的范畴,犹如逻辑的初等数学,足以供日常使用。哲学因自然科学抛弃了它而对自然科学事后进行了报

————————

① 鲁·微耳和《细胞病理学在生理和病理组织学方面的根据》1871 年柏林增订第 4 版。——编者注

复。而自然科学家本来可以从哲学家的自然科学成就中看到：在这全部哲学中隐藏着某种即使在自然科学家自己的领域中也比他们高明的东西(莱布尼茨——以无限为研究对象的数学的创始人[62]，和他比较起来，归纳法的蠢驴牛顿[63]是个剽窃者和破坏者；康德——拉普拉斯**以前**的天体起源理论；奥肯——在德国采纳进化论的第一个人；黑格尔——他对自然科学的百科全书式的概括和合理的分类是超过一切唯物主义胡说的伟大成就)。

[9]

关于毕希纳妄图从生存斗争出发来非难社会主义和经济学：黑格尔(《全书》第1部第9页)论制鞋[64]。

关于政治和社会主义：曾经为世界所期待的知性(第11页)[65]。

彼此相外、彼此并列和彼此相继。黑格尔《全书》第35页！作为对感性、表象的规定①。

黑格尔《全书》第40页。自然现象②——但毕希纳不假**思索**，只是照抄，所以是不必要的。

第42页。梭伦"从自己头脑中产生出"自己的法律③——毕希纳可以为现代社会做同样的事情。

第45页。形而上学——关于**事物**的科学④——不是关于运

---

① 黑格尔《哲学全书纲要》第1部（即《小逻辑》）第20节说明。——编者注
② 同上，第21节附释。——编者注
③ 同上，第22节附释。——编者注
④ 同上，第24节。——编者注

动的科学。

第53页。一说到经验……有决定意义的东西。[66]

第56页。人类个体和历史之间的对应关系[67] = 胚胎学和古生物学之间的对应关系。

［193］

《费尔巴哈》的删略部分[68]

[50年代在德国把唯物主义庸俗化的小贩们,根本没有突破他们的老师们①的这些局限。自然科学后来获得的一切进步,仅仅成了他们]反对信仰世界创造主的新论据;实际上,他们所做的事情决不是进一步发展理论。唯心主义由于1848年革命受到了沉重打击,而唯物主义在它的这一更新了的形态下更是江河日下。费尔巴哈拒绝为**这种**唯物主义承担责任是完全对的;只是他不应该把这些巡回传教士的学说同一般唯物主义混淆起来。

但是,大约就在这个时候,经验自然科学获得了巨大的发展和极其辉煌的成果,从而不仅有可能完全克服18世纪机械论的片面性,而且自然科学本身,也由于证实了自然界本身中所存在的各个研究领域(力学、物理学、化学、生物学等等)之间的联系,而从经验科学变成了理论科学,并且由于把所得到的成果加以概括,又转化成唯物主义的自然知识体系。气体力学;新创立的有机化学,它从无机物制造出一个又一个的所谓有机化合物,从而扫除了这类化合物的不可捉摸性质的最后残余;1818年创立的科学的胚胎

---

① 指18世纪的法国唯物主义者。——编者注

学;地质学和古生物学;动植物比较解剖学——这一切领域提供了空前丰富的新材料。但是,具有决定性重要意义的是三大发现。

第一是由于热的机械当量的发现(罗伯特·迈尔、焦耳和柯尔丁)而使能的转化得到证实。自然界中无数的起作用的原因,过去一直被看做某种神秘的不可解释的存在物,即所谓力——机械力、热、放射(光和辐射热)、电、磁、化学化合力和分解力,现在全都被证明是同一种能(即运动)的各种特殊形式,即存在方式;我们不仅可以证明,这种能在自然界中不断从一种形式转化为另一种形式,而且甚至可以在实验室中和在工业中实现这种转化,使某一形式的一定量的能总是相当于这一或另一形式的一定量的能。例如,我们可以用千克米表示热量单位,又用热量单位来表示若干单位的或任何量的电能或化学能,反过来也可以;我们同样可以把一个活的机体所消耗的和所获得的能量测量出来,并且用任何单位,例如用热量单位表示出来。自然界中一切运动的统一,现在已经不再是一个哲学的论断,而是一个自然科学的事实了。

第二个发现——在时间上更早一些——是施旺和施莱登发现有机细胞,发现它是这样一种单位:一切机体,除最低级的以外,都是从这种细胞的繁殖和分化中产生和成长起来的。有了这个发现,有机的、有生命的自然产物的研究——不仅是比较解剖学和比较生理学,还有胚胎学——才获得了巩固的基础。机体的产生、成长和构造的秘密被揭开了;从前不可理解的奇迹,现在已被归结为某种遵循一切多细胞的机体本质上共有的同一规律所发生的过程。

但是还剩下了一个重要的空白。如果一切多细胞的机体——植物和动物,包括人在内——都是按照细胞分裂规律各自从一个细胞中生长起来,那么这些机体的无限差异性是从何而来呢? 解答这个问题的,是第三个大发现,即达尔文首先系统地加以论述和建立起来的进化论。不管这个理论在细节上还会有多少变化,但是总的说来,它现在对问题的解答已经十分令人满意了。机体从少数简单形态到今天我们所看到的日益多样化和复杂化的形态,一直到人类为止的发展序列,在大的基本点上被证实了;这样一来,不仅有可能来说明有机自然产物中的现存者,而且也为认识人的精神的前史,为追溯人的精神从简单的、无结构的、但有感受刺激能力的最低级有机体的原生质起直到能够思维的人脑为止的各个发展阶段奠定了基础。不了解这个前史,能够思维的人脑的存在就仍然是一个奇迹。

有了这三大发现,自然界的主要过程就得到了说明,就被归之于自然的原因。现在只剩下一件事情还得去做:说明生命是怎样从无机自然界中产生的。在科学发展的现阶段上,这也就是要从无机物中制造出蛋白体来。化学正向完成这个任务日益接近,虽然距离还远。但是,如果我们想一想,维勒在 1828 年才由无机物制成第一种有机物——尿素,而现在以人工方法不使用任何有机物就能制成无数所谓有机化合物,那么我们就不会让化学在蛋白质这一难关面前停步不前。到目前为止,化学已经能够制出它确切知道其成分的每一种有机物。一旦蛋白体的化合成分被弄清楚,化学就能着手制造活的蛋白质。但是,要求化学在今天或明天就完成自然界本身在个别天体的极为有利的环境下经过千百万年才完成的事情,这就等于要求创造奇迹。

这样,同前一世纪比较起来,唯物主义自然观现在已建立在完全不同的牢固的基础上了。那时,只是对于天体和地球上的固体在重力的影响下所发生的运动有相当详尽的了解；差不多整个化学领域和整个有机界仍然是没有被理解的秘密。现在，整个自然界是作为至少在大的基本点上已得到解释和理解的种种联系和种种过程的体系而展现在我们面前。当然，唯物主义自然观只是按照自然界的本来面目质朴地理解自然界，不添加任何外来的东西，所以这种自然观在希腊哲学家中间原本是不言而喻的。但是，在古希腊人和我们之间，本质上是唯心主义的世界观存在了两千多年，所以，即使要返回到不言而喻的东西上去，也要比初看起来困难些。因为问题决不是要简单地抛弃这两千多年的全部思想内容，而是要对它们进行批判，要把那些在错误的、但对于那个时代和发展过程本身来说是不可避免的唯心主义的形式内获得的成果，从这种暂时的形式中剥取出来。而这是多么困难，许许多多的自然科学家已经给我们提供了证明，他们在他们自己的那门科学中都是坚定的唯物主义者，但是在本门科学以外不仅是唯心主义者，甚至是虔诚的正教教徒。

自然科学的所有这些划时代的进步，都在费尔巴哈那里擦肩而过，基本上没有触动他。这与其说是他的过错，不如说应归咎于当时德国的可悲的环境，由于这种环境，大学教席都被毫无头脑的折中主义的小识小见之徒占据了，而比这些人高明百倍的费尔巴哈，却不得不在与世隔绝的乡间过着孤寂的农民式的生活[69]。于是出现这种情况：他在谈到自然界时，不得不说一些美文学的空话，虽然附带也作出个别的天才的概括。例如，他说：

"生命当然不是某种化学过程的产物，一般说来不是某一个别的自然力或自然现象的产物，而形而上学的唯物主义者却把生命归结为这种产物；生命是整个自然界的一个结果。"①

生命是整个自然界的一个结果,这和下面这一情况一点也不矛盾:蛋白质,作为生命的唯一的独立的载体,是在自然界的全部联系所提供的特定的条件下产生的,然而恰好是作为某种化学过程的产物而产生的。② 费尔巴哈围绕着思维和思维器官大脑的关系问题而沉溺在一连串毫无结果的和来回兜圈子的思辨之中,沉溺在施达克乐于步他后尘的这个领域之中,这也应当归咎于这种孤寂的生活。

够了,费尔巴哈反对的是唯物主义这个名称[70]。这并非毫无道理,因为他从来没有完全摆脱唯心主义。在自然领域中他是唯物主义者;但是在人类［……］领域中［……］③

［56］

自然科学家相信,他们只要不理睬哲学或辱骂哲学,就能从哲学中解放出来。但是,因为他们离开思维便不能前进,而且要思维就得有思维规定,而这些范畴是他们从所谓有教养者的那种受早已过时的哲学残渣支配的一般意识中盲目地取来的,或是从大学

---

① 见《费尔巴哈全集》1876年莱比锡第3版第3卷第331页。——编者注
② 手稿中删去一句话:"如果费尔巴哈生活在一个容许他哪怕只是皮毛地研究自然科学发展的环境中,那么他无论如何不会说化学过程是某一个别的自然力的作用。"——编者注
③ 恩格斯的《路德维希·费尔巴哈和德国古典哲学的终结》初稿第19页到此为止,这句话的后半句在下一页上,但是这一页没有找到。根据正式发表的该著第二章的内容推测,这句话可能是:"在人类历史的领域中,他是唯心主义者。"——编者注

必修的哲学课的零星内容(这些内容不仅是片断的,而且是分属于极不相同的和多半是最蹩脚的学派的人们的观点的杂烩)中取来的,或是从不加批判而又毫无系统地阅读的各种哲学著作中取来的——正因为这样,他们同样做了哲学的奴隶,而且遗憾的是大多做了最蹩脚的哲学的奴隶,而那些对哲学家辱骂得最厉害的人恰好成了最蹩脚的哲学家的最蹩脚的庸俗残渣的奴隶。

［ 97 ］

自然科学家尽管可以采取他们所愿意采取的态度,他们还得受哲学的支配。问题只在于:他们是愿意受某种蹩脚的时髦哲学的支配,还是愿意受某种建立在通晓思维历史及其成就的基础上的理论思维形式的支配。

物理学,当心形而上学啊!这是完全正确的,不过,是在另一种意义上。[71]

自然科学家由于靠旧形而上学的残渣还能过日子,就使得哲学尚能苟延残喘。只有当自然科学和历史科学本身接受了辩证法的时候,一切哲学的废物——除了纯粹的关于思维的理论以外——才会成为多余的东西,在实证科学中消失掉。

［ 180 ］

正如傅立叶是一首数学的诗,而且还在起作用[72],黑格尔是一首辩证法的诗。

［ 27 ］

荒谬的**多孔性理论**(根据这种理论,各种虚假的物质,热素等等,处在它们彼此的许多细孔中,然而却不能相互渗透),被黑格尔描写为纯粹的**知性的虚构**(《全书》第 1 部第 259 页,并见《逻辑学》)。①

［ 152 ］

黑格尔《全书》第 1 部第 205—206 页,有一段针对当时物理学见解提出的关于原子量的预言,还有认为原子和分子是由**思维**决定的思维规定的预言。②

［ 149 ］

如果说黑格尔把自然界看做永恒的"观念"在外化中的显现,而且这是一大罪过,那么,关于形态学家理查·欧文我们又该怎样说呢,他曾经写道:

"原型观念远在那些现在实际体现这种观念的动物种属存在之前,就已经以各种各样的形式显现在这个行星上了。"(《论肢体的本性》1849 年版)③

如果一个神秘主义的自然科学家说了这些话,而且是毫无所指,那么这是可以听其自便的;可是,如果一个哲学家说了同样的话,并有所指,虽然用的是颠倒的形式但实质上却指的是真实的东西,那么这就是神秘主义和前所未闻的罪过了。

---

① 黑格尔《哲学全书纲要》第 1 部 (即《小逻辑》) 第 130 节说明;《逻辑学》第 2 编《本质论》第 2 部分第 1 章关于物质的多孔性的注释。——编者注
② 黑格尔《哲学全书纲要》第 1 部 (即《小逻辑》) 第 103 节附释。——编者注
③ 理·欧文《论肢体的本性》1849 年伦敦版第 86 页。——编者注

［190］

霍夫曼(《霍亨索伦王朝庇护下的化学研究工作一百年》)引证自然哲学。引文出自真正的黑格尔派所不承认的美文学家罗生克兰茨的著作。让自然哲学对罗生克兰茨负责,就像霍夫曼认为霍亨索伦王朝对马格拉夫发现甜菜糖有功一样荒唐。**73**

［156］

理论和经验:牛顿在理论上确定了地球是扁圆的。很久以后,卡西尼家族**74**及其他几个法国人还在根据他们的实际测量断言:地球是椭圆的,并且以极轴为最长。

［129］

黑格尔靠纯粹的思想构建光和色的理论,这样一来就堕入了庸人们通常经历的**最粗陋的经验**中去了(虽然也还有一定的道理,因为这一点当时还没有弄清楚),例如,他举出画家的色彩混合来反对牛顿(第 314 页下端)。①

［122］

如果读一下例如托·汤姆生关于电学的著作②,就会看到经验主义者蔑视希腊人的一个特别的例证,书中表明,像戴维以及甚至像法拉第这样一些人都在黑暗中摸索(电火花等等),而他们所

---

① 黑格尔《自然哲学讲演录》1842 年柏林版第 320 节附释。——编者注
② 托·汤姆生《热学和电学概论》1840 年伦敦第 2 版。——编者注

做的实验使人不禁想起亚里士多德和普林尼关于物理化学现象的叙述。这些经验主义者正是在这门新科学中完全重蹈了古代人盲目摸索的覆辙。天才的法拉第在什么地方走上正确的道路,庸人汤姆生就必定在什么地方加以反对(第397页)。

［42］

在**奥肯**那里(海克尔,第85页及以下几页①),可以看到从自然科学和哲学间的二元论中所产生出来的荒谬言论。奥肯通过思维途径发现原生质和细胞,但是没有人想到要用自然科学的方法来研究这个问题——据说**思维**就能完成这件事! 而当原生质和细胞被发现之后,奥肯就名声扫地了。

［40］

自然科学家的思维:阿加西斯的造物谱,根据这个图谱,上帝是从一般的东西进而造出特殊的和个别的东西(首先造出脊椎动物本身,然后造出哺乳动物本身,食肉动物本身,猫科本身,最后才造出狮子等等),这就是说,首先造出关于具体事物形态的抽象概念,然后再造出具体事物! (见海克尔,第59页)

［44］

上帝在信仰上帝的自然科学家那里的遭遇,比在任何地方都要糟糕。唯物主义者只去说明**事物**,是不理睬这套废话的。只有

① 恩·海克尔《自然创造史。关于一般进化学说,特别是达尔文、歌德、拉马克的进化学说的通俗学术讲演》1873年柏林修订第4版。——编者注

当那些纠缠不休的教徒们想把上帝强加给他们的时候,他们才会考虑这件事,并且作出简单的回答,或者像拉普拉斯那样说:"陛下,我不……"[75],或者更粗鲁一些,以荷兰商人经常用来打发硬把次货塞给他们的德国行商们的方式说:"我用不着那路货色",并且这样就把问题了结了。而上帝在他的保卫者那里竟要忍受何等遭遇啊! 在现代自然科学的历史中,上帝在他的保卫者那里的遭遇,就像耶拿会战[76]中弗里德里希-威廉三世在他的文官武将那里的遭遇一样。在科学的推进下,一支又一支部队放下武器,一座又一座堡垒投降,直到最后,自然界无穷无尽的领域全都被科学征服,不再给造物主留下一点立足之地。牛顿还把"第一推动"留给上帝,但是不允许他对自己的太阳系进行别的任何干预。神父赛奇虽然履行教规中的全部礼仪来恭维上帝,但是并不因此就变得手软些,他把上帝完全逐出了太阳系,而只允许后者在原始星云上还能作出某种"创造行动"。在一切领域中,情况都是如此。在生物学中,上帝的最后的伟大的唐·吉诃德,即阿加西斯,甚至要求他去做十足荒唐的事情:他不仅应当创造实在的动物,而且还应当创造抽象的动物,即创造鱼本身! 最后,丁铎尔完全禁止上帝进入自然界,把他放逐到情感世界中去,而他之所以还允许上帝存在,只是因为对这一切事物(自然界)总得有个什么人能比约翰·丁铎尔知道得更多些![①][78]这和旧的上帝——天和地的创造者、万物的主宰,没有他连一根头发也不能从头上掉下来——相距不知有多远!

---

① 恩格斯在此处页边上写着:"上帝=我不知;但是无知并不是论据(斯宾诺莎)[77]。"——编者注

丁铎尔的情感上的需要什么也证明不了。格里厄骑士确实有爱恋和占有曼侬·列斯戈的情感上的需要,而后者一次又一次地出卖她自己和他;为了取悦于她,他做了骗子和王八。如果丁铎尔要责备他,他会回答说:这是出于"情感上的需要"!

［ 6 ］

赛奇和教皇。

［ 185 ］

仅仅用在某物上花费的劳动时间来计算该物的价值,这在我看来是愚蠢的。

菲力浦·泡利曾这样说过。

1882 年 5 月 17 日。

［辩证法作为科学］

［165］

辩　证　法[79]

（阐明辩证法这门同形而上学相对立的关于联系的科学的一般性质。）

————

可见,辩证法的规律是从自然界的历史和人类社会的历史中抽象出来的。辩证法的规律无非是历史发展的这两个方面和思维本身的最一般的规律。它们实质上可归结为下面三个规律:

量转化为质和质转化为量的规律;

对立的相互渗透的规律;

否定的否定的规律。

所有这三个规律都曾经被黑格尔按照其唯心主义的方式当做纯粹的**思维**规律而加以阐明:第一个规律是在他的《逻辑学》[80]的第一部分即存在论中;第二个规律占据了他的《逻辑学》的整个第二部分,这也是全书的最重要的部分,即本质论;最后,第三个规律表现为构筑整个体系的基本规律。错误在于:这些规律是作为思维规律强加于自然界和历史的,而不是从它们中推导出来的。由此就产生了整个牵强的并且常常是令人震惊的结构:世界,不管它愿意与否,必须适应于某种思想体系,而这种思想体系本身又只是人类思维的某一特定发展阶段的产物。如果我们把事情顺过来,那么一切都会变得很简单,在唯心主义哲学中显得极端神秘的辩证法规律就会立即变得简单而朗若白昼了。

此外,凡是稍微懂得一点黑格尔的人都知道,黑格尔在几百处地方都善于从自然界和历史中举出最令人信服的例证来证明辩证法规律。

我们在这里不打算写辩证法的手册,而只想说明辩证法规律是自然界的实在的发展规律,因而对于理论自然研究也是有效的。因此,我们不能深入地考察这些规律之间的内部联系。

一、量转化为质和质转化为量的规律。为了我们的目的,我们可以把这个规律表述如下:在自然界中,质的变化——在每一个别场合都是按照各自的严格确定的方式进行的——只有通过物质或运动(所谓能)的量的增加或减少才能发生。

自然界中一切质的差别,或是基于不同的化学构成,或是基于运动(能)的不同的量或不同的形式,或是——差不多总是这样——同时基于这两者。所以,没有物质或运动的增加或减少,即没有有关物体的量的变化,是不可能改变这个物体的质的。因此,在这个形式下,黑格尔的神秘的命题就显得不仅是完全合理的,并且甚至是相当明白的。

几乎用不着指出:物体的各种不同的同素异形状态和聚集状态,因为是基于分子的各种不同的组合,所以是基于已经传导给物体的或多或少的运动的量。

但是运动或所谓能的形式变换又怎样呢? 当我们把热变为机

械运动或把机械运动变为热的时候,在这里质是变化了,而量依然
保持不变吗? 完全正确。但是关于运动的形式变换,正如海涅谈
到罪恶时所说的:每个人独自一人可以是道德高尚的,而罪恶总是
两个人的事。① 运动的形式变换总是至少发生在两个物体之间的
一个过程,这两个物体中的一个失去一定量的一种质的运动(例
如热),另一个就获得相当量的另一种质的运动(机械运动、电、化
学分解)。因此,量和质在这里是双方互相适应的。直到现在还
无法在一个单独的孤立的物体内部使运动从一种形式转化为另一
种形式。

　　在这里我们首先只谈无生命的物体;对于有生命的物体,这个
规律也适用,但它是在非常复杂的条件下起作用的,而且现在我们
还往往无法进行量的测定。

　　如果我们设想,将任何一个无生命的物体分割成越来越小的
部分,那么开头是不会发生任何质的变化的。但是这里有一个极
限:如果我们能够(如在蒸发的情况下)得出一个个的自由状态的
分子,那么我们虽然在大多数场合下还可以把这些分子进一步分
割,但这一点只有在质完全发生变化的条件下才能做到。分子分
解为它的各个原子,而这些原子具有和分子完全不同的性质。在
分子是由不同的化学元素化合而成的场合下,取代化合物的分子
而出现的是这些元素本身的原子或分子;在分子是由一种元素构
成的场合下,出现的则是自由的原子,它们起着质上完全不同的作
用:初生氧的自由原子,轻松自如地起着大气中结合在分子内的氧
原子所决不能起的作用。

---

① 　参看海涅《论告发者。〈沙龙〉第三部序言》1837 年汉堡版。——编者注

而分子和它所归属的物体,在质上也是不相同的。分子可以不依赖于物体而运动,而同时物体却好像是处在静止中,例如热振动;分子可以因位置的变化,因与相邻分子的联系的变化,而使物体处于另一种同素异形状态或聚集状态,如此等等。

这样,我们看到,纯粹的量的分割是有一个极限的,到了这个极限,量的分割就转化为质的差别:物体纯粹由分子构成,但它是本质上不同于分子的东西,正如分子又不同于原子一样。正是由于这种差别,作为关于天体和地上的物体的科学的力学,才同作为分子力学的物理学以及作为原子物理学的化学区分开来。

在力学中并不出现质,最多只有如平衡、运动、位能这样一些状态,它们都是基于运动的可量度的转移,并且本身是可以用量来表示的。所以,这里只要发生质变,便总是由相应的量变引起的。

在物理学中,物体被当做化学上不变化或呈惰性的东西;我们在这里所研究的,是物体的分子状态的变化和运动的形式的变换,这种变换在任何情况下——至少在双方的一方中——都会使分子活动起来。在这里每种变化都是量到质的转化,是物体所固有的或所承受的某种形式的运动的量发生量变的结果。

“例如,水的温度起初对于水的滴液状态来说是无关紧要的;但是后来由于液态水的温度的升高或降低,便会达到这样一个点,在这一点上这种凝聚状态会发生变化,水会变为蒸汽或冰。”(黑格尔《全书》,《黑格尔全集》第 6 卷第 217 页)①

例如,电流必须达到一定的最低强度才能使电灯泡中的白金

---

① 黑格尔《哲学全书纲要》第 1 部(即《小逻辑》)(《黑格尔全集》第 6 卷)1840 年柏林版。——编者注

丝发光,每种金属都有自己的白热点和熔解点,每种液体在已知的压力下都有其固定的冰点和沸点——只要我们有办法造成相应的温度;最后,例如,每种气体都有其临界点,在这一点上压力和冷却能使气体变成液体。一句话,物理学的所谓常数,大多不外是这样一些关节点的标志,在这些关节点上,运动的量的增加或减少会引起相应物体的状态的质变,所以在这些关节点上,量转化为质。

不过,黑格尔所发现的自然规律取得最伟大胜利的领域是化学领域。化学可以说是研究物体由于量的构成的变化而发生的质变的科学。黑格尔本人已经懂得这一点(《逻辑学》,《黑格尔全集》第 3 卷第 433 页①)。拿氧来说:如果结合为一个分子的是三个原子,而不是像通常那样只是两个原子,那么我们就得到臭氧,一种在气味和作用上与普通氧很不相同的物体。更不待说,如果把氧同氮或硫按不同的比例化合起来,那么其中每一种化合都会产生出一种质上与其他一切物体不同的物体!笑气(一氧化二氮 N_2O)和无水硝酸(五氧化二氮 N_2O_5)是多么不相同!前者是气体,而后者在常温下是结晶的固体。而两者在构成上的全部区别是,后者所含有的氧为前者的五倍,并且在这两者之间还有另外三种氮的氧化物(NO,N_2O_3,NO_2),它们在质上与前两者不同,并且彼此也不同。

在同系列的碳化物,特别是较简单的碳氢化合物中,这一点表现得更为明显。在正烷烃中,最低的一级是甲烷,CH_4;在这里,碳原子的四个化学键被四个氢原子所饱和。第二种是乙烷,C_2H_6,

----

① 参看黑格尔《逻辑学》第 1 编《存在论》(《黑格尔全集》第 3 卷) 1841 年柏林第 2 版。——编者注

两个碳原子互相联结，自由的六个化学键被六个氢原子所饱和。再往下，依据代数公式 C_nH_{2n+2}，便有 C_3H_8，C_4H_{10} 等等，结果每增加一个 CH_2，便形成一个和以前的物体在质上不同的物体。这一系列中最低的一级的三个同系物是气体，已知的最高的一级的同系物十六烷，$C_{16}H_{34}$，是固体，沸点为 270℃。从烷烃（理论上）导出的伯醇系列（公式是 $C_nH_{2n+2}O$）和一元脂肪酸系列（公式为 $C_nH_2O_2$），情形也完全一样。在量上加上一个 C_3H_6，会引起什么样的质的差别，从如下的经验中就可以明白：一次我们喝不掺杂其他醇类的可饮用的乙醇 C_2H_6O，另一次我们喝同样的乙醇，但掺入少量的戊醇 $C_5H_{12}O$（它是可怕的杂醇油的主要成分）。第二天早晨我们的脑袋就会有所感觉，而且受到伤害；所以甚至可以说：醉酒和后来的醉后头痛也是量到质的转化，一方面是由于乙醇，另一方面是由于加上去的这一点儿 C_3H_6。

在这些系列中，黑格尔的规律还以另外的形式出现在我们面前。低级别的同系物只允许原子相互间有一种排列法。但是，当结合成一个分子的原子数目达到每一系列的各自一定的大小时，分子中的原子的组合就可以有多种方式；于是就能出现两种或更多的同分异构体，它们在分子中包含有相等数目的 C、H、O 原子，但是在质上却各不相同。我们甚至能够计算一个系列的每一同系物可能有多少同分异构体。例如，在烷烃系列中，C_4H_{10} 有两个同分异构体，C_5H_{12} 有三个同分异构体；对于更高级别的同系物来说，可能存在的同分异构体的数目增加得非常快。可见，又是分子中的原子的数目制约着这种质上不同的同分异构体的可能性，并且就已经证实的情形来说，还制约着这些同分异构体的现实的存在。

不仅如此。从每一个这样的系列中我们所熟悉的物体的类比中,还能推论出该系列中未知的同系物的物理性质,并且至少对于紧跟在已知同系物后面的一些同系物,可以相当有把握地预言其性质,如沸点等等。

最后,黑格尔的规律不仅适用于化合物,而且也适用于化学元素本身。我们现在知道,

"元素的化学性质是原子量的一个周期函数"(罗斯科和肖莱马《化学教程大全》第2卷第823页①),

因此,元素的质是由元素的原子量的数量所决定的。这已经得到了出色的验证。门捷列夫证明了:在依据原子量排列的各同族元素的系列中,发现有各种空白,这些空白表明这里有新的元素尚待发现。这些未知元素之一他称之为亚铝,因为该元素在以铝为首的系列中紧跟在铝的后面。他预先描绘了这一元素的一般化学性质,并大致地预言了它的比重、原子量以及原子体积。几年以后,勒科克·德·布瓦博德朗确实发现了这个元素,门捷列夫的预言被证实了,只有微不足道的误差。亚铝实际上就是镓(同上,第828页)。[81]门捷列夫通过——不自觉地——应用黑格尔的量转化为质的规律,完成了科学上的一个勋业,这一勋业,足以同勒维烈计算出尚未见过的行星海王星的轨道的勋业媲美。

在生物学中,以及在人类社会历史中,这一规律在每一步上都被证实了,但是我们在这里只想从精密科学中举出一些例子,因为在这些科学中量是可以精确地测定和探求的。

有些先生在此以前曾经诽谤量到质的转化是神秘主义和不

_____

① 亨·恩·罗斯科和卡·肖莱马《化学教程大全》(两卷集)1879年不伦瑞克版第2卷。——编者注

可理解的先验主义,正是这些先生大概现在会宣称这种转化是某种完全不言自明的、浅薄的和平凡的东西,说什么他们早就应用过了,因此从中没有学到任何新东西。但是,第一次把自然界、社会和思维的发展的一个一般规律以其普遍适用的形式表述出来,这毕竟是一项具有世界历史意义的勋业。如果这些先生多年来一直在使质和量互相转化,却不知道自己在做什么,那他们就只能用莫里哀笔下的茹尔丹先生来安慰自己了。那位茹尔丹先生也一样,他有生以来一直用散文讲话,却根本不知道什么是散文。[82]

［札记和片断］

［规律和范畴］

［ 82 ］

所谓的**客观**辩证法是在整个自然界中起支配作用的,而所谓的主观辩证法,即辩证的思维,不过是在自然界中到处发生作用的、对立中的运动的反映,这些对立通过自身的不断的斗争和最终的互相转化或向更高形式的转化,来制约自然界的生活。吸引和排斥。磁,开始有了两极性,这种两极性在同一物体中显现出来;就电而言,这种两极性分配到两个或两个以上带有相反的电荷的物体上。一切化学过程都归结为化学的吸引和排斥的过程。最后,在有机生命中,细胞核的形成同样应看做活的蛋白质的极化,而且进化论证明了,从简单的细胞开始,怎样由于遗传和适应的不断斗争而一步一步地前进,一方面进化到最复杂的植物,另一方面进化到人。同时还表明,像"肯定"和"否定"这样的范畴是多么不适用于这种进化形式。我们可以把遗传看做肯定的、起保存作用的方面,把适应看做否定的、不断破坏遗传的东西的方面;但是,我们同样也可以把适应看做创造性的、主动的、肯定的活动,把遗传看做抗拒的、被动的、否定的活动。但是,正像在历史上进步表现为现存事物的否定一样,在这里——从纯粹**实践的**理由来考虑——把适应看做否定的活动比较好。在历史上,对立中的运动在主导民族的一切危机时期表现得尤为明显。在这样的时刻,一个民族只能在两难中择其一:"非此即彼!"而且问题的提法总是迥然不同于一切时代谈论政治的庸人们所期望的提法。甚至1848年的德国自由派庸人,在1849年也突然地、意外地和违反本愿地发现自己遇到这样一个问题:或者是倒退到具有更加尖锐的形式的旧的反动中去,或者是继续革命,一直达到共和国,甚至也许是一个有社会主义背景的统一的和不可分的共和国。他们没有考虑多久,便帮助建立了作为德国自由主义花朵的曼托伊费尔反动统治[83]。同样,1851年法国资产者也陷入了他们确实没有料到的两难择一的局面:或者是帝制和近卫军制的滑稽可笑的临摹画和一帮流氓对法国的剥削,或者是社会主义的民主共和国——结果是他们俯伏在这帮流氓面前,为的是在后者的庇护下继续剥削工人。[84]

[81]

僵硬和固定的界线是和进化论不相容的——甚至脊椎动物和无脊椎动物之间的界线也不再是固定的了,鱼和两栖动物之间的界线也是一样。鸟和爬行动物之间的界线正日益消失。细颚龙[85]和始祖鸟[24]之间只缺少几个中间环节，而有牙齿的鸟喙在两半球都出现了。"非此即彼！"是越来越不够用了。在低等动物中，个体的概念简直不能严格地确定。不仅就这一动物是个体还是群体这一问题来说是如此，而且就进化过程中何时**一个**个体终止而另一个个体（"褓母虫体"）开始[86]这一问题来说也是如此。——一切差异都在中间阶段融合，一切对立都经过中间环节而互相转移，对自然观的这样的发展阶段来说，旧的形而上学的思维方法不再够用了。辩证的思维方法同样不承认什么僵硬和固定的界线，不承认什么普遍绝对有效的"非此即彼！"，它使固定的形而上学的差异互相转移，除了"非此即彼！"，又在恰当的地方承认"亦此亦彼！"，并使对立的各方相互联系起来。这样的辩证思维方法是唯一在最高程度上适合于自然观的这一发展阶段的思维方法。当然，对于日常应用，对于科学上的细小研究，形而上学的范畴仍然是有效的。

［ 103 ］

傅立叶（《经济的和协作的新世界》）。①

不平等的因素："因为人本能地就是平等的敌人"（第59页）。

"这种人们称之为文明的欺诈机构"（第81页）。

"人们应该避免像在我们这里看到的那样让她们〈妇女〉屈从于哲学所指定给她们的那些费力不讨好的任务，屈从于仆从的角色，这种哲学宣称，妇女之所以被创造出来，仅仅是为了刷锅洗碗和缝衣补裤。"（第141页）

"上帝只赋予工场手工业劳动一定量的吸引力，这个量仅仅相当于社会

---

① 以下沙·傅立叶的言论摘自《傅立叶全集》1845年巴黎版第6卷。——编者注

的人能够花费在劳动上的时间的**四分之一**。"因此,其余的时间应该归农业、畜牧业、烹调、产业大军。(第 152 页)

"温情的道德——贸易的善良而纯洁的朋友"(第 161 页),"道德的批判"(第 162 页及以下几页)。

在今天的社会里,"在文明化的机构中",充满了"行动的两面性,个人利益和集体利益之间的对立";这是"个人对群众所进行的一场普遍的斗争。而我们的政治科学还敢于谈论行动的一致性!"(第 172 页)

"因为现代人不知道关于例外或者过渡的理论,即关于**杂种**的理论,所以他们在研究自然的时候到处碰壁。"("杂种"的例子:"樜桲,油桃,鳗鱼,蝙蝠等等"。)(第 191 页)

[14]

知性的思维规定的对立性:**两极化**。正如电、磁等等出现两极化,在对立中运动一样,思想也是如此。正如在涉及电、磁等等的时候不能固执片面性,而且也没有一位自然科学家想这样做,同样,对于思想来说也是如此。

[107]

两极性。把一块磁石切断,中性的中央便两极化,但是原先的两极仍旧不变。相反,把一条蠕虫切断,它的正极仍保持着一个摄取食物的口,而另一端则形成一个新的负极,上面有排泄废物的肛门;但是原先的负极(肛门)现在变成了正极,即变成了口,而带伤的一端形成为新的肛门或负极。这就是正转化为负。

[108]

在海克尔那里,还有两极性的另一个例子:机械论＝一元论,而活力论或目的论＝二元论。早在康德和黑格尔那里,就有了**内**

在的目的,而且反对二元论。应用到生命上的机械论是一个无济于事的范畴,如果我们不想放弃命名的全部智慧,那么我们最多只能说化学论。目的:黑格尔,第 5 卷第 205 页①:

"由于机械论企图把自为的自然界看做一个在自己的概念上不需要任何别的东西的整体,所以机械论本身就表现为一种对整体性的追求,而这一整体性不可能存在于目的中以及同目的相联系的世界以外的知性中。"

然而,关键在于:机械论(18 世纪的唯物主义也是如此)摆脱不了抽象的必然性,因而也摆脱不了偶然性。物质从自身中发展出了能思维的人脑,这对机械论来说,是纯粹偶然的事件,虽然事情的发生是逐步地必然地决定了的。但是事实上,进一步发展出能思维的生物,是物质的本性,因而凡在具备了条件(这些条件并非在任何地方和任何时候都必然是一样的)的地方是必然要发生的。

其次,黑格尔,第 5 卷第 206 页:

"因此,和目的论相反,这个〈机械论的〉原理在其和外部必然性的联系中提供了无限自由的意识;目的论则把自身内容中的微不足道的和甚至可鄙的东西当做绝对的东西,而较为一般的思想在其中只能无限地受到束缚,甚至令人感到讨厌。"

同时还有自然界的物质和运动的巨大浪费。在太阳系中,能够存在生命和能思维的生物的行星,在今天的条件下也许最多只有三个。而这整个庞杂的机构就是为了它们而存在!

根据黑格尔(第 5 卷第 244 页)②,机体中的**内在目的**是通过

---

① 黑格尔《逻辑学》第 3 编《概念论》(《黑格尔全集》第 5 卷)1841 年柏林第 2 版第 2 部分第 3 章。——编者注
② 同上,第 3 部分第 1 章。——编者注

本能来实现的。这是不太令人信服的。按照这种说法，是本能或多或少地将单个的有生命的东西同它的概念协调起来。由此可以看出，整个**内在目的**本身是一个不折不扣的意识形态的规定。而这恰恰是拉马克的立足点。

［ 106 ］

两极化。在雅·格林看来，下述论点是确定的：一种德意志方言不是高地德语，就必定是低地德语。同时，法兰克方言在他看来是完全消失了。[87]因为加洛林王朝末期的书面的法兰克语是高地德语（因为高地德语的辅音音变波及法兰克的东南地区），所以按照他的看法，法兰克语在一些地方已经融合在古高地德语中，而在另一些地方已经融合在法兰西语中。但是这种说法仍然完全没有讲清楚尼德兰语究竟是从什么地方传到古萨利克语区的。只是在格林死后法兰克语才重新被发现：萨利克语经过革新成为尼德兰语，里普利安语经过革新成为中莱茵和下莱茵的方言，这些方言有一部分以不同的程度转变为高地德语，有一部分依然是低地德语，所以法兰克语是一种**既是**高地德意志的**又是**低地德意志的方言。

［ 17 ］

"本质"的各个规定的真实本性，黑格尔自己已经说明了（《全书》第 1 部①第 111 节，附释）："在本质中一切都是相对的"（例如

---

① 黑格尔《哲学全书纲要》第 1 部（即《小逻辑》）（《黑格尔全集》第 6 卷）1840 年柏林版。——编者注

正和负,只是在它们的关系中才有意义,每一方独自来说都没有意义)。

［ 121 ］

把正和负看做一样的东西,随便把哪一方看做正,哪一方看做负都无所谓,这不仅适用于解析几何,更适用于物理学(见克劳修斯,第87页及以下几页)①。

［ 21 ］

正和负。也可以颠倒过来称呼,在电等等中。北和南也一样,如果颠倒过来,并且把其余的名称也相应地加以改变,那么一切仍然是正确的。这时,我们称西为东,称东为西。太阳从西边升起,行星从东向西旋转等等,这只是名称的变更而已。此外,受地磁的北极吸引的磁石的真正南极,我们在物理学中称做**北极**,这丝毫无碍于事。

［ 19 ］

例如,部分和整体在有机自然界中已经是不够用的范畴了。种子的萌发——胚胎和生出来的动物,不能看做是从“整体”中分出来的“部分”,如果这样看,就是错误解释。只是在**尸体**中才有部分(《全书》第1部第268页)。**88**

---

① 鲁·克劳修斯《力学的热理论》1876年不伦瑞克第2版第1卷,该书第87—88页谈到“正的热量和负的热量”。——编者注

［ 25 ］

单一的和复合的：这对范畴在有机自然界中也早已失去意义，不适用了。无论是骨、血、肌肉、细胞纤维组织等等的机械组合，或是各种元素的化学组合，都不表示某个动物（黑格尔《全书》第 1 部第 256 页）。[89]有机体**既不是**单一的**也不是**复合的，不管它是多么复杂。

［ 179 ］

同一和差异——必然性和偶然性——原因和结果——这是两个主要的对立①，当它们被分开来考察时，都互相转化。于是必须求助于"根据"。

［ 20 ］

同一性——抽象的，$a = a$；否定的说法：a 不能同时既等于 a 又不等于 a——这在有机自然界中同样是不适用的。植物，动物，每一个细胞，在其生存的每一瞬间，都和自身同一而又和自身相区别，这是由于各种物质的吸收和排泄，由于呼吸，由于细胞的形成和死亡，由于循环过程的进行，一句话，由于全部无休止的分子变化，而这些分子变化便形成生命，其累积的结果一目了然地显现在各个生命阶段上——胚胎生命，少年，性成熟，繁殖过程，老年，死亡。生理学越向前发展，这种无休止的、无限小的变化对于它就越

---

① "两个主要的对立"是指同一和差异，原因和结果。"必然性和偶然性"是恩格斯后来加进去的。——编者注

重要,因而对同一性**内部**的差异的考察也越重要①,而旧的、抽象的、形式上的同一性观点,即把有机物看做只和自身同一的东西、看做固定不变的东西的观点过时了。尽管如此,以这种同一性观点为基础的思维方式及其范畴仍然继续存在。但是,就是在无机自然界中,这样的同一性实际上也是不存在的。每一个物体都不断地受到力学的、物理的、化学的作用,这些作用不断使它们发生变化,使它们的同一性变形。只是在数学中,即在一种研究思想之物(不管它们是不是现实的摹本)的抽象科学中,才有抽象的同一性及其与差异的对立,而且甚至在这里也不断地被扬弃(黑格尔《全书》第 1 部第 235 页)。**90**同一性自身中包含着差异,这一事实在**每一个命题**中都表现出来,因为在命题中谓词必须不同于主词。**百合花**是一种**植物,玫瑰花**是**红的**。这里不论是在主词中还是在谓词中,总有点什么东西是谓词或主词所涵盖不了的(黑格尔,第 1 部第 231 页)。**91**与自身的同一,从一开始就必须有**与一切他物的差异**作为补充,这是不言而喻的。

［ 24 ］

同一性。补充。不断的变化,即与自身的抽象的同一性的扬弃,在所谓无机界中也是存在的。地质学就是这种变化的历史。在地表上是机械的变化(冲蚀,冰冻)、化学的变化(风化),在地球内部是机械的变化(压力)、热(火山的热)、化学的变化(水、酸、胶合物),属于大规模的变化的是地壳隆起、地震等等。今天的页岩

① 恩格斯在此处页边上写着:"**至于物种进化,就更不用说了。**"——编者注

根本不同于构成它的沉积物;白垩土根本不同于构成它的松散的、用显微镜才能观察到的甲壳;石灰石更是这样,根据某些人的看法,石灰石完全是从有机物产生的;沙岩根本不同于松散的海沙;海沙又产生于被磨碎的花岗石等等;至于煤,就不必说了。

[55]

旧形而上学意义上的**同一律**是旧世界观的基本定律:$a = a$,每一事物都与自身同一。一切都是永恒的,太阳系、星体、有机体都是如此。这个定律在每一个别场合下都被自然研究一件一件地驳倒了,但是在理论上还保留着,仍被旧事物的拥护者用来抵制新事物:一件事物不能同时既是自身又是他物。但是新近自然研究从细节上证明了这样的事实:真实的具体的同一性自身包含着差异、变化(见前面)。——抽象的同一性,像形而上学的一切范畴一样,足以满足**日常**应用,在这种场合涉及的只是狭小的环境或很短的时间;它所能适用的范围差不多在每一场合都是不相同的,并且是由对象的性质所决定的;在一个行星系中,可以采用椭圆为基本形式来进行寻常的天文学计算,这不会导致实践上的错误,在这里这种抽象的同一性的适用范围就比在几周内完成变态的昆虫那里要宽广得多。(还可以举其他的例子,例如以若干千年为尺度来计算的物种变异。)但是,对综合性自然科学来说,即使在每一单个部门中,抽象的同一性也是完全不够用的,而且,虽然总的说来在实践中现在已经排除这种抽象的同一性,但它在理论上仍然支配着人们的头脑,大多数自然科学家还以为同一和差异是不可调和的对立物,而不是各占一边的两极,这两极只是由于相互作用,由于把差异性**纳入**同一性之中,才具有真理性。

［ 145 ］

偶然性和必然性

束缚形而上学的另一对立,是偶然性和必然性的对立。还有什么能比这两个思维规定更尖锐地相互矛盾呢？这两者怎么可能是同一的,偶然的东西怎么可能是必然的,而必然的东西怎么可能是偶然的？常识和具有这种常识的大多数自然科学家都把必然性和偶然性看做永远互相排斥的两个规定。一个事物、一种关系、一个过程,不是偶然的,就是必然的,但是不能既是偶然的,又是必然的。所以两者是并存于自然界中；自然界包含着各种各样的对象和过程,其中有些是偶然的,另一些是必然的,在这里重要的只是不要把这两类混淆起来。例如,人们把种的有决定意义的性状看做必然的,而把同一个种的各个个体的其他的差异称做偶然的,这一点适用于植物和动物,也适用于结晶体。于是较低的群体对较高的来说又被看做偶然的,这样一来,猫属或马属里有多少不同的种,或一个纲里有多少属和目,这些种里各有多少个体,或某一地区的动物有多少不同的种类,或动物区系和植物区系的一般状况如何——所有这些都被说成是偶然的。于是,必然被说成是科学上唯一值得注意的东西,而偶然被说成是对科学无足轻重的东西。这就是说：凡是人们可以纳入规律、因而是人们**认识**的东西,都是值得注意的；凡是人们不能纳入规律、因而是人们不认识的东西,都是无足轻重的,都是可以不予理睬的。这样一来,一切科学便停滞不前了,因为科学就是要研究我们**不认识**的东西。这就是说：凡是可以纳入普遍规律的东西都被看成是必然的,凡是不能纳入的都被看成是偶然的。任何人都可以看出：这就成了这样一种科学，它把它能解释的东西称为自然的东西，而把它解释不了的东西归之于超自然的原因。我把解释不了的东西的原因叫做偶然还是叫做上帝，这对事情本身来说是完全无关紧要的。这两者无非以不同的方式表示，我对此没有认识，因此它们不属于科学的范围。在必然的联系不起作用的地方，科学便停滞不前了。

与此对立的是决定论，它从法国唯物主义中移入自然科学，并且力图用根本否认偶然性的办法来对付偶然性。按照这种观点，在自然界中占统治地位的，只是单纯的直接的必然性。这个豌豆荚中有五粒豌豆，而不是四粒或六粒；这条狗的尾巴是五英寸长，丝毫不长，也丝毫不短；这朵苜蓿花今年已由一只蜜蜂授粉，而那一朵却没有，而且这朵花是由这只特定的蜜蜂在这一特定的时间内授粉的；这粒被风吹来的特定的蒲公英种子发了芽，而那一粒却没有；今天清晨四点钟一只跳蚤咬了我一口，而不是三点钟或五点钟，而且是咬在右肩上，而不是咬在左腿上——这一切都是由一条不可移易的因果链，由一种不可动摇的必然性造成的事实，而且产生太阳系的气团早就被安排得使这些事情只能这样发生，而不能以另外的方式发生。承认这样一种必然性，我们还是没有摆脱神学的自然观。无论我们是用奥古斯丁和加尔文的说法把这叫做上帝的永恒的意旨，或者是用土耳其人的说法把这称做天数[92]，还是把这就叫做必然性，这对科学来说差不多是一样的。在这里的任何一个场合下都谈不上对因果链的探索，因此，我们在一个场合下并不比在另一场合下更聪明一些，所谓必然性仍旧是一句空话，因而偶然性依然如故。只要我们不能证明豌豆荚中豌豆的粒数是由什么原因决定的，豌豆的粒数就依旧是偶然的，而且，即使断言这件事情在太阳系的原始构造中是早就预先安排好了的,我们也没有前进一步。不仅如此,科学如果老是从因果链中去追溯这一个个的豌豆荚事例,那就不再成其为科学,而成了纯粹的游戏,因为单是这同一个豌豆荚就还具有其他无数的、独具的、表现为偶然的特性:色彩的浓淡,豆壳的厚薄和软硬,豆粒的大小,更不必说只有在显微镜下才能看到的那些独具的特点了。因此,这**一个**豌豆荚所要求探索的因果联系,已经多得连全世界的全体植物学家都解决不了。可见,偶然性在这里并没有从必然性得到说明,而是反倒把必然性降低为纯粹偶然性的产物。如果某个豆荚中有六粒豌豆而不是五粒或七粒这一事实,与太阳系的运动规律或能量转化规律是处于同一等级的,那实际上就不是把偶然性提高为必然性,而是反倒把必然性降低为偶然性。不仅如此。某一地区内并存的各个有机的和无机的种和个体的多样性,即使可以说是立足在坚不可摧的必然性之上的,但是就个别的种和个体来说,这种多样性依然如故,仍是偶然的。就个别的动物来说,它生在什么地方,遇到什么样的生活环境,什么敌人和多少敌人威胁着它,这都是偶然的。一粒种子被风吹到什么地方去,这对于母株是偶然的;这粒种子在什么地方找到发芽的土壤,从而使子株成长起来,这对于子株也是偶然的;确信在这里一切也都是立足在坚不可摧的必然性之上,这是一种可怜的安慰。在一定的地域,甚至在整个地球上,即使有种种永恒的原初决定,各种自然对象的纷然杂陈依旧是偶然的。

同这两种观点相对立,黑格尔提出了前所未闻的命题:偶然的东西正因为是偶然的,所以有某种根据,而且正因为是偶然的,所以也就没有根据;偶然的东西是必然的;必然性自我规定为偶然性,而另一方面,这种偶然性又宁可说是绝对的必然性(《逻辑学》第2编第3部分第2章:《现实》)。自然科学把这些命题当做悖理的文字游戏、当做自相矛盾的胡说而根本不予理睬,并且在理论上一方面坚持沃尔弗那种思想贫乏的形而上学,认为一个事物**不是偶然的,就是**必然的,但是不能同时既是偶然的,又是必然的;另一方面,又坚持同样思想贫乏的机械的决定论,在口头上笼统地否认偶然性,而在每一特定场合实际上又承认这种偶然性。

当自然研究依然这样进行思考的时候,在达尔文这个人那里,这种研究又**做了**些什么呢?

达尔文在他的划时代的著作①中,是从偶然性的现存的最广阔的基础出发的。各个种内部的各个个体之间存在着无限的偶然的差异,这些差异不断扩大,以至突破种的特性,而这种突破的近因也只有在极少的情况下才能得到证实(这期间积累起来的有关偶然性的材料,把关于必然性的旧观念压垮和冲破了)——正是这些偶然的差异迫使达尔文怀疑直到那时为止的生物学中的一切规律性的基础,怀疑直到那时为止的形而上学的固定不变的种概念。但是,没有种概念,整个科学就会化为乌有。科学的所有部门都曾需要有种概念作为基础:人体解剖学和比较解剖学、胚胎学、动物学、古生物学、植物学等等,离开种概念还成什么东西呢?这些科学部门的一切成果不仅会发生问题,而且会干脆被废弃。偶然性推翻人们至今所理解的必然性。迄今为止的必然性观念失灵了。坚持这种观念,就等于把人的自相矛盾的并且

① 指查·达尔文《根据自然选择即在生存斗争中适者保存的物种起源》1859年伦敦版。——编者注

95

和现实相矛盾的任意规定当做规律强加给自然界,因而就等于否定有生命的自然界中的一切内在必然性,等于把偶然性的混沌王国普遍宣布为有生命的自然界的唯一规律。"连《泰斯维斯-钟托夫》都不再适用了!"[93]——旧学派的生物学家们异口同声地喊叫起来。

达尔文。

［ 36 ］

相互作用是我们从现今自然科学的观点出发在整体上考察运动着的物质时首先遇到的东西①。我们看到一系列的运动形式,机械运动、热、光、电、磁、化合和分解、聚集状态的转化、有机的生命,如果我们**暂且**把有机的生命排除在外,那么,这一切都是互相转化、互相制约的,在这里是原因,在那里就是结果,运动尽管有种种不断变换的形式,但是运动的总和始终不变。机械运动转化为热、电、磁、光等等,反之亦然。因此,自然科学证实了黑格尔曾经说过的话(在什么地方?②):相互作用是事物的真正的终极原因。我们不能比对这种相互作用的认识追溯得更远了,因为在这之后没有什么要认识的东西了。我们认识了物质的运动形式(由于自然科学存在的时间并不长,我们在这方面的认识的确还有很多缺陷),也就认识了物质本身,因而我们的认识就完备了(格罗夫对

---

① 恩格斯在此处页边上写着:"(斯宾诺莎:**实体是自身原因**,这恰当地表达了相互作用。[94])"——编者注

② 可能指黑格尔《哲学全书纲要》第 1 部(即《小逻辑》)第 154 节以及《逻辑学》第 2 编《本质论》第 3 部分第 3 章第 3 节,这两处谈到相互作用问题。——编者注

因果性的全部误解,就在于他没有形成相互作用这一范畴。他只看到事物,但是没有抽象的思想,所以陷入混乱。第 10 — 14 页①)。只有从这种普遍的相互作用出发,我们才能认识现实的因果关系。为了了解单个的现象,我们必须把它们从普遍的联系中抽出来,孤立地考察它们,而**在这里**出现的就是不断变换的运动,**一个表现为原因**,**另一个表现为结果**。

[33]

因果性。我们在观察运动着的物质时,首先引起我们注意的是单个物体的单个运动间的相互联系,它们的相互**制约**。但是,我们不仅发现某一个运动后面跟随着另一个运动,而且我们也发现,只要我们造成某个运动在自然界中发生时所必需的那些条件,我们就能引起这个运动,甚至我们还能引起自然界中根本不发生的运动(工业),至少不是以这种方式发生的运动,并且我们能赋予这些运动以预先规定的方向和范围。**因此**,由于**人的活动**,**因果**观念即一个运动是另一个运动的**原因**这样一种观念得到确证。的确,单是某些自然现象的有规则的前后相继,就能造成因果观念:热和光随太阳而来;但是这里不存在任何证明,而且就这个意义来说,休谟的怀疑论也许说得对:有规则的 post hoc[在此之后]决不能为 propter hoc[因此]提供根据②。但是人的活动对因果性**作出**

---

① 参看威·罗·格罗夫《物理力的相互关系》1855 年伦敦第 3 版。——编者注

② "post hoc,ergo propter hoc"(在此之后,所以是因此),这一说法表示一种仅仅根据一个现象发生在另一个现象之后便作出两个现象有因果联系的不合理推论。——编者注

验证。如果我们用一面凹镜把太阳光集中在焦点上，造成像普通的火光一样的效果，那么我们因此就证明了热是从太阳来的。如果我们把引信、炸药和弹丸放进枪膛里面，然后发射，那么我们可以期待事先从经验已经知道的效果，因为我们能够在所有的细节上探究包括发火、燃烧、由于突然变为气体而产生的爆炸，以及气体对弹丸的压挤在内的全部过程。在这里甚至怀疑论者都不能说，从以往的经验中不能得出下一次将出现同样情形的结论。确实有时候**并不**发生同样的情形，引信或火药失效，枪筒破裂等等。但是这正好**证明**了因果性，而不是推翻了因果性，因为我们对这样偏离常规的每一件事情加以适当的研究之后，都可以找出它的原因，如引信发生化学分解，火药受潮等等，枪筒损坏等等，因此在这里可以说是对因果性作了**双重**的验证。自然科学和哲学一样，直到今天还全然忽视人的活动对人的思维的影响；它们在一方面只知道自然界，在另一方面又只知道思想。但是，人的思维的最本质的和最切近的基础，正是**人所引起的自然界的变化**，而不仅仅是自然界本身；人在怎样的程度上学会改变自然界，人的智力就在怎样的程度上发展起来。因此，自然主义的历史观，如德雷帕[①]和其他一些自然科学家或多或少持有的这种历史观是片面的，它认为只是自然界作用于人，只是自然条件到处决定人的历史发展，它忘记了人也反作用于自然界，改变自然界，为自己创造新的生存条件。日耳曼人移入时期的德意志的"自然界"，现在剩下的已经微乎其微了。地球的表面、气候、植物界、动物界以及人本

---

① 参看约·威·德雷帕《欧洲智力发展史》（两卷集）1864 年伦敦版。——编者注

身都发生了无限的变化,并且这一切都是由于人的活动,而德意志的自然界在这一期间未经人的干预而发生的变化,简直微小得无法计算。

［150］

单凭观察所得的经验,是决不能充分证明必然性的。而 post hoc［在此之后］并不是 propter hoc［因此］(《全书》第 1 部第 84 页)**95**。非常正确,不能从太阳总是在早晨升起便推断它明天会再升起,而且事实上我们今天已经知道,总有一天太阳在早晨再也**不升起**。但是必然性的证明寓于人的活动中,寓于实验中,寓于劳动中:如果我能够**造成** post hoc,那么它便和 *propter hoc* 等同了。①

［15］

对于否认因果性的人来说,任何自然规律都是假说,连用三棱镜的光谱对天体进行的化学分析也同样是假说。如果停在这里不动,那思维是何等的浅薄!

［43］

终极的原因和起作用的原因被海克尔(第 89—90 页)变成了**合目的地**起作用的原因和**机械地**起作用的原因,因为对他来说,终极的原因等于上帝! 同样,对他来说,不假思索地按照康德的意思,"机械的"等于一元的,而不等于力学意义上的机械的。用语

---

① 意即:如果我能造成现象之间的一定的顺序,那么这就等于证明它们有必然的因果联系。——编者注

如此混乱,谬论不可避免。海克尔在这里就康德的《判断力批判》所说的话,同黑格尔不一致(《哲学史》第603页)。**96**

［ 102 ］

黑格尔《逻辑学》第1卷①。

"和某物相对立的无,任何某物的无,是某个特定的无。"(第74页)

"鉴于〈世界〉整体的相互规定的联系,形而上学可能提出下述——实质上是同义反复的——论断:如果一粒尘埃破灭了,整个宇宙就会崩溃。"(第78页)

关于**否定**的一段重要的话。《导论》第38页:

"自相矛盾的东西,不是化为零,化为抽象的无,而是化为对自己的特定内容的否定……"

否定的否定。《现象学》的《序言》第4页:蓓蕾、花、果等等。**97**

［认　　识］

［ 46 ］

自然界和精神的统一。自然界不可能是无理性的,这对于希腊人是不言而喻的,但是,甚至到今天最愚蠢的经验主义者还用他们的推理(不管是多么错误)来证明:他们一开始就深信,自然界不可能是无理性的,理性不可能是违反自然的。

---

① 黑格尔《逻辑学》第1编《存在论》(《黑格尔全集》第3卷)1841年柏林第2版。——编者注

[76]

知性和理性。黑格尔的这一区分——其中只有辩证的思维才是理性的——是有一定的意义的。一切知性活动，即**归纳**、**演绎**，从而还有**抽象**(狄多①的类概念：四足动物和两足动物)，对未知对象的**分析**(剖开一个果核已经是分析的开端)，**综合**(动物的狡猾的小动作)，以及作为二者的结合的**实验**(在新的阻碍下和在陌生的环境中)，是我们和动物所共有的。就性质来说，所有这些行为方法——从而普通逻辑所承认的一切科学研究手段——在人和高等动物那里是完全一样的。它们只是在程度(每一次运用的方法的发展程度)上有所不同。只要人和动物都运用或满足于这些初级的方法，那么这种方法的基本特点对二者来说就是相同的，并导致相同的结果。相反，辩证的思维——正因为它是以概念本身的本性的研究为前提——只对于人才是可能的，并且只对于已处于较高发展阶段上的人(佛教徒和希腊人)才是可能的，而其充分的发展还要晚得多，通过现代哲学才达到。**虽然如此**，早在希腊人那里就已取得了巨大的成果，那些成果深远地预示了以后的研究工作。②

[182]

一个概念或概念关系(肯定和否定，原因和结果，实体和偶性)在思维的历史中的发展同它们在个别辩证论者头脑中的发展

---

① 恩格斯的一只狗的名字。——编者注
② 恩格斯在本段页边上写着："以**分析**为主要研究形式的化学，如果没有分析的对立极即**综合**，就什么也不是了。"——编者注

的关系,正像一个有机体在古生物学中的发展同它在胚胎学中(或者不如说在历史中和在个别胚胎中)的发展的关系一样。这种情形是黑格尔为说明概念而首先揭示出来的。在历史的发展中,偶然性发挥着作用,而在辩证的思维中就像在胚胎的发展中一样,这种偶然性**融合在必然性中**。

[183]

抽象的和具体的。运动形式变换的一般规律,比运动形式变换的任何个别的"具体的"例证都要更具体得多。

[186]

认识。蚂蚁具有和我们不同的眼睛,它们能看见化学(?)光线(1882年6月8日《自然》,拉伯克)[98],但是,在认识我们所看不见的这些光线方面,我们大大胜过蚂蚁。我们能够证明蚂蚁看得见我们所看不见的东西,而且这种证明只是以**我们的**眼睛所造成的知觉为基础,这就说明人的眼睛的特殊构造并不是人的认识的绝对界限。

除了眼睛,我们不仅还有其他的感官,而且有思维能力。思维能力的情形又正好和眼睛一样。要想知道我们的思维究竟能探索到什么,试图在康德以后100年去从理性的批判,从认识工具的研究中发现这种思维的作用范围,是徒劳的,正如亥姆霍兹的下述做法也是徒劳的:他曾用我们的视力的缺陷(这一缺陷的确是必然的,一只眼睛如果能看见**一切**光线,那么正因为如此它就**什么也看不见**)和我们的眼睛的构造(它使视力限制在一定的范围内,而且即使在这个范围内也不能完全准确无误地去复制)来证明我们的眼睛对所看到的东西的性状提供的信息是虚假的和不可靠的。① 我们宁可从我们的思维已经探索到和每天还在探索的东西中,来认识我们的思维究竟能探索到什么东西。这从量上和质上来说已经足够了。相反,对思维**形式**、思维规定的研究,是非常值得做的和必要的,而自亚里士多德以来,只有黑格尔系统地从事过这种研究。

当然,我们永远不会知道,化学光线在蚂蚁的眼睛里究竟是**怎样**呈现出来的。谁要为这件事苦恼,我们可一点忙也帮不了。

［ 187 ］

辩证逻辑和旧的纯粹的形式逻辑相反,不像后者那样只满足于把思维运动的各种形式,即各种不同的判断形式和推理形式列举出来并且毫无联系地并列起来。相反,辩证逻辑由此及彼地推导出这些形式,不是把它们并列起来,而是使它们互相从属,从低级形式发展出高级形式。黑格尔恪守他的整个逻辑学的分类,把判断分为以下几类:[99]

1. 实有的判断,判断的最简单的形式,用来肯定地或否定地陈述某一个别事物的某种一般的性质(肯定判断:玫瑰花是红的;否定判断:玫瑰花不是蓝的;无限判断:玫瑰花不是骆驼)。

2. 反思的判断,用来陈述主词的某种关系规定,某种关系(单称判断:这个人是会死的;特称判断:有些人或很多人是会死的;全称判断:所有的人都是会死的,或人是会死的)。[100]

3. 必然性的判断,用来陈述主词的实质的规定性(直言判断:玫瑰花是植物;假言判断:如果太阳升起,那就是白昼;选言判断:

---

① 参看海·亥姆霍兹《视觉理论的新进步》,载于《通俗科学讲演集》1871年不伦瑞克版第 2 册第 1—98 页。——编者注

南美肺鱼不是某种鱼就是某种两栖动物)。

4. 概念的判断,用来陈述主词对自身的一般本性,或者如黑格尔所说的,对自身的概念符合到什么程度(实然判断:这所房子是次的;或然判断:如果一所房子是如此这般地建造起来的,它就是好的;确然判断:如此这般地建造起来的房子是好的)。

第一类是个别的判断,第二和第三类是特殊的判断,第四类是普遍的判断。

不管这些东西在这里读起来多么枯燥,不管这种判断分类法初看起来有时是多么专断,对于仔细研究过黑格尔《大逻辑》中的天才阐述(《全集》第 5 卷第 63 — 115 页①)的人来说,这种分类法的内在真理性和内在必然性是明明白白的。而这种分类法在多大程度上不仅以思维规律为根据,而且还以自然规律为根据,我们在这里愿意举出一个同这里的上下文无关的而又是大家非常熟悉的例子来加以说明。

摩擦生热,这在实践上史前的人早已知道,他们也许在 10 万年前就发明了摩擦取火,而且在更早以前就通过摩擦来温暖冻冷了的肢体。但是,从那时起直到发现摩擦本身就是热的一个源泉,谁也不知道又经过了几万年。最后,这样的时刻终于到来,此时人脑发展到足以作出这样一个判断:**摩擦是热的一个源泉**。这是一个实有的判断,并且是一个肯定判断。

又经过了几千年,到 1842 年迈尔、焦耳和柯尔丁才根据这一特殊过程与当时已发现的其他类似的过程的关系,即根据与它最

————————

① 黑格尔《逻辑学》第 3 编《概念论》(《黑格尔全集》第 5 卷)1841 年柏林第 2 版。——编者注

相近的一般的条件来研究这个过程,并且作出了这样的判断:一切机械运动都能借助摩擦而转化为热。我们对这个对象的认识,竟需要这么长的时间和大量的经验性知识,才得以从上述的实有的肯定判断进步到这个反思的全称判断。

不过从那时起事情发展得很快,只过了三年,迈尔就能够(至少在实质上)把反思的判断提高到它至今仍有效的阶段:

在每一场合的各自的特定条件下,每一运动形式都能够并且必然直接或间接地转变为其他任何运动形式。这是概念的判断,并且是确然判断,即判断的最高形式。

可见,在黑格尔那里表现为判断这一思维形式本身的发展过程的东西,在我们这里就成了我们的关于运动性质的立足在**经验**基础之上的理论认识的发展过程。这就说明,思维规律和自然规律,只要它们被正确地认识,必然是互相一致的。

我们可以把第一个判断看做个别性的判断:摩擦生热这一零星的事实被记录下来了。第二个判断可以看做特殊性的判断:一个特殊的运动形式,即机械的运动形式,显示出在特殊环境下(经过摩擦)转变为另一特殊的运动形式(热)的性质。第三个判断是普遍性的判断:每一运动形式都表明能够并且必然转变为其他任何运动形式。有了这种形式,规律便获得了自己的最后的表现。我们可以通过新的发现为规律提供新的证据,赋予新的更丰富的内容。但是,对于这样表述的规律本身,我们已不能再增添什么。在普遍性方面——在形式上和内容上都同样是普遍的——这个规律已不可能再扩大:它是绝对的自然规律。

可惜,在我们还不能制造蛋白质的时候,我们暂时无法来讨论蛋白质的运动形式,即生命。

[189]

但是,以上各点也证明了:为了作出判断,不仅需要康德的"判断力",而且还需要[……]**101**

[188]

个别性、特殊性、普遍性,这就是贯穿全部《概念论》①的三个规定。在这里,从个别到特殊并从特殊到普遍的递进,并不是在一种样式中,而是在许多种样式中实现的,黑格尔经常以从个体到种和属的递进为例来说明这一点。现在标榜归纳法的海克尔们跑出来了,说什么应当实现从个别到特殊、然后再到普遍的递进,应当实现从个体到种、然后再到属的递进,并吹嘘这是一个(反对黑格尔的)壮举;而在这之后,他们才允许进一步进行**演绎**推理! 这些人陷入了归纳和演绎的对立中,以致把一切逻辑推理形式都归结为这两种形式,而且在这样做的时候完全没有注意到:(1)他们在这些名称下不自觉地应用了完全不同的推理形式,(2)由于全部丰富的推理形式不可能被强行塞进这两种形式的框子,他们就把这些丰富的推理形式全都丢掉了,(3)这样一来,他们就把归纳和演绎这两种形式变成了完全没有意义的东西。

[104]

海克尔的谬论:归纳反对演绎。似乎演绎不＝推理,因此归纳也是一种演绎。这是由两极化而来的。

_____

① 指黑格尔《逻辑学》第 3 编。——编者注

[105]

一百年前,用归纳法发现了海虾和蜘蛛都是昆虫,而一切更低级的动物都是蠕虫。现在用归纳法发现:这是荒谬的,并且有 x 纲存在。这样,既然所谓归纳推理和所谓演绎推理同样有可能出错,那么所谓归纳推理的优越性又在什么地方呢? 何况演绎推理正是以分类为基础的。

归纳法决不能证明:任何时候都决不会出现无乳腺的哺乳动物。从前乳房是哺乳动物的标记。但是鸭嘴兽就没有乳房。

归纳法的全部混乱来自英国人。休厄尔认为归纳科学包围着纯粹数学。**102** 于是虚构了归纳和演绎的对立。这一点,不论在旧逻辑学还是在新逻辑学中都是没有的。从个别的东西开始的一切推理形式都是实验性的,以经验为基础的,甚至归纳推理(一般说来)也是从 A—E—B 开始的。**103**

正当归纳法的结果——分类法——到处出问题的时候(鲨属是一种蜘蛛,海鞘属是一种脊椎动物或**脊索动物**,肺鱼亚纲和原来把它列为两栖类的整个定义相反,是一种鱼①),正当每天都有新的事实发现,不断推翻**全部**旧有的归纳分类法的时候,海克尔却出来狂热地维护归纳法,这也是我们的这些自然科学家的思考力的典型表现。这一事实为黑格尔曾经说过的归纳推理本质上是一种很成问题的推理那句话提供了多么确切的证明! 而且,由于进化论的成就,有机界的全部分类都脱离了归纳法而回到"演绎法",

---

① 参看亨·阿·尼科尔森《动物学手册》1870 年伦敦版第 1 卷第 187—188、240—244 页以及 1870 年爱丁堡—伦敦版第 2 卷第 375—377 页。——编者注

回到亲缘关系上来——任何一个种属都确确实实是由于亲缘关系而从另外一个种属**演绎**出来的——,而单纯用归纳法来证明进化论是不可能的,因为进化论是完全反归纳法的。归纳法所运用的种、属、纲等概念,由于进化论而变成了流动性的,因而成为**相对的**了;而运用相对的概念是不能进行归纳推理的。①

［41］

归纳和演绎。海克尔,第75页及以下几页,其中谈到,歌德作出了这样的归纳推理:**通常没有**颚间骨的人,**应当有**颚间骨,于是他用**错误的**归纳法得出了某种正确的东西!**104**

［77］

关于归纳万能论者。我们用世界上的一切归纳法都永远做不到把归纳**过程**弄清楚。只有对这个过程的**分析**才能做到这一点。——归纳和演绎,正如综合和分析一样,必然是相互关联的。不应当牺牲一个而把另一个片面地捧到天上去,应当设法把每一个都用到该用的地方,但是只有认清它们是相互关联、相辅相成的,才能做到这一点。——按照归纳派的意见,归纳法是万无一失的方法。但是并非如此,它的似乎是最可靠的成果,每天都被新的发现所推翻。光微粒和热素是归纳法的成果。现在它们在哪里? 归纳法告诉我们:一切脊椎动物都有一个分化成脑髓和脊髓的中枢神经系统,脊髓包含在软骨性的或骨性的脊椎中——这种动物就由此而

①　恩格斯在本段页边上写着:"归纳和演绎。海克尔《创造史》第76—77页。推理分为归纳和演绎两极!"——编者注

得名。可是文昌鱼[23]却表明它原来是一种具有未分化的中央神经索并且**没有**脊椎骨的脊椎动物。归纳法确认鱼类是一种终生只用鳃呼吸的脊椎动物。可是出现了一些动物,这些动物所具有的鱼的特征差不多是大家公认的,但是它们除去鳃,还有很发达的肺,并且已证实,每一条鱼的鳔都是潜在的肺。海克尔大胆地应用进化论,才把在这些矛盾中感到很舒服的归纳派解救出来。——假如归纳法真的万无一失,那么有机界的分类中接连发生的变革从何而来呢? 这些变革是归纳法的最独特的产物,然而它们一个推翻另一个。

[86]

归纳和分析。在热力学中,有一个令人信服的例子,可以说明归纳法没有权利要求充当科学发现的唯一的或占统治地位的形式:蒸汽机已经最令人信服地证明,我们可以投入热而获得机械运动。10 万部蒸汽机并不比一部蒸汽机能更多地证明这一点,而只是越来越迫使物理学家们不得不去解释这一情况。萨迪·卡诺是第一个开始认真研究这个问题的人。但是他没有用归纳法。他研究了蒸汽机,分析了它,发现蒸汽机中的关键的过程并不是**纯粹地**出现的,而是被各种各样的次要过程掩盖起来了;于是他略去了这些对主要过程无关紧要的次要情况而设计了一部理想的蒸汽机(或煤气机),的确,这样一部机器就像几何学上的线或面一样是无法制造出来的,但是它以自己的方式起了这些数学抽象所起的同样的作用:它纯粹地、独立地、不失真地表现出这个过程。热的机械当量(见他的函数 C 的含义)①,对他来说已近在眼前,只是

———————

① 参看本书第 48 页。——编者注

因为他相信热素而未能发现它和看清它。这也是错误的理论造成损害的证明。①

[12]

只要自然科学运用思维，它的发展形式就是**假说**。一个新的事实一旦被观察到，先前对同一类事实采用的说明方式便不能再用了。从这一刻起，需要使用新的说明方式——最初仅仅以有限数量的事实和观察为基础。进一步的观察材料会使这些假说纯化，排除一些，修正一些，直到最后以纯粹的形态形成定律。如果要等待材料**纯化**到足以形成定律为止，那就等于要在此以前中止运用思维的研究，而那样一来，就永远都不会形成什么定律了。

对于缺乏逻辑修养和辩证法修养的自然科学家来说，相互排斥的假说的数目之多和更替之快，很容易引起这样一种想法：我们不可能认识事物的**本质**（哈勒和歌德）**105**。这并不是自然科学所特有的现象，因为人的全部认识是沿着一条错综复杂的曲线发展的，而且，在历史学科中（哲学也包括在内）各种理论也同样是相互排斥的，可是没有人由此得出结论说，例如，形式逻辑是没有意义的。——这种观点的最后的形式，就是"自在之物"。第一，关于我们不能认识自在之物的论断（黑格尔《全书》②第 44 节），离开了科学，陷入了幻想。第二，这个论断没有给我们的科学认识增添任何东西，因为我们如果不能探索事物，那么这些事物对我们来

---

① 参看萨·卡诺《关于火的动力和发动这种动力的机器》1824 年巴黎版。——编者注

② 指黑格尔《哲学全书纲要》第 1 部（即《小逻辑》）（《黑格尔全集》第 6 卷）1840 年柏林版。——编者注

说就是不存在的了。第三,这个论断是纯粹的空话,永远不会被应用。抽象地说,这种论断听起来好像是完全合理的。不过让我们应用一下吧。如果一个动物学家说,"一只狗**好像**有四条腿,可是我们不知道这只狗实际上是有四百万条腿还是一条也没有",那么我们怎样看待这个动物学家呢? 如果一个数学家先下定义说,三角形有三条边,然后又说,他不知道三角形是不是有二十五条边;如果他说二乘二**好像**等于四,那么我们怎样看待这个数学家呢? 不过自然科学家都小心翼翼地避免在自然科学中应用自在之物这个词,只有在跨入哲学时才敢于应用它。这就最好不过地证明了:他们对这个词的处理是多么不严肃,而这个词本身是多么没价值。如果他们当真采取严肃的态度,那为什么终究要去研究点什么呢?

从历史的观点来看,这件事也许有某种意义:我们只能在我们时代的条件下去认识,而且**这些条件达到什么程度**,我们就认识到什么程度。

［ 16 ］

自在之物①。黑格尔《逻辑学》第 2 编第 10 页(往后还有一整节也是论述这个问题的)**106**:

"怀疑论不允许自己说存在;近代唯心主义〈即康德和费希特〉不允许自己把认识看做关于自在之物的知识…… 但是,怀疑论同时又允许它的外观有多种多样的规定,或者更恰当地说,它的外观是以世界的整个丰富的多样

---

① 恩格斯在此处页边上写着:"参看《全书》第 1 部第 252 页。"这是指黑格尔《哲学全书纲要》第 1 部 (即《小逻辑》)第 124 节说明和附释。——编者注

性为内容。同样,唯心主义的现象〈即唯心主义称为现象的东西〉也把这些多种多样的规定性全部包括在自身之中……　所以,这个内容可以不以存在,不以物或自在之物为基础;这个内容对自己来说仍然是原来的样子;它只不过从存在转化为外观而已。"

因此,黑格尔在这里比起现代的自然科学家来,是一个更加坚决得多的唯物主义者。

［ 109 ］

康德的**自在之物**的有价值的自我批判:康德在思维着的"自我"上面也失败了,他在这个"自我"中同样发现了一个不可认识的自在之物(黑格尔,第 5 卷第 256 页及以下几页)。①

［ 100 ］

永恒的自然规律也越来越变成历史的自然规律。水在 0℃ 和 100℃ 之间是液体,这是一个永恒的自然规律,但是要使这个规律成为有效的,就必须有:(1)水,(2)一定的温度,(3)正常压力。月球上没有水,太阳上只有构成水的元素,对这两个天体来说,这个规律是不存在的。——气象学的规律也是永恒的,但是,只适用于地球,或者只适用于一个具有地球的大小、密度、星轴倾斜、温度,并且具有由氧和氮的同样混合体构成的大气以及正在蒸发和凝结的同量水蒸气的天体。月球上没有大气,太阳上只有由炽热的金属蒸气构成的大气;所以月球没有气象学,而太阳的气象学则和我们的完全不同。——我们的整个的公认的物理学、化学、生物

---

①　参看黑格尔《逻辑学》第 3 编《概念论》(《黑格尔全集》第 5 卷)1841 年柏林第 2 版第 3 部分第 2 章。——编者注

学都是绝对地**以地球为中心的**，都只是适用于地球的。太阳、恒星、星云上的，甚至密度不同的行星上的电和磁的强度的情况，我们还根本不知道。元素的化学化合规律，在太阳上由于高温而失去了效力，或者只是在太阳大气层边缘暂时有效，而这些化合物一接近太阳便又分解了。太阳化学正在生成中，而且必然和地球上的化学完全不同，它不是推翻地球上的化学，而是同它毫不相干。在星云上面，也许连65种元素中的那些本身可能也是化合而成的元素都不存在。因此，如果我们要谈论对于从星云到人的**一切**物体都同样适用的普遍的自然规律，那么留给我们的也就只有重力，也许还有能量转化理论的最一般的说法，即通常所说的力学的热理论。但是，如果把这个理论普遍地彻底地应用到一切自然现象上去，那么这个理论本身就会变成一个宇宙体系从产生到消逝的过程中相继发生的变化的历史表现，也就是说变成一部历史，在这部历史中，每个阶段都有不同的规律，即同一普遍运动的不同的表现形式起支配作用，从而作为始终具有普遍效力的东西留下来的就只有**运动**了。

[125]

天文学中**以地球为中心**的观点是褊狭的，被排除是合理的。但是，我们的研究再深入下去，这种观点就越来越有合理性。太阳等等**服务**于地球（黑格尔《自然哲学》第157页）。**107**（整个巨大的太阳只是为小的行星而存在。）对我们来说，除了以地球为中心的物理学、化学、生物学、气象学等等，不可能有别的，而这些科学并不因为说它们是只适用于地球的并且因而只是相对的就损失了什么。如果人们把这一点看得很严重并且要求一种无中心的科学，那就会使**一切**科学停顿下来。对我们来说,只要知道,在相同的情况下,无论在什么地方,甚至在我们右边或左边比距离太阳还远1 000万亿倍的地方,都会有相同的事情发生,这就够了。

［ 144 ］

关于耐格里所说的没有能力认识无限[108]

耐格里,第 12—13 页

耐格里先说,我们不能认识现实的质的差异,马上又接着说,这种"绝对差异"在自然界中是不会出现的!(第 12 页)

第一,每一种质都有无限多的量的等级,如色彩的浓淡、软硬、寿命的长短等等,而且它们都是可以量度和可以认识的,即使它们是不同质的。

第二,存在着的不是质,而只是**具有**质并且具有无限多的质的物。两种不同的物总有某些质(至少在物体性的属性上)是共有的,另一些质在程度上有所不同,还有一些质可能是两种物中的一个所完全没有的。如果我们拿两种极不相同的物——例如一块陨石和一个人——来比较,我们由此得到的共同点便很少,至多只有重量和其他一些一般的物体属性是二者所共有的。但是,介乎这二者之间还有其他自然物和自然过程的一个无限的系列,这些自然物和自然过程使我们有可能把从陨石到人的这个系列充实起来,并指出每一个自然物和自然过程在自然联系中的地位,从而**认识**它们。这是耐格里自己也承认的。

第三,我们的不同的感官可以给我们提供在质上绝对不同的印象。因此,我们靠视觉、听觉、嗅觉、味觉和触觉而体验到的属性会是绝对不同的。但是就在这里,这些差异也随着研究工作的进展而消失。嗅觉和味觉早已被认为是同源的、同属的感觉,它们所感知的属性即使不是同一的,也是同属的。视觉和听觉二者所感知的都是波动。触觉和视觉能很好地互相补充,以致我们往往根据某物的外形便完全可以预先说出它在触觉上的属性。最后,接受所有这些不同的感性印象,对它们进行加工,从而把它们综合为一个整体的始终是同一个**我**,而提供这各种不同印象的同样也是同一个物,这些印象表现为这个物的**共同的**属性,从而有助于我们认识它。说明这些只有用不同的感官才能感受的不同属性,揭明它们之间的内在联系,这恰好是科学的任务,而科学直到今天并不抱怨我们有五个特殊的感官而没有一个总的感官,也不抱怨我们不能看到或听到滋味和气味。

不管我们向哪里看,自然界中任何地方都没有这种被认为是不可理解的"质上不同的或绝对不同的领域"。全部混乱都发生于质和量的混乱。根据流行的机械观点,耐格里认为,一切质的差异只有能够归结为量的差异时才能说明(关于这一点,将在其他地方作必要的说明);或者说,这是由于在他看来质和量是两个绝对不同的范畴。形而上学。

"我们只能认识有限的东西……"[第13页]

就进入我们认识领域的仅仅是有限的对象这一点而言,上述说法是完全正确的。但是这个命题还须有如下的补充:"从根本上说我们**只能认识无限的东西**。"事实上,一切真实的、寻根究底的认识都只在于:我们在思想中把个别的东西从个别性提高到特殊性,然后再从特殊性提高到普遍性;我们从有限中找出和确定无限,从暂时中找出和确定永久。然而普遍性的形式是自我完成的形式,因而是无限性的形式;它把许多有限的东西综合为一个无限的东西。我们知道:氯和氢在一定的压力和温度下受到光的作用就会爆炸而化合成氯化氢;而且只要我们知道这一点,我们也就知道:只要具备上述条件,这种现象**随时随地**都会发生。至于是否只发生过一次还是重复发生过 100 万次,以及在多少天体上发生过,这都是无关紧要的。自然界中的普遍性的形式就是**规律**,而关于**自然规律的永恒性**,谁也没有自然科学家谈得多。因此,当耐格里说,人们由于不愿意只去研究有限的东西,而把永恒的东西和有限的东西混在一起,于是就把有限的东西弄得神秘莫测,这时他否定的不是自然规律的可认识性,就是自然规律的永恒性。对自然界的一切真实的认识,都是对永恒的东西、对无限的东西的认识,因而本质上是绝对的。

但是,这种绝对的认识遇到一个明显的麻烦。可认识的物质的无限性,是由各种纯粹的有限性组成的,同样,绝对地认识着的思维的无限性,也是由无限多的有限的人脑所组成的,而人脑是彼此并列和前后相继地从事这种无限的认识的,会在实践上和理论上出差错,从歪曲的、片面的、错误的前提出发,循着错误的、弯曲的、不可靠的道路行进,往往当正确的东西碰到鼻子尖的时候还是没有得到它(普利斯特列[109])。因此,对无限的东西的认识受到双重困难的困扰,并且按其本性来说,只能通过一个无限的渐近的前进过程而实现。这使我们有足够的理由说:无限的东西既是可以认识的,又是不可以认识的,而这就是我们所需要的一切。

耐格里以可笑的方式说出同样的意思:

"我们只能认识有限的东西,但是我们确实能认识进入我们的感性知觉范围的一切有限的东西。"［第13页］

正是进入我们的感性知觉范围的有限的东西以其总和构成无限的东西,因为**耐格里正是从这个总和中得出他的关于无限的东西的观念**。离开这个进入我们的感性知觉范围的有限的东西,他就根本不会有关于无限的东西的观念。

（关于恶无限性本身,要在别的地方来谈。）

————

（针对这种无限性研究,说了以下几点:）

1. 空间和时间上的"微小领域"。
2. "感觉器官的可能有缺陷的发育"。
3. "我们只能认识有限的、暂时的、变换着的东西,只能认识等级上不同的东西和相对的东西,［因为我们只能把数学概念转用到自然物上,只能根据从自然物本身得到的尺度来判断自然物。我们不知道任何无限的东西或永恒的东西,任何固定不变的东西,任何绝对的差异。我们准确地知道一小时、一米、一千克的意思是什么,但是］我们不知道时间、空间、力和物质、运动和静止、原因和结果是什么。"［第13页］

这是老生常谈。先从感性的事物得出抽象,然后又期望从感性上去认识这些抽象,期望看到时间,嗅到空间。经验主义者深深地陷入经验体验的习惯之中,甚至在研究抽象的时候,还以为自己置身在感性体验的领域内。我们知道什么是一小时或一米,但是不知道什么是时间和空间!仿佛时间不是实实在在的小时而是其他某种东西,仿佛空间不是实实在在的立方米而是其他某种东西!物质的这两种存在形式离开了物质当然都是无,都是仅仅存在于我们头脑之中的空洞的观念、抽象。的确,据说我们也不知道什么是物质和运动！当然不知道,因为物质本身和运动本身还没有人看到过或以其他方式体验过;只有现实地存在着的各种物和运动形式才能看到或体验到。物、物质无非是各种物的总和,而这个概念就是从这一总和中抽象出来的,运动本身无非是一切感官可感知的运动形式的总和;"物质"和"运动"这样的词无非是**简称**,我们就用这种简称把感官可感知的许多不同的事物依照其共同的属性概括起来。因此,只有研究单个的物和单个的运动形式,才能认识物质和运动,而我们通过认识单个的物和单个的运动形式,也就相应地认识物质**本身**和运动**本身**。因此,当耐格里说我们不知道什么是时间、空间、物质、运动、原因和结果的时候,他不过是说:我们先用我们的头脑从现实世界作出抽象,然后却无法认识我们自己作出的这些抽象,因为它们是思想之物,而不是感性事物,而一切认识都是**感性的量度**! 这正是黑格尔所说的难处:我们固然能吃樱桃和李子,但是不能吃**水果**,因为还没有人吃过水果本身。**110**

———

耐格里断言自然界中也许存在着许多为我们的感官所不能感知的运动形式,这不过是一种可怜的遁词,等于取消运动不可创造这个规律,**至少对我们的认识来说**是这样。要知道,这些运动形式是可以**转化为我们能感知的运动的**! 这样一来,例如,接触电就容易解释了!

［ 151 ］

关于耐格里。无限的东西的不可理解性。当我们说,物质和运动既不能创造也不能消灭的时候,我们是说:宇宙是作为无限的进展过程而存在着,即以恶无限性的形式存在着,而且这样一来,我们就对这个过程理解了所必须理解的一切。最多还有这样的问题：这个过程是同一个东西——在大循环中——的某种永恒的重复呢，还是这个循环有向下的和向上的分支。

［ 23 ］

恶无限性。真无限性已经被黑格尔正确地设置在**充实了的**空间和时间中，设置在自然过程和历史中。现在整个自然界也融解在历史中了，而历史和自然史所以不同，仅仅在于前者是**有自我意识的**机体的发展过程。自然界和历史的这种无限的多样性，在自身中包含了时间的和空间的无限性——恶无限性，但只是作为被扬弃了的、虽是本质的却不是主导的因素。我们的自然科学的极限，直到今天仍然是**我们的**宇宙，而在我们的宇宙以外的无限多的宇宙，是我们认识自然界所用不着的。的确，几百万个太阳中只有**一个**太阳和这个太阳系，才是我们的天文学研究的根本的立足点。就地球上的力学、物理学和化学来说，我们是或多或少地局限于这个小小的地球，而就有机体科学来说，则完全局限于这个地球。但是，这对于现象的实际上无限的多样性和对于认识自然界来说，并没有实质性损害，正如对于历史来说，同样地并且在更大的程度上局限于比较短促的时间和地球上的一小部分地区，也没有什么实质性损害。

［ 111 ］

1. 无限的进展过程在黑格尔那里是一个空旷的荒野，因为它只表现为**同一个东西的永恒的重复**：1＋1＋1……

2. 然而在现实中，这个无限的进展过程并不是重复，而是发展,前进或后退,因而成为必然的运动形式。撇开这个过程不是无限的这一点不说,因为现在已经可以预见到地球生存时期的终结。但地球也并不就是整个宇宙。在黑格尔的体系中,自然界的时间上的历史是排除任何发展的,否则自然界就不是精神的自我外在了。但是在人类历史中,黑格尔承认无限的进展过程是"精神"的唯一真实的存在形式,只不过他以幻想的方式设想这个发展有一个终点——这个终点就是黑格尔哲学的确立。

3. 还有无限的认识:事物在进展中所没有的无限,在循环中却有了[111](量,第 259 页,天文学)[112]。这样,运动形式变换的规律便是无限的、自我闭合的规律。但是这样的无限性又被有限性所纠缠,只是一段段地出现的。$\frac{1}{r^2}$ 也是如此。[113]

[物质的运动形式以及
各门科学的联系]

[2]

自然科学的辩证法[114]：对象是运动着的物质。物质本身的各种不同的形式和种类又只有通过运动才能认识，物体的属性只有在运动中才显示出来；关于不运动的物体，是没有什么可说的。因此，运动着的物体的性质是从运动的形式得出来的。

（1）第一个最简单的运动形式是机械运动，是纯粹的位置移动。

（a）单个物体的运动是不存在的——只是相对地说才谈得上——下落。

（b）分离的诸物体的运动：抛物线运动，天文学——外表上的平衡——终点总是**接触**。

（c）互相接触的诸物体的相对运动——压力。静力学。流体静力学和气体。杠杆和本来意义上的力学的其他形式，所有这些形式都能在其最简单的接触形式中，产生出仅仅在程度上有所不同的摩擦和碰撞。但是摩擦和碰撞，实际上就是接触，还具有从未被自然科学家在这里指出过的其他结果：它们在一定的情况下产生声、热、光、电、磁。

（2）这些不同的力（除了声）——天体物理学——

（a）都互相转化和互相代替，而且

（b）当作用于各种物体（不论它们是化学结构复杂的或者是化学结构比较简单的）并且对每一物体来说都各不相同的每个力在量上增长到一定程度时，就出现**化学**变化，于是我们就进入化学领域。

（3）物理学应该或者可以不去考虑活的有机体，化学通过对有机化合物的研究才找到关于最重要物体的真实性质的真实解释，并且合成了只在有机界中才出现的物体。在这里，化学进入到有机生命的领域，而且它已经足以使我们确信：**它独自**就可以为我们说明向有机体的辩证转化。①

（4）而**实际的**转化是在**历史**——太阳系的历史、地球的历史之中；有机论的**现实**前提。

（5）有机论。

[47]

科学分类。每一门科学都是分析某一个别的运动形式或一系列互相关联和互相转化的运动形式的，因此，科学分类就是这些运动形式本身依其内在序列所进行的分类、排序，科学分类的重要性也正在于此。

[48]

在上世纪末叶，在多半坚持机械唯物主义的法国唯物主义者

---

① 恩格斯在本段页边上写着："天体化学。晶体学是化学的一部分。"
　　——编者注

之后,出现了要把旧的牛顿—林耐学派的整个自然科学作**百科全书式的概括**的要求,有两个最有天才的人物投身于这项工作,这就是**圣西门**(未完成)和**黑格尔**。现在,当新的自然观就其基本特点而言已经形成的时候,人们又感到有同样的要求了,并且正在这方面进行尝试。但是,当现在自然界中的发展的普遍联系已经得到证明的时候,外表上的排序已经不够用了,正如黑格尔所巧妙论证的辩证转化也已经不够用了一样。转化必须自行完成,必须是自然而然的。正如一个运动形式是从另一个运动形式中发展出来一样,这些形式的反映,即各种不同的科学,也必然是一个从另一个中产生出来。

[126]

孔德不可能是他从圣西门那里抄袭来的关于自然科学的百科全书式的排序法的创造者[115],这从下列事实中就可以看出:这套方法对他来说只有**安排教材**和**课程的意义**,因而导致了荒诞的全科教育,在这种方式下,在一门科学完全教完之前,不会再开另一门课程,在这里,一个基本上正确的思想被以数学方式夸大成胡说八道。

[132]

黑格尔的(最初的)分类:机械论、化学论、有机论[116],在当时是完备的。机械论——物体的运动;化学论——分子的运动(这里也包括物理学,两者都属于同一序列)和原子的运动;有机论——以上两项运动不可分地包含于其中的那些物体的运动。因为有机论无疑是**把力学、物理学和化学结合为一个整体的更高的**

统一,在这里这三个方面不可能再分离开来。在有机体中,机械运动直接由物理变化和化学变化引起,营养、呼吸、排泄等等是如此,纯粹的肌肉运动也同样是如此。①

[159]

注　释[117]

(1)凯库勒。此外:自然科学现在越来越有必要系统化,这种系统化只能在现象本身的联系中发现。例如,一个天体上的小物体的机械运动,终止于两个物体的接触,这种接触有两种仅仅在程度上不同的形式,即摩擦和碰撞。因此,我们首先要研究摩擦和碰撞的机械作用。但是我们发现,问题并不到此为止:摩擦产生热、光和电,碰撞也产生热和光,也许还产生电,由此便有物体运动向分子运动的转化。我们进入了分子运动的领域,即物理学,并且继续研究下去。但是我们在这里也发现,分子运动并不是研究的终结。电转化为化学变化,而且又从化学变化产生。热和光也是一样。分子运动转化为原子运动——化学。化学过程的研究又遇到有机世界这样一个研究领域,即这样一个世界,在那里化学过程的发生所遵循的规律还是同一些规律,但是条件和在无机世界中不同。对于这些条件,化学是完全可以解释清楚的。然而,对于有机世界的一切化学研究最终总要归结到一个物体上来,这个物体是普通化学过程的结果,它和其他一切物体的区别在于,它是自行完

---

① 恩格斯在本段页边上写着:"每一组又一分为二。力学:(1)天体力学,(2)地球上的力学。分子运动:(1)物理学,(2)化学。有机论:(1)植物,(2)动物。"——编者注

成的、持续不断的化学过程,它就是蛋白质。如果化学能制造出这种一产生就明显具有确定性的蛋白质,即所谓的原生质,在这种确定性中,或者更确切地说,在这种不确定性中,这种蛋白质潜在地包含着蛋白质的其他一切形式(于是就没有必要去假定只存在着某种老是一样的原生质),那么辩证的转化也就现实地被证实了,因而也就完全被证实了。在此以前,事情还只停留在思想上,或者说停留在假说上。当化学制造出蛋白质的时候,化学过程就像上述的机械过程一样,便超出自身,就是说,进入一个内容更丰富的领域,即有机体的领域。生理学当然是有生命体的物理学,特别是有生命体的化学,但同时也不再是专门的化学,因为它一方面限制了自己的范围,另一方面却由此上升到一个更高的层次。

[161]

关于"机械的"自然观[118]

注 释 二

附在第46页①:运动的各种形式和研究这些形式的各门科学

在上面这篇论文②(《前进报》[41],1877年2月9日)发表以后,凯库勒(《化学的科学目的和成就》)给力学、物理学和化学下了完全类似的定义:

---

① 见《马克思恩格斯全集》中文第2版第26卷第71页。——编者注
② 指恩格斯《反杜林论》第1编第7章(见《马克思恩格斯全集》中文第2版第26卷第70—80页)。——编者注

"如果把关于物质的本质的这一观念当做基础,就可以把化学定义为**原子的科学**,把物理学定义为**分子的科学**,而这样一来,显然就可以把今天物理学中涉及**质量**的那个部分作为专门的学科分出来,并为之预留**力学**这一名称。这样,力学就表现为物理学和化学的基础科学,因为这两者在某些观察中,特别是在计算中,必须把分子或原子当做质量来看待。"

如我们所看到的,这种说法和正文中及前一注释中①所提到的说法的差别,仅仅在于它不是那么明确罢了。但是有一家英国杂志(《自然》)[98]把凯库勒的上述提法翻译成力学是质量的静力学和动力学,物理学是分子的静力学和动力学,化学是原子的静力学和动力学;[119]照我的看法,这种甚至把化学过程无条件地归结为纯粹机械过程的做法,是把研究的领域,至少是把化学的领域不适当地缩小了。但是这种做法竟成为时髦,例如,连海克尔也经常把"机械的"和"一元论的"当做同义词来使用,并且据他看来,

"现代生理学……在其领域内只让物理—化学的力——或广义上的机械力——起作用"(《交替发生》)。②

当我**先**把物理学叫做分子的力学、把化学叫做原子的物理学,再进一步把生物学叫做蛋白质的化学的时候,我是想借此表示这些科学中一门向另一门的过渡,从而既表示出两者的联系、连续性,又表示出它们的差异、非连续性。更进一步把化学也叫做某种力学,这在我看来是不能容许的。不论就广义或狭义而论,力学只

① 指恩格斯《反杜林论》第 1 编第 7 章的正文和注释《关于现实世界中数学上的无限之原型》(见《马克思恩格斯全集》中文第 2 版第 26 卷第 71 页和本书第 182—188 页)。——编者注
② 见恩·海克尔《原生粒之交替发生》1876 年柏林版第 12—13 页。——编者注

顾及量,它所考虑的是速度和质量,最多再加上体积。如果力学碰到了物体的质,例如在流体静力学和气体静力学中,那么它不研究分子状态和分子运动就不行,它本身在这里也只是一种辅助科学,只是物理学的前提而已。但是,在物理学中,尤其是在化学中,不仅有量变所引起的连续的质变,即量到质的转化,而且要考察许许多多的质变,这些质变怎样为量变所制约还完全没有证实。说今天的科学潮流正朝着这个方向前进,这是可以欣然同意的,但是这并不能证明,这个潮流是唯一正确的潮流,遵循这个潮流就会**穷究**全部物理学和化学。一切运动都包含着物质的最大或最小部分的机械运动,即位置移动,而认识这种机械运动,是科学的**第一个**任务,然而也只是它的**第一个**任务。但是这种机械运动并没有把所有的运动包括无遗。运动不仅仅是位置移动,在高于力学的领域中它也是质变。发现热是一种分子运动,这是划时代的。但是,如果我除了说热是分子的某种位置移动之外再也不知道说些别的什么,那么我还不如闭口不谈为妙。化学似乎已走上了一条最佳途径,就是从原子体积和原子量的关系去说明元素的一系列化学属性和物理属性。但是没有一个化学家敢断言:某个元素的全部属性可以通过它在洛塔尔·迈耶尔曲线[120]上的位置完全表示出来,比如说,单凭这个位置就能说明使碳成为有机生命的主要载体的那些特殊属性,或说明磷在脑髓中的必要性。然而"机械"观正是会导致这样的结果。它用位置移动来说明一切变化,用量的差异来说明一切质的差异,并且忽视了质和量的关系是相互的,忽视了量可以转变为质,质也可以转变为量,忽视了这里发生的恰好是相互作用。如果质的一切差异和变化都可以归结为量的差异和变化,归结为机械的位置移动,那么我们就必然要得出这个命题:所有的物质都是由**同一的**最小的粒子所组成,而物质的化学元素的一切质的差异都是由量的差异,即由这些最小的粒子结合成原子时在数目上和在空间排列上的差异所引起的。但是我们还没有走得这么远。

除了现今在德国各大学流行的最粗陋的庸俗哲学外,我们今天的自然科学家对别的哲学一无所知,因此他们才会这样应用诸如"机械的"一类的术语,而不去说明甚至也没有想到,他们这样做必然得出怎样的结论。物质具有质的绝对同一性这一理论,也还有它的信徒——从经验上既驳不倒它,也证明不了它。但是,如果去问问那些想"机械地"解释一切的人,他们是否意识到了这个结论,是否承认物质的同一性,那我们将会听到许多不同的回答!

最滑稽可笑的是:这种把"唯物主义的"和"机械的"混为一谈的做法是从**黑格尔**那里搬来的,正是黑格尔想用"机械的"这个附加语来贬低唯物主义。① 诚然,黑格尔所批判的唯物主义——18世纪的法国唯物主义——确实是完全**机械的**,而且其原因是很自然的,因为当时的物理学、化学和生物学还处在襁褓之中,还远不能为一般的自然观提供基础。同样,海克尔还照搬黑格尔的译法,把 causae efficientes② 翻译为"机械地起作用的原因",把 causae finales③ 翻译为"合目的地起作用的原因",不过在这里,黑格尔是把"机械的"设定为盲目地起作用的、无意识地起作用的,而不是海克尔所理解的那种"机械的"。况且黑格尔本人把这整个对立

① 参看黑格尔《哲学全书纲要》第 1 部(即《小逻辑》)(《黑格尔全集》第 6 卷)1840 年柏林版第 99 节附释。——编者注
② 意为"起作用的原因"。——编者注
③ 意为"终极的原因"。——编者注

明确地看做完全被克服了的观点,以致他在《逻辑学》中两处说明因果关系的地方对这种对立**只字未提**,而只是在《哲学史》①中谈到这种对立在历史上出现的地方才提到它(所以才有海克尔的因肤浅而产生的纯粹误解!),另外在论述目的论(《逻辑学》第3编第2部分第3章)的时候完全偶然地提到它,把它当做**旧形而上学**用来表达机械论和目的论之间的对立的一种形式,除此之外,黑格尔是把它当做早已被克服了的观点来对待的。可见,在海克尔自以为找到了自己"机械的"观点的佐证而兴高采烈时,竟把黑格尔的话抄袭错了,并且因此得出了一个绝妙的结果:如果某种动物或植物通过自然培育而发生一定的变异,那么这是由于 causa efficiens② 的作用,如果通过**人工**培育而发生同样的变异,那么这是由于 causa finalis③ 的作用! 育种家是 causa finalis! 当然,一个像黑格尔这样的辩证论者是不会在 causa efficiens 和 causa finalis 的狭小对立中兜圈子的。从今天的观点看来,关于这个对立的一切不可救药的奇谈怪论都该收场了,因为我们从经验和理论都**知道**:物质及其存在方式即运动,是不能创造的,因而是它们自己的终极的原因;同时,如果我们把那些在宇宙运动的相互作用中暂时地和局部地孤立的或者被我们的反思所孤立的个别原因,称为**起作用的**原因,那么我们决没有给它们增加什么新的规定,而只是增添了一个带来混乱的因素而已。不起作用的原因决不是原因。

---

① 黑格尔《哲学史讲演录》。——编者注

② 意为"起作用的原因",海克尔借用黑格尔的译法,把这个词组译为"机械地起作用的原因"。——编者注

③ 意为"终极的原因",海克尔借用黑格尔的译法,把这个词组译为"合目的地起作用的原因"。——编者注

注意。物质本身是纯粹的思想创造物和纯粹的抽象。当我们用物质概念来概括各种有形地存在着的事物的时候,我们是把它们的质的差异撇开了。因此,物质本身和各种特定的、实存的物质的东西不同,它不是感性地存在着的东西。如果自然科学试图寻找统一的物质本身,试图把质的差异归结为同一的最小粒子在结合上的纯粹量的差异,那么这样做就等于要求人们不是看到樱桃、梨、苹果,而是看到水果本身[110],不是看到猫、狗、羊等等,而是看到哺乳动物本身,看到气体本身、金属本身、石头本身、化合物本身、运动本身。达尔文学说就要求有这样的原始哺乳动物,即海克尔的前哺乳动物类①,但是同时又不得不承认:既然这种原始哺乳动物在**胚胎**状态中就包含了一切将来的和现在的哺乳动物,那么它在现实中就比现在的一切哺乳动物都要低级而且非常粗陋,所以比它们都要消失得快些。黑格尔已经证明(《全书》第 1 部第 199 页),这种见解,这种"片面的数学观点",这种认为物质只在量上可以规定而在质上从一开始就相同的观点,"无非是"18 世纪法国唯物主义的"观点"。② 它甚至倒退到毕达哥拉斯那里去了,他就曾经把数,即量的规定性,理解为事物的本质。

[178]

量转变为质 ="机械的"世界观,量的变化改变着质。这是那些先生们从来没有嗅到的!

---

① 参看恩·海克尔《自然创造史》1873 年柏林第 4 版第 588 页。——编者注
② 参看黑格尔《哲学全书纲要》第 1 部(即《小逻辑》)(《黑格尔全集》第 6 卷)1840 年柏林版第 99 节附释。——编者注

［各门科学的辩证内容］

［166］

［1880 年的计划］[121]

1. 一般运动。

2. 吸引和排斥。运动的传递。

3. 能量守恒［定律］在这里的应用。排斥+吸引。——排斥的进入=能量。

4. 重力——天体——地球上的力学。

5. 物理学。热。电。

6. 化学。

7. 概要。

————

(a)在第 4 项之前:数学。无限长的直线。+和-相等。

(b)在天文学中:由潮汐做功。

亥姆霍兹的两种计算,第 2 册第 120 页①。

————

① 参看本书第 147—149 页。——编者注

亥姆霍兹的"力",第 2 册第 190 页①。

[170]

运动的基本形式[122]

运动,就它被理解为物质的存在方式、物质的固有属性这一最一般的意义来说,涵盖宇宙中发生的一切变化和过程,从单纯的位置变动直到思维。研究运动的本性,当然不得不从这种运动的最低级的、最简单的形式开始,先学会理解这样的形式,然后才能在说明更高级的和复杂的形式方面有所建树。所以我们看到:在自然科学的历史发展中,最先产生的是关于简单的位置变动的理论,即天体和地上物体的力学,随后是关于分子运动的理论,即物理学,紧接着、几乎同时而且在有些方面还先于物理学而产生的,是关于原子运动的科学,即化学。只有在这些关于支配着非生物界的运动形式的不同知识部门达到高度的发展以后,才能成功地阐明各种显示生命过程的运动进程。对这些运动进程的阐明,是随着力学、物理学和化学的进步而取得相应的进步的。因此,当力学早已对动物躯体中通过肌肉收缩而引起运动的骨骼的杠杆作用能够用那些对非生物界也有效的规律作出充分说明的时候,对其他生命现象的物理化学的论证几乎还处于发展的最初阶段。所以,当我们在这里研究运动的本性时,我们不得不把有机体的运动形式撇在一边。我们不得不局限于——按照科学的现状——非生物

---

① 参看本书第 143—146 页。——编者注

界的运动形式。

一切运动都和某种位置变动相联系,不论这是天体的、地上物体的、分子的、原子的或以太[33]粒子的位置变动。运动形式越高级,这种位置变动就越微小。位置变动决不能把有关的运动的本性包括无遗,但是也不能和运动分开。所以必须首先研究位置变动。

我们所接触到的整个自然界构成一个体系,即各种物体相联系的总体,而我们在这里所理解的物体,是指所有的物质存在,从星球到原子,甚至直到以太粒子,如果我们承认以太粒子存在的话。这些物体处于某种联系之中,这就包含了这样的意思:它们是相互作用着的,而它们的相互作用就是运动。由此可见,没有运动,物质是不可想象的。再则,既然我们面前的物质是某种既有的东西,是某种既不能创造也不能消灭的东西,那么由此得出的结论就是:运动也是既不能创造也不能消灭的。只要认识到宇宙是一个体系,是各种物体相联系的总体,就不能不得出这个结论。早在这种认识在自然科学中发挥实际作用以前很久,哲学就已经有了这种认识,所以不难说明,为什么哲学比自然科学整整早200年就得出了运动既不能创造也不能消灭的结论。甚至哲学作出这个结论时所采取的形式,也比今天的自然科学的表述要高明。笛卡儿关于宇宙中现存的运动量永远一样的原理只是在形式上有缺点,即用一种有限的表达方式来表示一种无限大。与此相对应,在自然科学中这同一个定律现在有两种表达方式,一种是亥姆霍兹的**力**的守恒定律,另一种是更新的更确切的**能量**守恒定律。我们以后可以看到,这两种表达法中的每一种所表示的正好是另一种的对立面,而且它们当中的每一种都只表达了关系的一个方面。①

　　如果两个物体相互作用,致使其中的一个或两个发生位置变动,那么这种位置变动就只能是互相接近或互相分离。这两个物体不互相吸引,就互相排斥。或者如力学上所说的,在这两个物体之间起作用的力是有心力,即沿着它们的中心点所联结起来的直线的方向起作用的力。不管许多运动看起来多么复杂,上述情形都在宇宙中发生着,不断地和绝无例外地发生着,这在我们今天看来已经是不言自明的了。如果设想两个相互作用的物体在相互作用时不受第三个物体的任何妨碍或影响,而这种作用不是沿着最短的和最直接的路线发生,即沿着联结两个物体的中心点的直线发生,那么这在我们看来是很荒谬的。② 大家知道,亥姆霍兹(《论力的守恒》1847 年柏林版第 1 节和第 2 节)用数学方法也证明了:有心作用和运动量**123**的不变性是互为条件的,如果设想存在着不同于有心作用的作用,那就会导致运动可以创造或消灭的结论。所以一切运动的基本形式都是接近和分离,收缩和膨胀——一句话,是**吸引**和**排斥**这一古老的两极对立。

　　应当明确指出:吸引和排斥在这里不是被看做所谓"**力**",而是被看做**运动的简单形式**。康德早就把物质看做吸引和排斥的统一。③ 至于"力"究竟是怎么一回事,我们到时候将会看到。

---

① 参看鲁·克劳修斯《论力学的热理论的第二定律》1867 年不伦瑞克版第 15 页上对海·亥姆霍兹《论力的守恒》中的有关论点的评论。——编者注

② 恩格斯在此处页边上写着:"康德在第 22 页上说:三维空间的条件是,吸引或排斥和距离的平方成反比。"见伊·康德《关于活力的正确评价的思想》第 10 节(《康德全集》1867 年莱比锡版第 1 卷)。——编者注

③ 参看伊·康德《自然通史和天体论》1755 年柯尼斯堡版。——编者注

一切运动都在于吸引和排斥的相互作用。然而运动只有在每一个吸引被另一处的相应的排斥所抵偿时,才有可能发生。否则一方会逐渐胜过另一方,运动最后就会停止。所以,宇宙中的一切吸引和一切排斥,一定是互相平衡的。于是,运动既不能消灭也不能创造的定律,就采取这样的表达方式:宇宙中的每一个吸引运动,都必定由一个相等的排斥运动来补充,反过来也是这样;或者如古代哲学早在自然科学中提出力的守恒定律或能量守恒定律以前所说的,宇宙中一切吸引的总和等于一切排斥的总和。

但是,这里似乎还留下了一切运动总有一天会停止的两种可能性:这或者是由于排斥和吸引有一天在事实上终于互相抵消,或者是由于全部排斥最终占据物质的一个部分,而全部吸引则占据另一个部分。从辩证法的观点看来,这两种可能性从一开始就不可能存在。辩证法根据我们直到目前为止的自然经验的结果,已经证明了:所有的两极对立,都以对立的两极的相互作用为条件;这两极的分离和对立,只存在于它们的相互依存和联结之中,反过来说,它们的联结,只存在于它们的分离之中,它们的相互依存,只存在于它们的对立之中;这样,就不可能存在排斥和吸引最终抵消的问题,也不可能存在一种运动形式最终分配在物质的这一半上,而另一种运动形式最终分配在另一半上的问题,这就是说,既不存在两极互相渗透①的问题,也不存在两极绝对分离的问题。在第一种场合下,这就好比硬要使一条磁石的北极和南极互相抵消,在第二种场合下,就好比把一条磁石从中间切断,硬要使一段只有北

---

① 原文为 gegenseitige Durchdringung,这里的意思是互相抵消或中和。
——编者注

极而没有南极,使另一段只有南极而没有北极。不过,虽然从两极
对立的辩证性质中已经可以推断这样的假设是不能容许的,可是
由于在自然科学家中形而上学的思维方式占支配地位,至少第二
种假设在物理学的理论中仍起着一定的作用。这一点以后在适当
的地方还要谈到。

　　运动在吸引和排斥的相互作用中是怎样表现出来的呢? 这最
好是就运动本身的各单个形式来研究。这样最终就会得出结论。

　　我们不妨看一看一颗行星环绕其中心天体所作的运动。普通
的天文学教科书追随牛顿把椭圆形的行星轨道解释为两种力,即
中心天体的吸引和使行星沿着垂直于这种吸引的路线运动的切线
力共同作用的结果。所以,除向心的运动形式外,普通的天文学教
科书还假设了与中心点的联线相垂直的另一个运动方向或所谓
"力"。因此,它和前面所说的基本定律是矛盾的,依据这个定律,
我们的宇宙中的一切运动,只能沿着相互作用的物体的中心点的
方向发生,或者如人们所说的,只能由有心作用力所引起。正因为
如此,普通的天文学教科书就把下面这样一种运动因素纳入理论
之中,这种运动因素,如我们也已经看到的,必然要导致运动可以
创造也可以消灭的结论,因而也就必然要以造物主的存在为前提。
这样一来,就需要把这一神秘的切线力归结为某种向心的运动形
式,而完成这个工作的,是康德和拉普拉斯的天体演化学。大家知
道,按照这种看法,整个太阳系是由某种旋转着的极稀薄的气体逐
渐收缩而产生的,旋转运动在这个气团的赤道线上显然最为强烈,
并且使个别的气环从这个气团上分离出去,然后这些气环就收缩
成行星、小行星等等,并按照原来的旋转方向围绕着中心天体旋
转。这一旋转本身,通常是用气体的单个质点的自身运动来说明。

这种运动朝极不相同的方向发生,但是最后总有某一多余部分朝一定的方向运动下去,这就引起旋转,这种旋转必然随着气团的进一步收缩而不断地加强。但是,关于旋转的起源,不管提出什么样的假说,都是排除了切线力,使之化为向心运动的某种特殊的现象形式。如果行星运动的一个要素,即直接向心的要素,表现为重力,即行星和中心天体之间的吸引,那么,另一个要素,即切线要素,则表现为气团各个质点原有排斥的残余,即以衍生的或改变了的形式出现的残余。于是,一个太阳系的生存过程就表现为吸引和排斥的相互作用,在这个过程中,排斥以热的形式放射到宇宙空间中去,因而在太阳系中,排斥就逐渐消失,而这样一来,吸引就越来越占优势。

一目了然:在这里被理解为排斥的运动形式,和现代物理学所说的"能"是同一个东西。由于太阳系的收缩和由此而来的构成现在的太阳系的各个天体的分离,太阳系便失去了"能",而这一损失,按照亥姆霍兹的著名计算现在已经达到太阳系中原来以排斥的形式出现的全部运动量的 $\dfrac{453}{454}$。

我们还可以再来看一看地球上的某个物体。这个物体是靠重力和地球联结在一起的,正像地球是靠重力和太阳联结起来一样,但是这个物体和地球不同,不能作自由的行星般的运动。它只有靠外来的推动才能运动起来,而且推动一旦终止,它的运动很快也就停止,这或者仅仅是重力的作用所致,或者是重力和该物体赖以运动的介质的阻抗的共同作用所致。这一阻抗归根到底也是重力的一种作用,没有重力,地球表面上就不会有任何具有阻抗的介质,不会有大气了。所以在地球表面上的纯粹的机械运动中,我们所碰到的是重力即吸引占有决定性优势的情形,因而在这里运动的产生显示出两个阶段:首先是抵抗重力的作用,然后是让重力起作用,一句话,就是先使物体上升,然后再使之下降。

这样一来,我们又有了以吸引为一方和以按相反方向发生的运动形式即排斥的运动形式为另一方的相互作用。但是,在地球上的**纯粹**力学(这种力学所研究的,是处于**既定的**、对它来说是不变的聚集状态和凝聚状态之中的物体)的范围内,这种排斥的运动形式在自然界中是不发生的。无论是岩石从山顶上崩落下来,还是水之所以能够下泻,形成这类现象的物理条件和化学条件都是这种力学范围以外的事情。所以在地球上的纯粹力学中,排斥运动或提升运动只能由人工造成,即由人力、畜力、水力、蒸汽力等等造成。这种情形,这种用人工办法克服天然的吸引的必要性,使力学家们产生了一种看法,认为吸引、重力,或者如他们所说的重力的**力**,是自然界中最重要的运动形式,甚至是基本的运动形式。

例如,如果提升一个重物然后让它直接或间接下落而把运动传导给其他物体,那么按照通常的力学观点,传导这个运动的不是重物的**提升**,而是**重力的力**。例如,亥姆霍兹就让

"我们最熟悉的和最简单的力,即重力,作为推动力而起作用……例如在一座靠重锤推动的挂钟里。这个重锤……如果不使钟的全部机械运转起来,便不能顺应重力的牵引"。而它如果不自行下落,便不能使钟的机械运转起来,而且这种下落最终一直要持续到联结它的链条完全松直为止。"到那时,钟就停了,重锤的推动能力暂时用尽了。重锤的重力既没有失去,也没有减少,它依旧被地球在同一程度上吸引着,可是这个重力引起运动的能力已经丧失了……但是我们可以用手臂的力量把钟再上好,重锤就又升上去。这样一来,重锤又获得了它原先的推动能力,又能使钟走起来。"(亥姆霍兹《通俗科学讲演集》第2册第144页)①

----

① 海·亥姆霍兹《通俗科学讲演集》1871年不伦瑞克版第2册。——编者注

因此,按照亥姆霍兹的说法,使钟走起来的,不是运动的主动的传导,不是重锤的提升,而是重锤的被动的重力,虽然这个重力本身只是由于被提升才脱离被动状态,而在联结重锤的链条松直以后又回到被动状态。所以,照我们刚才见到的新观点看来,**能**仅仅是**排斥**的另一种说法,而照亥姆霍兹的旧观点看来,**力**则是排斥的对立面即**吸引**的另一种说法。我们暂且确认这一点。

这样,当地球上的力学的过程终结的时候,当重物先被提升然后又下降到同一高度的时候,构成这个过程的运动将怎样呢?在纯粹力学看来,它是消失了。但是,我们现在知道,它决没有消灭。它有一小部分转化为空气的声波振动,而绝大部分则转化为热。这些热一部分传导给具有阻抗的大气,一部分传导给落体本身,最后一部分传导给落体所碰到的地面。钟的重锤,也以摩擦热的形式,把自身的运动逐渐传导给钟表机械的各个齿轮。可是转化为热,即转化为排斥的一种形式的东西,并不是人们通常所说的**落体**运动,就是说,并不是吸引。相反,如亥姆霍兹正确地指出的,吸引,重力,现在仍然和先前一样,确切地说,甚至变得更大了。倒不如说,通过下降而**在力学上**被消灭的,并且以热的形式重新出现的,恰好是借提升而传导给被提升物的排斥。物体的排斥变成了分子的排斥。

如我们已经说过的,热是排斥的一种形式。它使固体的分子发生振动,从而减弱各个分子间的联系,直到最后开始向液态过渡;在液态下,如果继续加热,热便又会增强分子的运动,直到达到这样的程度:分子完全脱离物体,并以一定的速度一个一个地自由运动起来,而这个速度对每一个分子来说取决于它的化学构造。如果再继续加热,热就使这个速度更加增大,从而使分子越来越互

139

相排斥。

但是,热是所谓"能"的一种形式;后者在这里再次证明与排斥是同一的。

在静电和磁的现象中,我们有吸引和排斥的两极之分。关于这两种运动形式的作用方式,无论提出什么样的假说,面对事实没有一个人会怀疑:只要吸引和排斥是由静电或磁所引起,而且能够毫无阻碍地展开,它们就会完全互相抵偿。这事实上已经是从两极划分的本性中必然得出的结论。各自的作用不能完全互相抵偿的两极,决不是极,而且到现在为止在自然界中也没有见过这样的极。流电现象我们在这里暂时撇开不谈,因为这方面的过程决定于化学过程,因而比较复杂。所以我们最好来研究化学的运动过程本身。

当两份重的氢和 15.96 份重的氧化合成水蒸气的时候,从这个过程中散发出 68.924 热量单位的热量。反过来,如果要把 17.96 份重的水蒸气分解为两份重的氢和 15.96 份重的氧,那么这只有在下列条件下才有可能实现:要有等于 68.924 热量单位的运动量传导给水蒸气,不管这是以热本身的形式还是以电运动的形式发生的。一切其他的化学过程也是一样。在大多数场合下,化合时放出运动,分解时必须导入运动。在这里,排斥通常也是过程的主动方面,即被赋予更多的运动或要求导入运动的方面,吸引则是过程的被动方面,即造成运动过剩并放出运动的方面。因此,现代的理论也宣称:总的说来,元素化合时释放能量,化合物分解时束缚能量。所以"能"在这里又是表示排斥的。亥姆霍兹又说:

"这个力〈化学亲和力〉,我们可以想象为吸引力…… 碳原子和氧原子间的这种吸引力所做的功,同地球以重力的形式对一个被提升的重物所做的功是一样的…… 当碳原子和氧原子互相冲撞而化合成碳酸气的时候,新形成的碳酸气粒子一定是处在极猛烈的分子运动中,即处在热运动中…… 当碳酸气后来向四周放出自身的热的时候,碳酸气中的碳和氧仍然丝毫没有减少,而两者的亲和力也和以前一样强。但是这个亲和力现在只表现在这一点上:它把碳原子和氧原子牢固地联结在一起,不让它们分开。"(上引书,第169[—170]页)

同上面刚刚说过的完全一样,亥姆霍兹坚持认为,在化学中和在力学中一样,力只存在于**吸引**之中,因而它是和其他物理学家称做"能"并与**排斥**完全等同的东西正好相反的东西。

因此,我们现在不再只有吸引和排斥这两种简单的基本形式,而有一大串从属形式,那种在吸引和排斥的对立中展开和收缩的包罗万象的运动的过程,就是在这些从属形式中进行的。但是,把这形形色色的现象形式归纳到运动这一总的名称之下,这决不仅仅是我们的理解。相反,这些形式本身通过实际过程就证明它们是同一运动的不同形式,因为在某些情况下它们会互相转化。物体的机械运动可转化为热,转化为电,转化为磁;热和电可以转化为化学分解;化学化合反过来又可以产生热和电,而以电为中介又产生磁;最后,热和电又可以产生物体的机械运动。而且这种转化是这样进行的:一种形式的一定运动量,总是有另一形式的精确规定的一定运动量与之相适应,而且,用来量度这个运动量的量度单位,不管是从哪一种运动形式中借用来的都无所谓,就是说,不管是用来量度物体的运动,量度热,量度所谓的电动力,还是量度化学过程中转化的运动,都是无所谓的。

在这里,我们是立足在"能量守恒"理论的基础上,这个理论是尤·罗·迈尔在 1842 年创立的①，并且从那时以来国际上对它的研究已获得了十分辉煌的成就。现在，我们应当研究一下这个理论目前所使用的基本概念。这就是关于"力"或"能"以及关于"功"的概念。

我们在前面已经看到，根据较新的、现在几乎已经被公认的观点，"能"被理解为排斥，可是亥姆霍兹却主要是用"力"这个词来表示吸引。人们会以为这是一种无关紧要的形式上的差别，因为在宇宙中吸引和排斥是互相补偿的，因此把这个关系中的哪一方当做正或当做负，似乎都无所谓，这就好像正的横坐标是从某一直线上的某一点向右边算起或向左边算起都是无所谓的一样。但是事情绝对不是这样的。

目前我们在这里考察的并不是宇宙，而是地球上发生的一些

_____

① 恩格斯在这里加了一个注："亥姆霍兹在他的《通俗科学讲演集》第 2
 册第 113 页上表示，在自然科学证明笛卡儿关于运动在量上不变的原
 理方面，除迈尔、焦耳和柯尔丁外，似乎他自己也有一份功劳。'我自
 己对迈尔和柯尔丁毫无所知，而且只是在我自己的研究完成时才知道
 焦耳的实验，但我和他们走的是同一条道路；我竭力探究从上述考察
 方法中可以得出的自然界中各种过程间的一切联系，并且 1847 年在题
 为《论力的守恒》的小册子中公布了我自己的研究。'——但是在这部
 著作中，从 1847 年的水平来看，并没有提供什么新东西，只有下面这两
 点是例外：一点是上面已经提到的那个很有些价值的数学上的推导，
 即断定'力的守恒'和在某一体系中各个不同物体之间发生作用的各
 个力的有心作用，只是同一事物的两种不同说法；另一点是他较为准
 确地表述了下面这个定律：某一既定的**力学**体系中的活力和张力的总
 和是不变的。在其他各个方面，自 1845 年迈尔的第二篇论文发表后，
 亥姆霍兹的这部著作就已经过时了。迈尔在 1842 年就已经肯定了
 '力的不灭'，并且在 1845 年又根据自己的新观点，围绕'各种自然过
 程间的联系'说出了比 1847 年亥姆霍兹所说的要高明得多的东
 西。**124**"——编者注

现象,这些现象被地球在太阳系中和太阳系在宇宙中的十分确定的位置所制约。我们的太阳系每一瞬间都向宇宙空间放出极大量的运动,而且是具有十分确定的质的运动,即太阳热,亦即排斥。而我们的地球本身只是由于有太阳热才有生气,而且它本身在把这种太阳热的一部分转化为其他运动形式以后,最终也把所获得的太阳热放射到宇宙空间中去。因此,在太阳系中,特别是在地球上,吸引已经大大地胜过了排斥。如果没有太阳放射到我们这里的排斥运动,地球上的一切运动都一定会停止。倘若太阳明天就冷却,那么在其他条件不变的情况下,地球上的吸引还会和现在一样。100千克重的石头,只要还在原来的地方,就和原先一样还是重100千克。可是运动,无论是物体的还是分子和原子的运动,都会进入我们所想象的绝对静止状态。所以很清楚,对于在今天的**地球**上所发生的过程来说,是把吸引还是把排斥看做运动的主动的方面,即看做"力"还是看做"能",这决不是无关紧要的。相反,在今天的地球上,吸引由于明显地胜过排斥而变成**完全被动的**了;一切主动的运动都应归功于由太阳供给的排斥。因此,最新的学派——虽然它对运动关系的本性还不清楚——把"能"理解为排斥,这从事物本身来看,以及从**地球上的**过程来看,甚至从整个太阳系来看,都是完全正确的。

"能"这个词确实没有把整个运动关系准确地表达出来,因为它只包括这种关系的一个方面,即作用,而没有包括反作用。它还会造成这样一种假象:"能"是物质以外的某种东西,是植入物质中的某种东西。但是和"力"这个词比起来,无论如何还是宁可选择"能"这个词。

力的观念,如各方面所承认的(从黑格尔起直到亥姆霍兹止），是从人的机体在其周围环境中的活动借用来的。我们说肌肉力、双臂上举力、腿的弹跳力、肠胃的消化力、神经的感觉力、腺的分泌力等等。换句话说，为了不必对我们机体的某种机能所引起某种变化的真实原因作出说明，我们就塞进某种虚构的原因，某种和这个变化相当的所谓力。然后我们又把这种偷懒的办法搬用于外在世界，这样，有多少种不同的现象，便虚构出多少种力。

自然科学（天体的和地球上的力学或许是例外）还在**黑格尔**的时代已经处于这种质朴的发展阶段，而黑格尔已经完全正当地抨击当时流行的把什么都命名为力的手法（引证一段话）**125**。他在另一个地方也指出：

"说磁石有灵魂〈如泰勒斯所说的〉，比说它有吸引力更好些；力是一种属性，它可以和物质分离开来，可以认为是一个宾词；而灵魂则是磁石的这种运动，同物质的本性是一回事。"（《哲学史》第 1 卷第 208 页）①

现在我们已经不像当初那样轻易地谈论各种力了。且听听亥姆霍兹的说法：

"当我们完全认识某一自然规律的时候，我们也一定会要求它毫无例外地起作用……　这样，规律在我们面前就表现为一种客观的力量，因此，我们把它叫做力。例如，我们把光的折射定律客观化，把它看做透明实体的一种折射力；把化学亲和性定律客观化，把它看做各种不同物质间的亲和力。我们同样地说金属的电接触力，说附着力、毛细作用力等等。这些名称把一些规律客观化了，这些规律起初只涵盖了一小批条件还相当复杂的自然过程……　力只是作用的客观化了的规律……　我们所引进的力的抽象概念，只补充了这样一层意思：我们没有任意编造这个规律，它是现象的无法违抗的规律。这样，我们旨在把握自然现象即发现其规律的要求，就采取了另外

---

① 黑格尔《哲学史讲演录》第 1 卷 1833 年柏林版。——编者注

的表述形式,这就是:我们应当去探究构成现象的原因的力。"(上引书,第190页。1869年在因斯布鲁克的报告)

首先,把关于力的纯主观的概念,塞到一个已认定为不以我们的主观为转移的、从而是完全客观的自然规律中去,这无论如何是一种奇特的"客观化"方法。干这种事情的充其量只是一个墨守成规的老年黑格尔派,而不应当是亥姆霍兹这样的新康德主义者。当我们把某种力硬塞进已经确定的规律中去的时候,我们既没有给这个规律,也没有给它的客观性或它的作用的客观性添加哪怕一点点新的客观性;所添加的只是我们的主观的论断:这个规律靠着某种暂时还完全未被认识的力而起作用。但是,当亥姆霍兹给我们举出光的折射、化学亲和性、接触电、附着、毛细现象这些例子,并把支配这些现象的规律提高到力这个"客观的"显贵等级上去的时候,这种在规律中塞进某种力的做法的隐秘含义立刻就显露出来了。

"这些名称把一些规律客观化了,这些规律起初只涵盖了一小批条件还相当复杂的自然过程。"

正是在这里,"客观化"(实际上是主观化)有了某种意义:并不是因为我们完全认识了规律,而恰好是因为我们不认识它,因为我们还不清楚这些现象的"相当复杂的条件",所以我们在这里有时把"力"这个词当做避难所。可见,我们由此不是表明我们对规律的本性及其作用方式具备科学知识,而是表明我们缺少这方面的科学知识。从这种意义上说,"力"这个词作为尚未探明的因果关系的略语,作为语言上的权宜之计,日常还是可以使用的。但是超过了这一点,那就糟了。如果亥姆霍兹有权利用所谓光的折射力、电接触力等等来解释物理现象,那么中世纪的经院哲学家就同样有权利用热力和冷力来解释温度的变化,从而就用不着对热这个现象作任何进一步的研究了。

即使从这个意义上来说,"力"这个词也是不确切的,因为它对一切事物都作了片面的表述。一切自然过程都有两个方面,它们建立在至少两个发生作用的部分的关系上,建立在作用和反作用上。可是,由于力的观念来源于人的机体对外界的作用,再者也来源于地球上的力学,所以它包含的意思是:只有一个部分是主动的、发生作用的,而另一部分是被动的、接受作用的;这样一来,就把两性的差异推广到无生命的存在物上去,而对此直到现在却不能作出证明。力作用于另一部分所产生的反作用,最多只表现为一种被动的反作用,表现为一种**阻抗**。这种看问题的方法甚至在纯粹力学以外的许多领域里也是行得通的,因为在这些领域里涉及的只是运动的简单的转移及其量的计算。但是在比较复杂的物理过程中这就不够了,亥姆霍兹自己的例子就证明了这一点。光的折射力在光本身中和在透明物体中一样多。在附着和毛细现象中,"力"在固体表面上和在液体中肯定一样多。关于接触电,有一点无论如何是没有问题的,即在这里有**两块**金属各自起着作用;而"化学亲和力"如果存在于什么地方的话,那无论如何是存在于起着化合作用的**两个**部分中。但是,由两个分开的力所构成的一种力,一种不引起反作用、却在自身中包含和承载着这种反作用的作用,决不是地球上的力学所说的力,而这门科学正是让我们真正明白力的含义的唯一科学。要知道,地球上的力学的基本条件,首先是不去研究碰撞的原因,即每一种情况下的力的本性,其次是关于力的片面性的观点,它认为同这个力相对抗的是一种在任何地方都总是和自身相等的重力,这也就是说,同地球上的任何物体降落的距离比起来,地球半径都被认为等于无限大。

我们现在进一步看看亥姆霍兹怎样把他的"力""客观化",使之成为自然规律。

在1854年的一篇讲演(上引书,第119页)中,他研究了构成我们的太阳系的星云球体最初所包含的"做功的力的蕴藏"。

"事实上,它不过是以它的各个部分彼此间的万有引力的形式获得这方面的一套极为巨大的妆奁。"

这是无可怀疑的,但是,同样无可怀疑的是,这一整套由重力或引力构成的妆奁依然完好无损地保存在现在的太阳系中,也许要除去一个微不足道的量,这个量是同可能一去不复返地抛到宇宙空间中去的物质一道丧失的。接着说:

"各种化学力必定也是既有的,已准备好起作用的;但是,各种物质只有发生最紧密的接触,这些力才能起作用,所以在它们开始起作用以前,一定要发生凝缩现象。"[第120页]

如果我们像亥姆霍兹在前面所说的那样,把这些化学力看做亲和力,即看做**吸引**,那我们在这里也不得不说,这些化学吸引力的总和依然丝毫未减地继续存在于太阳系中。

但是在同一页上,亥姆霍兹还叙述了他的计算的结果:

在太阳系中"最初的机械力现在大约只有$\frac{1}{454}$还原样存在着"。

这怎么能和上面所说的相一致呢?引力,无论是万有引力或是化学吸引力,都依然完好地存在于太阳系中。亥姆霍兹并没有指出力的某个其他的确实来源。当然,按照亥姆霍兹的说法,这些力已经做了巨大的功。但是这些力并没有因此而增加或减少。太阳系中的每一个分子乃至整个太阳系本身的状况，都和前面的例子中的钟锤的情形相同。"重锤的重量既没有失去，也没有减少。"一切化学元素的状况都和前面说过的碳和氧的情形一样：每种元素既有的总量依然原样保存着，而"全部亲和力也和以前一样强"。那么我们失去了什么呢？是什么样的"力"做了据他计算相当于太阳系现在能做的功的453倍的巨大的功呢？到目前为止，亥姆霍兹没有给我们提供任何答案。不过他进一步又说：

"我们不知道，［原始星云球体中］是否另外还有以热的形态存在的力的蕴藏。"［第120页］

但是，请让我说几句。热是一种排斥的"力"，因而是**逆着**重力和化学吸引的方向起作用的，假设重力和化学吸引为正，它就是负。因此，既然亥姆霍兹以万有**吸引**和化学**吸引**来构成他的力的原始蕴藏，那就不应当把此外还存在着的热的蕴藏算到这个力的蕴藏中去，而应当从中减掉。否则情况应当是这样：当太阳热正好**逆着**地球的引力把水变成水蒸气并使水蒸气上升的时候，太阳热必定**增强**地球的引力；或者用来输送水蒸气的发烫的铁管所具有的热必定**增强**氧和氢的化学吸引。可是它实际上恰恰会使这种吸引不起作用。所以，当亥姆霍兹设想一定量的**排斥**运动可以以热的形式加到**吸引**形式的运动上去，并增加后者的总量时，他犯了一个明显的计算错误。

或者，我们可以以另外的形式来说明这同一个问题：假设星云球体半径为 r，因而体积为 $\frac{4}{3}\pi r^3$，其温度为 t。再假设另一质量相同的星云球体在较高的温度 T 之下有较大的半径 R 和体积

$\frac{4}{3}\pi R^3$。显然,在第二个星云球体中,只有当它的半径从 R 缩小到 r,即把相当于温度差 $T{-}t$ 的热放射到宇宙空间中去的时候,吸引,无论是力学的吸引或是物理的和化学的吸引,才能和第一个星云球体中的吸引以同样的强度发生作用。所以较热的星云球体比较冷的星云球体要凝缩得晚一些,因而从亥姆霍兹的观点看来,热作为凝缩的障碍,就不是"力的蕴藏"的正量,而是负量。

这所有的"力的蕴藏",不管是可能存在的,还是可能加以证实的,我们都冠以同样的符号,使它们可以相加。因为我们暂时还不能使热转换,不能用等量的吸引来代替热的排斥,所以我们不得不在两种吸引的形式下来实现这种转换。于是我们就干脆用气团自身独立化的那一时刻存在于其中的排斥运动或所谓的能的总和,来代替万有引力,代替化学亲和力,代替那些一开始可能就在这些力之外存在着的热。这样,亥姆霍兹的下述计算就理顺了,在这里他要计算的是

"由于太阳系各天体从弥漫的星云物质发生假设的最初的凝缩而必定出现的变热现象"[第 134 页]。

他就这样把全部"力的蕴藏"都归结为热,归结为排斥,从而就可以把想象的"热这样一种力的蕴藏"加到"力的蕴藏"上去。于是他的计算表明:最初存在于气团中的全部能量(即排斥)的 $\frac{453}{454}$,已经以热的形态放射到宇宙空间中去,或者确切地说,现在的太阳系中的一切吸引的总和,与太阳系中还存在着的一切排斥的总和之比,是454:1。但是这样一来,这些计算就和拿这些计算来作例证的讲演的本文发生矛盾了。

关于力的观念甚至在亥姆霍兹这样的物理学家那里都引起了

这样的概念混乱,这就最好不过地证明,它在计算力学范围以外的任何研究部门中,在科学上都是不适用的。在力学中,运动的原因被当做已知的,人们关心的不是运动的起源,而只是运动的作用。因此,如果有人把某种运动的原因称做某种力,这丝毫无损于力学本身;但是人们习惯于把这个名称也搬到物理学、化学和生物学中去,这样一来混乱就不可避免了。这一点我们已经看到而且还会常常看到。

关于功的概念,我们在下一章中再谈。

(应当阐明功这种运动的传递及其形式的概括。)

［札记和片断］

［11］

终极的原因——物质及其固有的运动。这种物质**并不是抽象**。就是在太阳中,一个个实物都是分解了的,并且在它们的作用上是没有差别的。而在**星云的气团**中,一切实物虽然彼此分离地存在着,却**融合为纯粹的物质本身**,即仅仅作为物质起作用,而不以自己的特殊属性起作用。

———

(此外,在黑格尔那里,起作用的原因和终极的原因的对立也已经在相互作用的范畴中被扬弃了。)[1]

---

[1] 参看黑格尔《逻辑学》第 2 编《本质论》(《黑格尔全集》第 4 卷)1841 年柏林第 2 版第 231—235 页。——编者注

[26]

原始物质。

"关于物质本来就存在并且自身没有形式的观点,是很古老的,在希腊人那里我们就碰到过,它最初是以混沌这一神话形式出现的,而混沌被设想为现存世界的没有形式的基础。"(黑格尔《全书》第 1 部第 258 页)①

我们在拉普拉斯那里又看到这种混沌,星云就近似于它,这种星云也只具有形式的**萌芽**。此后便发生了分化。

[153]

通常都把**重量看做物质性的最一般的规定**。这就是说,吸引是物质的必然属性,而排斥却不是。但是吸引和排斥像正和负一样是不可分的,因此,根据辩证法本身就可以预言:正确的物质理论必定认为排斥具有和吸引同样重要的地位;只以吸引为基础的物质理论是错误的,不充分的,片面的。事实上已经有足够的现象预示了这一点。仅仅由于光的缘故,以太**33**就是不可缺少的东西。以太是否是物质的东西呢?如果它确实**存在着**,它就必定是物质的,必定归入物质概念。但是它没有重量。彗尾被认为是物质的。它们显示出很强的斥力。气体中的热会产生斥力,等等。

[123]

吸引和重力。整个重力论是建立在吸引是物质的本质这种说

_____

① 见黑格尔《哲学全书纲要》第 1 部(即《小逻辑》)第 128 节附释。——编者注

法的基础上的。这当然是不对的。凡是有吸引的地方,它都必定被排斥所补充。所以黑格尔说得完全正确:物质的本质是吸引和排斥。① 事实上,我们越来越不得不承认:物质的离散有一个界限,达到这个界限,吸引就转变成排斥;反之,被排斥的物质的凝缩也有一个界限,达到这个界限,排斥就转变成吸引。

［ 13 ］

吸引转变成排斥和排斥转变成吸引,这在黑格尔那里是神秘的,但是,事实上他在这里预言了以后自然科学上的发现。就是在气体中也存在着分子的排斥,而在更稀薄的离散的物质中,例如在彗尾中,更是如此,在那里排斥甚至以非常巨大的力起着作用。甚至在这里黑格尔也显示出他的天才,他把吸引看成是从作为首位的东西的排斥中派生出来的第二位的东西:太阳系不过是由于吸引渐渐超过原来占支配地位的排斥而形成的。——由热产生的膨胀=排斥。气体动力学。

［ 39 ］

物质的可分性。这个问题对于科学来说实际上是无关紧要的。我们知道,在化学中,可分性是有一定的界限的,超出这个界限,物体便不能再起化学作用——原子;几个原子总是结合在一起——分子。同样,在物理学中,我们也不得不承认有某种——对物理学的观察来说——最小的粒子;它们的排列制约着物体的形

---

① 参看黑格尔《自然哲学讲演录》1842 年柏林版第 262 节第 67 — 68 页。——编者注

式和内聚力,它们的振动表现为热等等。但是,物理学上的分子和化学上的分子究竟是相同的还是不同的,我们直到现在还毫无所知。——黑格尔很容易就把这个可分性问题应付过去了,因为他说:物质既是两者,即可分的和连续的,同时又不是两者。**126**这不是什么答案,但现在差不多已被证明了(见第5张第3页下端:克劳修斯①)。

[3]

可分性。哺乳动物是不可分的,爬行动物还能再生出一只脚来。——以太波可以分割并且可以计量到无限小。——实际上,每一物体在一定的界限内,例如在化学中,都是可分的。

[30]

"它〈运动〉的本质应该是空间和时间的直接统一……空间和时间都属于运动;速度作为运动的量,是与流逝的特定时间成比例的空间。"(《自然哲学》第65页)"空间和时间充满着物质……正如没有无物质的运动一样,也没有无运动的物质。"(第67页)②

[60]

力。③ 黑格尔(《哲学史》第1卷第208页)说:

---

① 恩格斯援引札记《气体动力学》(见本书第276页),在《自然辩证法》手稿中,这篇札记写在第5张对折页稿纸的第3页的末尾。——编者注
② 见黑格尔《自然哲学讲演录》1842年柏林版第261节附释。——编者注
③ 恩格斯在《运动的基本形式》中利用过这篇札记(见本书第144页)。——编者注

"说磁石有灵魂〈如泰勒斯所说的〉，比说它有吸引力更好些；力是一种属性，它可以和物质分离开来，可以认为是一个宾词；而灵魂则是磁石的这种运动，同物质的本性是一回事。"

[61]

海克尔《人类起源学》第 707 页：

"根据唯物主义的世界观，物质或实物的存在早于运动或活力；实物创造了力！"这和断言力创造了实物是同样错误的，因为力和实物是不可分的。①

他是从什么地方得到他的唯物主义的呢？

[38]

机械运动。在自然科学家那里，运动总是不言而喻地被看成等于机械运动，位置移动。这种看法是从化学产生前的 18 世纪遗留下来的，它大大妨碍了对各种过程的清楚的认识。运动应用于物质，就是**一般的变化**。出于同样的误解，还产生了想把一切都归结为机械运动的狂热——甚至格罗夫也

"强烈地倾向于相信物质的其他属性是运动的各种样式或者最终会归结为运动的各种样式"（第 16 页）**127**，

这样就把其他运动形式的特殊性抹杀了。这决不是说，每一种高级的运动形式并不总是必然与某种真正机械的（外部的或分子的）运动联系在一起的，正如高级的运动形式同时还产生其他的运动形式一样，正如化学反应不能没有温度变化和电的变化，有机

---

① 参看恩·海克尔《人类起源学或人类发展史》1874 年莱比锡版第 707—708 页。——编者注

生命不能没有机械的、分子的、化学的、热的、电的等等变化一样。但是,这些次要形式的存在并不能穷尽各种主要形式的本质。终有一天我们肯定可以用实验的方法把思维"归结"为脑中的分子运动和化学运动,但是这样一来难道就穷尽了思维的本质吗?

[32]

运动和平衡。平衡和运动是分不开的。① 在天体的运动中,存在着**平衡中的运动**和**运动中的平衡**(相对的)。但是,任何特殊的相对的运动,即这里的一个运动着的天体上的单个物体的所有单个运动,都趋向于实现相对静止即平衡。物体相对静止的可能性,暂时的平衡状态的可能性,是物质分化的本质条件,因而也是生命的本质条件。在太阳上没有单个物体的平衡,而只有整个物体的平衡,或者说只有一种极微不足道的、由密度的显著差异所制约的平衡,而在表面上则是永恒的运动和不平静,离解。在月球上似乎只有平衡占统治地位,没有任何相对的运动——死亡(月球=否定性)。在地球上,运动分化为运动和平衡的变换:单个运动趋向平衡,而总体运动又破坏单个平衡。岩石进入静止状态,但是剥蚀,海浪、河流、冰川的作用,不断地破坏这个平衡。蒸发和雨,风,热,电和磁的现象,也造成同样的景象。最后,在活的有机体中我们看到一切最小的单位和较大的器官的持续不断的运动,这种运动在正常的生存时期以整个有机体的持续平衡为其结果,然而又始终处在运动之中,这是运动和平衡的活的统一。

　一切平衡都只是**相对的和暂时的**。

———————

① 恩格斯在此处页边上写着:"平衡=吸引胜过排斥"。——编者注

［ 169 ］

（1）天体的运动。吸引和排斥在运动中的近似平衡。**128**

（2）一个天体上的运动。物体。只要这种运动是由纯粹机械的原因所引起,也就存在着平衡。物体**静止**在自己的基础上。在月球上这种静止看来是完全的。机械的吸引克服了机械的排斥。从纯粹力学的观点看来,我们不知道从排斥中发生了什么,而且纯粹力学也没有说明,例如在地球上使物体**反**重力而运动的"力"究竟从何而来。纯粹力学视这一事实为已知的。所以,这里讲的只是具有排斥、分离作用的位移运动由物体传递给物体,这时吸引和排斥是相等的。

（3）但是,地球上异常多的种种运动,都是一种运动形式向另一种运动形式的转化(机械运动向热、电、化学运动的转化),是每一种运动形式向任何其他运动形式的转化;所以,或者是吸引转化为排斥——机械运动转化为热、电、化学分解(这种转化是原来**上升的**机械运动转化为热,而不是**下降的**机械运动转化为热,后者只是假象而已)①。

（4）现在在地球上起作用的全部能量,都是由太阳热转化来的。

［ 29 ］

运动不灭已经表现在**笛卡儿**的下述命题中:**宇宙永远保持着**

---

① 根据行文,在句末还应当有个"或者是"。可以推测,恩格斯还想指出:或者是排斥转化为吸引。——编者注

同量的运动。**129**自然科学家把这一点表达为"力的不灭",这是不完全的。笛卡儿仅仅从量上加以表达,也同样是不充分的:运动本身作为物质的本质活动,作为物质的存在形式,和物质自身一样,是不灭的,其中包括量的方面。这就是说,在这里哲学家的理论也是在 200 年之后才被自然科学家所证实。

［ 115 ］

能量守恒。运动的**量的**不变性已经由笛卡儿指出了,并且使用的是和现在(克劳修斯,罗伯特·迈尔,麦克斯韦?)差不多相同的说法。而运动**形式**的转化却从 1842 年起才被发现,而且新的东西正是这一点,而不是有关量的不变性的定律。

［ 37 ］

运动不灭。格罗夫书中有很精彩的一段,第 20 页及以下几页。**130**

［ 138 ］

力和力的守恒。须引用尤·罗·迈尔的最初两篇论文中的几段话来反驳亥姆霍兹①。

［ 28 ］

力。任何运动如果从一个物体转移到另一个物体,那么,**只要这一运动是自己转移的**,是主动的,就可以把它看做是**被转移的、**

---

① 见本书第 142 页。——编者注

被动的运动的原因。于是,这个原因,这一主动的运动,就表现为**力**,而被动的运动就是力的**表现**。根据运动不灭定律,从这里自然而然地就得出结论:力和力的表现是同样大的,因为在两种情况下出现的是**同一个运动**。但是,自己转移的运动或多或少在量上是可以规定的,因为它出现在两个物体上,而这两个物体中间的一个,可以作为量度单位去量度另一个物体的运动。运动的可量度性使**力**这个范畴具有它的价值,否则力就没有什么价值了。因此,运动越是可以量度,力和力的表现这些范畴在研究上就越有用处。因此,这些范畴在力学中特别有用,在那里,力还进一步地被分解,被看做复合的东西,从而时常得到新的结果,可是,不要忘记,这不过是头脑中的运算罢了。如果把力的平行四边形所表示的真正合力的类比应用到真正简单的力上,那么这些简单的力并不因此就变为真正的合力。在静力学中也是如此。其次,在其他运动形式转变为机械运动形式(热、电、吸铁时的磁)时也是如此,在这里,原来的运动可以用产生出来的机械作用来量度。但是就在这里,在各种不同的运动形式同时被考察时,"**力**"这一范畴或简称的局限性已经显露出来了。没有一个像样的物理学家再把电、磁、热简单地称为**力**,正如不再把它们称为**物质**或不可量物一样。当我们知道一定量的热运动转变为若干量的机械运动的时候,我们还一点也不知道热的性质,虽然对这些转变的研究是探讨热的性质所必需的。把热看做一种运动形式,这是物理学上最近的进步,而且这样一来,力这一范畴在这种形式上就被取消了:在某些情况下——在转移的情况下——这些运动形式可以表现为力,并因而可以量度。例如,热可以用受热的物体的膨胀程度来量度。如果在这里热没有从一个物体转移到另一个物体(充当尺度的物体),

就是说,如果充当尺度的物体的热没有发生变化,那就谈不上什么量度,谈不上什么数量变化了。人们简单地说:热使物体膨胀;然而,如果说热具有使物体膨胀的力,这就不过是同义反复,至于说热是使物体膨胀的力,那就不确切了,因为(1)用别种方法也可以产生膨胀,例如在气体中,(2)这样并没有把热完全表现出来。

一些化学家也谈到化学力,说它是产生和保持化合物的一种力。但是在这里并没有真正的转移,而只是不同物体的运动合在一起,这样,"力"在这里就遇到了自己的界限。但是这个"力"还可以用产生的热来量度,然而直到今天并没有多大结果。"力"在这里成了纯粹的空话,就像在任何这样的地方一样,在这些地方,人们不去研究没有研究过的运动形式,而是**虚构**某种所谓的力来解释这些运动形式(例如,用浮力来说明木块在水上浮起,用光的反射力来说明光的反射作用等等),于是有多少种不能说明的现象,便有多少种力,而外部的现象恰好仅仅被翻译成一种最纯粹的空话。[125](引力和斥力的提法倒还说得过去,在这里,物理学家们所不能说明的许多现象都总括在一个共同的名称之下,这个名称暗示出某种内在的联系。)

最后,在有机界中,力这一范畴是完全不够的,可是人们不断地使用它。当然,人们可以根据肌肉的机械作用,把肌肉的活动叫做肌肉力,而且也可以把它量度出来;甚至还可以把其他可量度的机能看做力,例如,不同的胃的消化力,但是这样立刻会产生荒谬的东西(例如,神经力),在这里无论如何只能在十分有限的和借喻的意义上谈论力(日常的说法:恢复力量)。但这种不经之谈引起了生命力的说法。如果这里是想说,机体中的运动形式不同于机械的、物理学的和化学的运动形式,它扬弃后几种运动形式而把它们包含在自身之中,那么这种说法是站不住脚的,特别是因为力——它以运动的转移为前提——在这里表现为某种从外部导入机体的东西,而不是机体所固有的、和机体分不开的东西,因此,生命力就成了一切超自然主义者的最后避难所。

缺点:(1)力通常是被当做某种独立存在的东西(黑格尔《自然哲学》第79页①)。

(2)**潜在的、静止的力**——这要从运动和静止的关系来说明(惯性、平衡),而在说明时还需要研究力的激发问题。

［ 31 ］

力(见上述)。运动的转移当然只是在**所有**各种条件齐备的时候才会发生,这些条件常常是多种多样的和复杂的,特别是在机器中(蒸汽机,装有枪机、撞针、火帽和火药的枪支)。如果缺少**一个条件**,那么在这个条件产生以前,转移是不会发生的。于是,人们对这种情况就可能产生这样的想象:力似乎只有依靠这最后一个条件的帮助才被**激发**起来,力似乎**潜藏**于某一物体即所谓力的载体(火药、煤炭)之中。但是在这里,实际上不仅要具备这个物体,而且还要具备其他的一切条件,才能引起这个特殊的转移。——

力的观念对我们来说是自然而然地产生的,这是因为在我们自己身上就有使运动转移的手段,这些手段在某种限度内可以受我们的意志支配而运作起来,特别是双臂的肌肉,我们可以用它来

---

① 黑格尔《自然哲学讲演录》(《黑格尔全集》第 7 卷第 1 部)1842 年柏林版。——编者注

使别的物体发生机械的运动,即位置移动,可以用它来举、持、掷、击等等,并因此得到一定的效果。在这里,运动好像是**产生出来**的,而不是转移过来的,于是就引起这样一个观念:仿佛力真的**产生运动**。肌肉力也不过是运动的转移,这在今天才在生理学上得到了证明。

[181]

如果说,黑格尔把力和力的表现、原因和结果理解为同一的东西,那么,这从物质的形式变换中得到了证明,在这种变换中等价性已在数学上得到证明。这种等价性在量度上早已被承认了:力用力的表现来量度,原因用结果来量度。

[35]

力。还得分析消极的方面——和运动的转移相对立的阻抗。

[171]

运动的量度——功[131]

"相反,直到现在我仍然发现:这个领域中的基本概念〈即"功及其不变性的基本物理概念"〉,对于那些没有研习过数理力学的人来说,不管他们多么努力,多么有才华,甚至还有相当高的自然科学造诣,都是很难理解的。不能否认,这是一种十分特别的抽象。甚至像伊·康德这样有才智的人也不是轻而易举就能领悟的,这从他和莱布尼茨在这个问题上的争论就可以得到证明。"

这段话是亥姆霍兹说的(《通俗科学讲演集》第 2 册序言)。

这样，我们现在就冒险进入了一个十分危险的领域,何况我们不好冒昧地让读者去"研习数理力学"。但是,也许事实表明:在问题涉及到概念时,辩证思维至少可以像数学计算那样管用。

伽利略一方面发现了落体定律,依照这个定律,落体经过的距离和下落所用的时间的平方成正比。另一方面,他又提出一个如我们将会看到的同这个定律不完全符合的命题:一个物体的运动量(它的冲量或动量)是由质量和速度决定的,所以在质量不变时它与速度成正比。笛卡儿采取了后一命题,把运动物体的质量和速度的乘积一般地看做物体运动的量度。

惠更斯已经发现:在弹性碰撞时,质量和速度平方的乘积之和,在碰撞前后是不变的,而且类似的定律,对于联成一个系统的各个物体的其他各种运动情况,也是适用的。

莱布尼茨是看出笛卡儿的运动量度和落体定律相矛盾的第一个人。另一方面,不能否认,笛卡儿的运动量度在许多情况下是正确的。因此,莱布尼茨把运动力分为死力和活力。死力是静止物体的"压力"或拉力,其量度是物体的质量同物体由静止状态转入运动时的运动速度的乘积;至于活力的量度,即物体的真正运动的量度,他则认为是质量和速度平方的乘积。而且,他是直接从落体定律导出这种新的运动量度的。莱布尼茨的结论是:

"把4磅重的物体提升1英尺和把1磅重的物体提升4英尺,需要同样的力;但是运动距离和速度的平方成正比,因为,物体下落4英尺,其速度两倍于下落1英尺。而物体下落时获得把物体提升到原有高度所需要的力;所以这两种力都和速度的平方成正比。"(苏特尔《数学史》第2卷第367页)

但是他进一步又证明了:运动的量度 mv 和笛卡儿关于运动量守恒的命题是矛盾的,因为,如果这一量度真正有效,那么力

（即运动量）在自然界中就会不断地增加或减少。他甚至设计了一种仪器（《学术纪事》[132]，1690年），如果 mv 这一量度是正确的，这种仪器就必然成为不断获得力的永动机，而这是荒谬的。近来，亥姆霍兹又常常使用这种论据。

笛卡儿派竭力抗争，于是发生了一场著名的延续多年的争论，康德在他的第一部著作（《关于活力的正确评价的思想》，1746年）[133]中也参加了这场争论，虽然他并没有弄清这个问题。今天的数学家们都十分轻蔑地看待这场"无结果的"争论，这场争论

"延续了四十多年，使欧洲的数学家分成了两个敌对的阵营，直到最后，达兰贝尔才以他的《动力学》（1743年）一书，俨然以最后裁决的形式结束了这场只能说是无益的文字争论"（苏特尔，上引书第366页）。

但是，看来还不能把争论的问题这样完全归结为一场无益的文字争论，因为争论的问题是由莱布尼茨这样的人物针对笛卡儿这样的人物提出来的，而且康德这样的人物也探讨了这个问题，并为此写了他的第一部相当有分量的著作。的确，说运动有两种互相矛盾的量度，一会儿说它和速度成正比，一会儿又说它和速度平方成正比，怎样才能使之协调一致呢？苏特尔把事情看得很容易。他说，两种说法都对也都不对；

"'活力'这个用语一直沿用至今；但是它不再被看做力的量度，而只是一度用来表示质量和速度平方的一半的乘积这一力学中很有意义的东西"［第368页］。

由此可见，mv 仍是运动的量度，而活力只是 $\dfrac{mv^2}{2}$ 的另一种表达，关于这一公式，我们虽然知道它在力学中很有意义，可是现在确实不知道它的意义何在。

　　我们且把那用来救命的《动力学》拿在手上,仔细读一下达兰贝尔的"最后裁决"。它就写在**序言**里。

　　那里说:在正文中根本没有谈这整个问题,因为"这个问题对于力学来说毫无用处"。［第 XVII 页］

　　这对**纯粹计算**的力学来说是完全正确的,在这样的力学中,正像以上我们在苏特尔那里看到的,文字标记不过是代数公式的另一种表达,另一种名称,就这些名称来说,最好根本别去费脑筋。

　　但是,由于有如此重要的人物探讨过这个问题,所以达兰贝尔也愿意在序言中简略地考察一下这个问题。他认为,人们只要头脑清醒,就会把运动物体的力仅仅理解为物体克服障碍或抵抗障碍的特性。所以,力既不能用 mv 去量度,也不能用 mv^2 去量度,而只能用障碍和这些障碍的阻抗来量度。

　　障碍有三种:(1)不可克服的障碍,这种障碍可以使运动完全消失,所以在这里用不着考察;(2)其阻抗刚好足以使运动停止,而且这是一瞬间做到的:平衡的情况;(3)只能逐渐使运动停止的障碍:减速运动的情况。［第 XVII—XVIII 页］"大家都会同意:当两个物体的质量与其虚速度(即物体即将开始运动的速度)的乘积彼此相等时,这两个物体便处于平衡状态。所以在平衡中,质量和速度的乘积,即运动量,是可以代表力的。大家也都会同意:在减速运动的情况下,被克服的障碍的数目和速度的平方成正比,因此,如果一个物体例如在某一速度下可以压缩一根弹簧,那么在速度为两倍时就可以同时或连续压缩四根而不是两根同样的弹簧,当速度为三倍时可以压缩九根,依此类推。于是活力的拥护者〈莱布尼茨派〉便由此得出结论:运动中的物体的力,一般是同质量和速度平方的乘积成正比。其实,如果力的量度在平衡状态中和在减速运动中有所不同,这又有什么不方便呢?因为,只要用明确的概念来进行推论,他就应把**力**这个词仅仅理解为克服障碍或抵抗障碍时所发生的那种作用。"(法文第 1 版序言第 XIX—XX 页)

　　但是达兰贝尔毕竟是一位哲学家,他不会不明白用如此轻而易举的办法是摆脱不了同一个力有双重量度这一矛盾的。因此,在他实际上只是重复了莱布尼茨已经说过的话(因为他的"平衡"和莱布尼茨的"死压力"是一回事)之后,突然又转向笛卡儿派,找到下面这样一条出路:

mv 这一乘积甚至在减速运动的情况下也可以看做力的量度,"只要在这种情况下不是用障碍的绝对量去量度力,而是用这些障碍的阻抗的总和去量度力。毋庸置疑,阻抗的这个总和是与运动量〈mv〉成正比的,这是因为,如大家所公认的,物体在每一瞬间所失去的运动量同阻抗与无限小的时间段的乘积成正比,而这些乘积的总和显然表示全部阻抗"。这后一种计算方式在他看来更为合理,"因为一个障碍只有当它产生阻抗时才成其为障碍,阻抗的总和恰当地表示被克服的障碍;此外,这样量度力还有一个好处,就是说平衡和减速运动就有了一种共同的量度"。但是究竟怎样行事,不妨各随其便。[第 XX—XXI 页]

这样,他用一种数学上不正确的方法(这一点连苏特尔也是承认的)自认为解决了问题,随后,他在序言的末尾对他的前辈们的思想混乱作了令人不快的评述,并且断言:从以上的评述看来,这只能是一场毫无价值的形而上学的争论,甚至是一场更加不足取的纯粹文字争论。

达兰贝尔的调和建议可归结为下列计算:

质量为1,速度为1,在单位时间内可压缩1根弹簧。

质量为1,速度为2,可压缩4根弹簧,但要用2个单位时间,即在每个单位时间内只能压缩2根弹簧。

质量为1,速度为3,在3个单位时间内可压缩9根弹簧,即在每个单位时间内只能压缩3根弹簧。

所以,如果用所需要的时间去除效果,我们就又从 mv^2 回到 mv 了。

这正是卡特兰以前用来批驳莱布尼茨的那个论据[134]:的确,

一个速度为 2 的物体抵抗重力而上升的高度，是速度为 1 的物体上升高度的 4 倍，但是所需时间为 2 倍；所以，运动量应除以时间，结果等于 2，而不等于 4。十分奇怪，苏特尔的观点也是这样。他去除了"活力"这一用语的全部逻辑含义，只给它留下了数学含义。其实，这是很自然的。在苏特尔看来，问题是要把 mv 这一公式拯救出来，把它作为运动量的唯一量度；所以，mv^2 就合乎逻辑地要被牺牲掉，以便在数学的天国里变容复活。

不过，如果说卡特兰的论据构成一座连接 mv 和 mv^2 的桥梁，因而是有价值的，这倒是对的。

达兰贝尔之后的力学家们根本没有接受他的最后裁决，因为他的最后裁决是有利于以 mv 为运动的量度的。他们抓住他在表述莱布尼茨对死力和活力的区分时所说的话：对于平衡，即对于静力学来说，mv 是有效的；对于受阻碍的运动，即对于动力学来说，mv^2 是有效的。这种区分虽然大体上是正确的，但是在这种形式下，它并不比那位军士的著名解决办法有更多的逻辑含义：这位军士值班时总是说"对我"，在下班后总是说"使我"[135]。大家都默认这种区分：既然事已如此，我们就无法去改变，即使这种双重量度有矛盾，我们又有什么办法呢？

例如，汤姆生和泰特在《自然哲学论》（1867 年牛津版）第 162 页上说：

"一个没有自转的、运动着的刚体，其**运动量**或**动量**，与其质量和速度二者成正比。质量或速度增加一倍，运动量也增加一倍。"

紧接着又说：

"一个运动着的物体的**活力**或**动能**，与质量和速度的平方二者成正比。"

他们竟这样明显地把两种相互矛盾的运动量度并列在一起。对这个矛盾根本不想去说明,哪怕只是掩饰一下也不想去做。在这两位苏格兰人[136]的著作中,思维是被禁止的,只有计算才被容许。难怪他们当中至少有一个人,即泰特,被看做虔诚的苏格兰的最虔诚的基督徒了。

在基尔霍夫的关于数理力学的讲义①中,mv 和 mv^2 这两个公式完全不是**以这种形式**出现。

也许亥姆霍兹会帮助我们。他在《论力的守恒》中主张用 $\dfrac{mv^2}{2}$ 来表示活力②,这一点我们回头再来谈。接着他在第 20 页和以下几页略举了"活力〈即 $\dfrac{mv^2}{2}$〉守恒原理至今仍被应用和承认的几种情况"。其中的第二种情况是:

"只要不发生摩擦或非弹性体的碰撞,运动就可以由不可压缩的固体或流体来传递。在这些情况下,我们的一般原理通常表述为下列规则:由机械力所传递和改变的运动,其力的强度的减少与其速度的增加总是保持同一比例。因此,如果我们设想有一架机器靠某种过程而均匀地产生做功的力,重量 m 借助于这架机器以速度 c 向上升起,而重量 nm 借助于另一架机械装置向上升起,不过其速度为 $\dfrac{c}{n}$,那么,在这两种情况下,由机器在单位时间内产生的张力的量,都可以用 mgc 来表示,其中 g 表示重力的强度。"[第 21 页]

这样,这里又产生一个矛盾:与速度成简单比例而增减的"力的强度",竟不得不成为依速度平方而增减的力的强度守恒的证明。

当然,这里表明,mv 和 $\dfrac{mv^2}{2}$ 被用来规定两种完全不同的过程,

---

① 古·基尔霍夫《数学物理学讲义。力学》1877 年莱比锡第 2 版。——编者注
② 见海·亥姆霍兹《论力的守恒》1847 年柏林版第 9 页。——编者注

但是这一点我们老早就已经知道，因为 mv^2 不可能 $=mv$，除非 $v=1$。问题是要弄清楚，为什么运动会有两种量度，这种情况在科学中也和在商业中一样，是不允许的。因此，我们再试一试别的解决办法。

既然 mv 可以用来量度"由机械力所传递和改变的运动"，那么这种量度对于杠杆及其一切派生的形式，如滑轮、螺杆等等，一句话，对于传递运动的一切机械，都是适用的。但是，一种十分简单而又不是什么新的考察表明：在这里，在 mv 适用的场合，mv^2 也一样适用。我们来考察一下这样一个机械装置，在这个装置中，两边的杠杆臂的比是 4∶1，因而在这个装置中 1 千克的重物可以同 4 千克的重物保持平衡。这样，我们在一个杠杆臂上稍微加上一点力，使 1 千克上升 20 米；如果把同样的力加在另一个杠杆臂上，则可以使 4 千克上升 5 米，并且较重的重物下降所用的时间和另一个重物上升所需要的时间是一样的。质量和速度互为反比：mv，$1×20=m'v'$，$4×5$。反过来，我们让每个重物在上升以后又自由下落到原来的水平线上，则 1 千克的重物下落 20 米所达到的速度是 20 米（在这里，重力加速度用整数 10 米来表示，而不是 9.81 米）；另一个 4 千克的重物下落 5 米所达到的速度是 10 米。[137]

$$mv^2 = 1×20×20 = 400 = m'v'^2 = 4×10×10 = 400。$$

相反，下落所用的时间却是不一样的：4 千克下落 5 米，时间是 1 秒；1 千克下落 20 米，时间是 2 秒。摩擦和空气阻力在这里当然全都略去。

但是两个物体中的每一个从所在高度下落后，运动便停止了。所以，在这里 mv 表现为单纯传递的、也就是持续的机械运动的量度，而 mv^2 表现为已经消失的机械运动的量度。

其次,完全弹性体相碰撞的情形也是一样:mv 的总和与 mv^2 的总和在碰撞前后都是不变的。两个量度具有同样的效力。

非弹性体相碰撞时,情形就不同了。在这里,通行的初等教科书(高等力学几乎根本不再研究这类小问题)都说,mv 的总和在碰撞前后是一样的。相反,活力却有损失,因为,如果用碰撞前的 mv^2 的总和减去碰撞后的 mv^2 的总和,会留下一个总归是正的余数。这个量(或它的一半,这要视采取的观点而定)就是因碰撞物体的相互挤压和变形而减少的活力。这后一点现在是清楚明白的。前一论断,即 mv 的总和在碰撞前后不变,却不是如此。不管苏特尔怎么说,活力是运动,如果它的一部分丧失掉,运动也就丧失了。可见,要么 mv 在这里表示运动量并不准确,要么上述论断是错误的。总之,这整个定理是从这样一个时代承袭下来的,在这个时代,人们对运动的转化还毫无所知,因而只是在没有别的出路时才承认机械运动的消失。所以,mv 的总和在碰撞前后的相等,是由这一总和在碰撞前后不增不减来证明的。但是,既然物体由于没有弹性而发生相应的内部摩擦使活力有所损失,从而也就使速度有所损失,那么 mv 的总和在碰撞后必定比碰撞前小。既然在计算 mv^2 时,内部摩擦显得这样重要,那么在计算 mv 时就不应把它略去。

但是,这没有什么关系。即使我们承认这个定理,而且在计算碰撞后的速度时假定 mv 的总和不变,我们仍然可以发现 mv^2 的总和减少了。因此,mv 和 mv^2 在这里发生了冲突,而且是因为出现了实际消失的机械运动的量差。计算本身表明:mv^2 的总和准确地表示运动量,而 mv 的总和并未准确地表示运动量。

mv 应用于力学的各种情形大致上就是如此。下面我们来考

察一下应用 mv^2 的几种情形。

当炮弹发射出去的时候,无论它击中固体目标,或者因空气阻力和重力的作用而趋于静止,它在飞行过程中总要消耗一个和 mv^2 成正比的运动量。如果一列火车撞上另一列停着的火车,那么碰撞的激烈程度和相应的破坏程度,和这列火车的 mv^2 成正比。计算克服某一阻抗所需的机械力,同样要应用 mv^2。

但是,"克服某一阻抗"这一在力学家中非常流行的方便用语的含义是什么呢?

如果我们提升一个重物,克服了重力的阻抗,那么在这种情况下某个运动量即某个机械力的量便消失了,这个消失的运动量即机械力的量等于所提升的重物从它所达到的高度直接或间接下落到原来的水平线时重新产生的运动量即机械力的量。这个量可以用重物的质量同下落的最终速度的平方的乘积的一半即 $\dfrac{mv^2}{2}$ 来量度。那么提升重物时发生了什么呢? 机械运动或机械力本身消失了。但是它并没有化为乌有:按亥姆霍兹的说法,它转化为机械张力;[①]按现代人的说法,它转化为位能;按克劳修斯的说法,它转化为埃尔加勒[Ergal];[②]而且它可以在任何时候用任何力学上可行的方法重新转化为同它产生时所必需的机械运动等量的机械运动。位能只是活力的反面表现,反之亦然。

一颗 24 磅重的炮弹以每秒 400 米的速度击中一艘铁甲舰的一米厚的钢板而对钢板无显著影响。就是说,在这里消失的机械

---

① 海·亥姆霍兹《论力的守恒》1847 年柏林版第 13—14 页。——编者注
② 鲁·克劳修斯《力学的热理论》1876 年不伦瑞克版第 1 卷第 2 页。——编者注

运动等于 $\frac{mv^2}{2}$，即等于 $12\times400\times400\times\frac{1}{2}=960\ 000$ 千克米（因为 24 磅$=12$ 千克①）。这一运动变成什么了呢？一小部分消耗于钢板的震动及其分子移动。另一部分消耗于把炮弹爆炸成无数碎片。大部分则转化为热，使炮弹升温到炽热状态。1864 年，普鲁士人在驶向阿尔斯岛时用重炮轰击罗尔夫·克拉克号[138]的铁甲船舷，每命中一发，他们在黑暗中都看到突然变得炽热的炮弹所发出的闪光，而惠特沃思通过实验早已证明，射向铁甲舰的爆破弹无须安装雷管；炽热的金属本身就可以引燃炮弹中的炸药。如果以 424 千克米作为单位热量的机械当量[139]，那么和上述机械运动的量相当的是 2 264 单位的热量。铁的比热是 0.1140，也就是说，使 1 千克水的温度升高 1℃的热量（这一热量被当做热量单位），足以使 $\frac{1}{0.1140}=8.772$ 千克铁的温度升高 1℃。所以，上述 2 264单位的热量可以使 1 千克铁的温度升高 $8.772\times2\ 264=19\ 860°$，或使 19 860 千克的铁升高 1℃。因为这一热量均等地分布于舰身钢板和击中钢板的炮弹上，所以后者的温度便升高 $\frac{19\ 860°}{2\times12}=828°$，这就足以产生出相当高的炽热。但是，因为炮弹前端即与目标碰撞的一端所得到的热量必定占绝大部分，大约比后半截所得到的热量多一倍，所以前端的温度会上升到 1 104℃，而后半截的温度则上升到 552℃，即使我们把碰撞时实际作的机械功大打折扣，这也完全足以解释炽热效应。

机械运动在摩擦中同样也会消失，并以热的形式重新出现；大家知道，曼彻斯特的焦耳和哥本哈根的柯尔丁，对这两种相互关联

---

① 这里指的是德国磅，1 磅$=500$ 克。——编者注

的过程作了尽可能精确的测量,通过实验第一次近似地确定了热的机械当量。

由机械力,例如由蒸汽机发动的磁发电机产生电流的情形也是一样的。一定时间内产生的所谓电动力的量和同一时间内消耗的机械运动的量成正比,如果用同一量度来表示,则二者正好相等。我们可以设想,这个量不是由蒸汽机产生,而是由一个在重力作用下下落的重物产生的。这个重物所能提供的机械力,可以用该重物自由下落经过同一高度所得到的活力去量度,或者用该重物重新升到原来的高度所需要的力去量度:两种情况都是用 $\frac{mv^2}{2}$ 去量度。

这样,我们发现机械运动确实有双重量度,但是也发现每一种量度适用于某个界限十分确定的范围之内的一系列现象。如果现有的机械运动以保持机械运动的方式进行传递,那么它是按照质量和速度的乘积的比例传递的。但是,如果它以下述方式进行传递,即它作为机械运动消失掉而又以位能、热、电等等形式重新出现,一句话,它转化为另一种运动形式,那么这种新的运动形式的量则同原来运动着的质量和速度平方的乘积成正比。一句话,mv是以机械运动来量度的机械运动;$\frac{mv^2}{2}$是以机械运动转化为一定量的其他运动形式的能力来量度的机械运动。我们看到,这两种量度因为互不相同,所以并不相互矛盾。

由此可见,莱布尼茨和笛卡儿派的争论决不是单纯的文字争论,而达兰贝尔的最后裁决事实上并没有解决任何问题。达兰贝尔大可不必长篇大论地指责他的前辈们糊涂,因为他自己和他们一样糊涂。事实上,只要人们不知道仿佛消失了的机械运动变成了什么,他们一定会是糊涂的。只要像苏特尔这样的数理力学家死守在本专业的范围之内,他们就会像达兰贝尔一样糊涂,而且一定会用既空洞又充满矛盾的套话来搪塞我们。

但是,现代力学对机械运动向在量上与之成正比的另一种运动形式的这种转化是怎样表述的呢?——它**做了功**,而且做了如此这般多的功。

但是,这里并没有把功这一概念的物理含义充分表达出来。比如说,在蒸汽机或热力机中热转化为机械运动,即分子运动转化为物体运动;热使化合物分解;热在热电堆中转化为电;电流从稀硫酸中把水的两种元素分解出来,或者反过来,在电池的化学过程中释放出来的运动(换句话说,就是能量)采取电的形式,而后者在闭合电路中又重新转化为热——在所有这些过程中,那种使过程发生并由此转化为另一运动形式的运动形式做了功,而且它所做的功的量是和它自己原有的量相当的。

所以,功是从量的方面来考察的运动形式的变换。

但是,这是怎么一回事呢?如果一个被提升的重物停在高处不动,那么在静止状态下它的位能仍是一种运动形式吗?当然是。甚至泰特也深信,这种位能随后会化为一种实在运动的形式(《自然》杂志)。[140]此外,基尔霍夫走得远得多,他说(《数学物理学讲义。力学》第32页):

"静止是运动的特殊情况",

这就证明:他不仅能计算,而且能辩证地思维。

可见,我们通过考察机械运动的两种量度,完全是顺便地、轻而易举地而且几乎是自然而然地得出了功这一概念,而有人曾对我们说,不懂数理力学是很难理解这一概念的。不管怎么

说,我们现在对这一概念所了解的超过了我们从亥姆霍兹 1862
年《论力的守恒》这一讲演中所学到的东西,而正是在这一讲演
中,他要

"尽可能清楚地阐明功及其不变性的基本物理概念"①。

我们在这里所学到的关于功的全部东西就是:功是可以用磅
英尺或热量单位表示的东西,而这种磅英尺或热量单位的数目对
于一定量的功来说是不变的;其次,除机械力和热外,化学力和电
力也能做功,但是所有这些力都会随着它们实际所做的功而耗去
它们做功的能力。由此可以得出结论:整个自然界中能够起作用
的力的量的总和,不管自然界发生怎样的变化,总是永恒不变的。
功这一概念既没有得到阐发,甚至也没有被界定。② 正是功的大
小在量方面的不变性,使亥姆霍兹看不出:质变、形式变换是物理
学上的一切功的基本条件。正因为如此,他竟断言:

"摩擦和非弹性碰撞是机械功消失并从而产生热的过程。"(《通俗科学
讲演集》第 2 册第 166 页)

正好相反。在这里机械功并没有**消失**,在这里是**做了**机械功。
机械**运动表面上**消失了。但是,机械运动本身如果不在表面上消
失,如果不转化为另一种运动形式,就连百万分之一千克米的功也

---

① 海·亥姆霍兹《通俗科学讲演集》1871 年不伦瑞克版第 2 册第 VI
　　页。——编者注

② 恩格斯在这里加了一个注:"我们就教于克拉克·麦克斯韦,也没有进
　　展。此人说(《热的理论》1875 年伦敦第 4 版),'阻抗被克服,就是做
　　功'(第 87 页);又说:'某一物体的能量,就是它做功的能力'(第 185
　　页)。这就是我们关于功所领教的一切。"——编者注

无法做出来。

包含在一定量的机械运动中的做功能力,正像我们所看到的,称做这一机械运动的活力,而且直到最近还是用 mv^2 来量度的。可是在这里出现了一个新的矛盾。我们且听听亥姆霍兹的说法(《论力的守恒》第 9 页)。他说:功的大小可以用升到 h 高的重物 m 来表示;然后,如果用 g 来表示重力,则功的大小 $=mgh$。重物 m 要自由地垂直上升到 h 这一高度,需要速度 $v=\sqrt{2gh}$,它下落时又会得到同一速度。所以,$mgh=\dfrac{mv^2}{2}$。于是亥姆霍兹建议

"用 $\dfrac{mv^2}{2}$ 这个量来表示活力的量,这样一来,它就和功的大小的量度同一了。就活力这个概念一向使用的情况来说……这一变动没有什么意义,不过以后会给我们带来莫大好处"。

这真是难以置信。亥姆霍兹在 1847 年对活力和功的相互关系还不大清楚,以致完全没有发觉,他是怎样把活力的先前的比例量度变为它的绝对量度的;而且完全没有意识到,他由于自己的大胆的处理竟作出了多么重要的发现,而且他仅仅是出于方便的考虑,才推荐用 $\dfrac{mv^2}{2}$ 来代替 mv^2 的!力学家们也是为了方便才采用 $\dfrac{mv^2}{2}$ 的。这个 $\dfrac{mv^2}{2}$ 只是逐渐地在数学上得到了证明:瑙曼从代数上作了阐发(《普通化学》第 7 页①),克劳修斯从解析法上作了阐发(《力学的热理论》第 2 版第 1 卷第 18 页),这一阐发后来又由基尔霍夫作了另外的推导和解释(上引书第 27 页)。克拉克·麦克斯韦提供了从 mv 到 $\dfrac{mv^2}{2}$ 的出色的代数上的推导(上引书第 88 页)。可是这并不妨碍我们的两位苏格兰人汤姆生和泰特[136]这样说(上引书第 163 页):

---

① 亚·瑙曼《普通化学和物理化学》1877 年海德堡版。——编者注

"一个运动着的物体的**活力**或动能,与质量和速度的平方二者成正比。如果我们采用先前的质量[和速度]的单位〈即以单位速度运动着的质量的单位〉,那么把活力界定为质量和速度平方的乘积的**一半**,是特别有利的。"

可见,在这里,在这两位一流的苏格兰力学家那里,不仅思维停止了,而且计算也停止了。说这个公式特别有利、十分方便,就妙不可言地把一切都解决了。

我们已经知道,活力无非是一定量的机械运动做功的能力,所以在我们看来,不言而喻,这一做功的能力和它实际做的功,用力学的量度来表示,必定是彼此相等的,因此,如果功可以用$\frac{mv^2}{2}$来量度,那么活力也一定可以用$\frac{mv^2}{2}$来量度。而这就是科学上发生的情形。理论力学得出了活力这一概念,工程师们的应用力学得出了功这一概念,并把它强加给理论家。人们只顾计算而非常不习惯于思维,以致多年来都没有认识到二者的相互联系,他们用mv^2去量度其中的一个,用$\frac{mv^2}{2}$去量度另一个,而最后才采用$\frac{mv^2}{2}$量度这二者,但这不是因为有了认识,而是为了计算的简便![1]

---

[1] 恩格斯在这里加了一个注:"'功'[Arbeit]这个词及其相应的观念来自英国工程师。在英语中,实际工作叫做 work,经济学上所说的劳动叫做 labour。**141** 所以,物理学上的功也用 work 来表示,这样就可以完全避免和经济学上所说的劳动相混淆。在德文中情况却不是这样,于是,在现代伪科学文献中就出现各种稀奇古怪的用法:把物理学上的功用于经济学上的劳动关系,或者反过来。不过我们也有 Werk 这个词,它像英语中 work 一样,完全可用于表示物理学上的功。但是,因为经济学对我们的自然科学家来说是离得太远了,所以他们难以下决心采用 Werk 来代替 Arbeit 这个已经通行的词,——也许到了要这样做的时候已经太晚了。只有克劳修斯曾尝试保留 Werk 这个用语,至少和 Arbeit 这个词并用。**142**"——编者注

［札记和片断］

［ 176 ］

气体动力学证明 mv^2 也适用于气体分子。因此，分子运动和物体运动有同样的定律。两者的差异在这里被取消了。

［ 172 ］

10 千克的物体被提升 80 米[143]，则自由下落的最终速度为 $v = gt = 10 \times 4 = 40$ 米。下落产生的力 $= \frac{1}{2}mv^2 = \frac{1}{2} \times 10 \times 40^2 = 8\,000$ 千克米秒。

提升所做的功：$10 \times 80 = 800$ 千克米。

"———" $A = pt = \frac{x}{2g}v^2xs = 800$ 千克米。

如果提升所用的时间为 40 秒，那么 $v = 2, v^2 = 4$

———

10 千克 $\times$ 80 米 $= 800$ 千克米。

$$5 + 15 + 25 + 35$$

10 千克的物体下落 80 米所用时间为 4 秒，

每秒下落的距离依次为 5，15，25，35。

4 秒末时的速度 $= 40$ 米。

下落产生的力 $= \frac{1}{2}mv^2 = \frac{1}{2} \times 10 \times 40^2 = 8\,000$ 千克米 8 000

$$s = \frac{v^2}{2g} = \frac{40^2}{2 \times 10 \text{ 米}} = \frac{1600}{20} = 80 = \frac{vt}{2} = \frac{40 \times 4}{2} = 80$$

$$s = \frac{mv^2}{2p} = \frac{10 \times 40^2}{2 \times 10} = 800。$$

80 + 45 + 55

————

10 千克的物体,其质量 $= \frac{10}{10} = 1$。对这个质量为 1 的物体施加 10 千克的力,使其运行 80 米,其结果 = 800 千克米。

质量为 1 的物体下落 80 米,所用时间为 4 秒,最终速度 = 40 米。

下落产生的力 $= \frac{mv^2}{2} = \frac{1 \times 1\,600}{2} = 800$ 千克米。

7   8

180 + 65 + 75

$\dfrac{140}{320}$

————

50 千克的物体被提升 180 米,自由下落所用的时间为 6 秒,最终速度为 60 米。

50 千克 = 质量 5,承受的力 = 10 千克,运动距离为 180 米,

功:5 × 10 × 180 = 9 000 千克米。

50 千克 = 质量 5,自由下落的最终速度为 60 米,

所做的功:$\dfrac{5 \times 60^2}{2} = 9\,000$ 千克米。

40 千克的物体被提升 320 米,自由下落所用的时间为 8 秒,最终速度为 80 米。

质量 4 × 承受的力 10 × 运动距离 320 = 12 800 千克米秒

$\dfrac{质量 4 \times 最终速度 80^2}{2}$ = 12 800 千克米秒

40 千克的物体作用在轴 1 上,将使 10 千克的物体在轴 4 上提

升 4 × 320 = 1 280 米,而不是 320 米。

这个 10 千克的物体从 1 280 米的高处自由下落,所用时间为 16 秒,最终速度为 160 米。

下落产生的力:

$$\frac{\text{质量}\,1 \times 160^2}{2} = \frac{25\,600\,\text{千克米}}{2} = 12\,800。$$

[173]

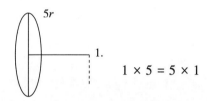

1.

$$1 \times 5 = 5 \times 1$$

质量为 4 的物体以速度 4 撞击另一个质量为 4 的物体,则质量为 4 + 4,运动速度为 2。

质量为 4 时,动能 $= \dfrac{4 \times 4^2}{2} = 32$ $4 \times x^2 = 32$ $x = \sqrt{8}$

碰撞后质量为 4 + 4,动能 $= \dfrac{8 \times 2^2}{2} = 16$

$$= \frac{4 \times 2^2}{2} + \frac{4 \times 2^2}{2} =$$

$$v = \frac{MC + mc}{M + m}$$

$$(M + m)v^2 = (M + m)\left(\frac{MC + mc}{M + m}\right)^2$$

$$= \frac{(MC + mc)^2}{M + m}$$

$$v = \frac{MC}{M + m}$$

$MC_1 + mc_1 = M(2v - C) + 2mv$ $C_1 = 2v - C$

$\qquad\qquad = 2v(M + m) - MC$ $c_1 = 2v$

179

$$= 2MC - MC \qquad\qquad MC = (M + m)v$$

$$= MC \qquad\qquad 4 \cdot 2 + 4 \cdot 2 = 4 \cdot 4$$

$$MC - MC_1 = mc$$

$$C + C_1 \quad = c \qquad\qquad MC^2 = (M + m)x^2$$

$$MC^2 - MC_1^2 = mc^2 \qquad\qquad x^2 = \frac{MC^2}{M + m}$$

$$MC^2 \quad = MC_1^2 + mc^2 \qquad\qquad x = \sqrt{\frac{MC^2}{M + m}}$$

$$4 \times 4^2 = 4 \times 2^2 + 4 \times 2^2$$

$$64 \quad = 16 + 16$$

$$4 \times 4^2 = 4 \times x^2 + 4 \times x^2$$

$$= x^2(4 + 4)$$

$$x^2 \quad = \frac{4 \cdot 4^2}{4 + 4} = \frac{4 \times 4 \times 4}{4 + 4} = \frac{64 \times 4}{8} = 32$$

M 速度为 C, m 处于静止状态　　碰撞前 MC^2

碰撞后 $(M + m)v^2$

$$MC = (M + m)v \qquad\qquad = \frac{MmC^2}{M + m}$$

$$v = \frac{MC}{M + m} \qquad MC^2 - \frac{MmC^2}{M + m} = \frac{MC^2(M + m) + MmC^2}{M + m}$$

$$(M + m)v^2 \quad = \frac{MC^2}{(M + m)}$$

$$MC^2 - \frac{MC^2}{M + m} \quad = \frac{MC^2(M + m) - MC^2}{M + m}$$

$$= \frac{M^2C^2 + MmC^2 - MC^2}{M + m}$$

$$MC^2 - \frac{(MC + mc)^2}{M + m} \qquad\qquad D = mr^2v$$

$$MR^2V = mr^2v$$

———

$$MC = (M + m)v$$

$$v = \frac{MC}{M + m}$$

$$MC^2 - (M + m)v^2 = MC^2 - (M + m)\left(\frac{MC^2}{M + m}\right)^2$$

$$= MC^2 - \frac{M^2C^2}{M + m}$$

[174]

1) $v = ct$

2) $m = \dfrac{p}{g}$; $\qquad\qquad g = \dfrac{p}{m}$

3) $c = \dfrac{p}{m}$

4) $s = \dfrac{1}{2}vt$; $\qquad$ 但是 $t = \dfrac{v}{c}$ (1)

5) $s = \dfrac{v^2}{2c}$; $\qquad\qquad c = \dfrac{p}{m}$ (3); $\qquad s = \dfrac{mv^2}{2p}$

6) $ps = \dfrac{mv^2}{2}$

［数　　学］

［160］

关于现实世界中数学上的无限之原型[144]

I

加在第 17—18 页上①:思维和存在的一致。——数学上的无限

我们的主观思维和客观世界遵循同一些规律,因而两者的结果最终不能互相矛盾,而必须彼此一致,这个事实绝对地支配着我们的整个理论思维。这个事实是我们理论思维的不以意识为转移的和无条件的前提。18 世纪的唯物主义,由于它的本质上形而上学的性质,只是从内容方面研究这个前提。它只限于证明一切思维和知识的内容都应当来源于感性的经验,并且重新提出下面这个命题:感觉中未曾有过的东西,理智中也不存在[145]。只有现代的唯心主义的、同时也是辩证的哲学,特别是黑格尔,才又从**形式**方面研究了这个前提。尽管我们在这里遇到无数的任意虚构和凭空臆造,尽管这种哲学的结果——思维和存在的统一——采取了唯心主义的头足倒置的形式,可是不容否认,这种哲学在许多场合下和在极不相同的领域中证明了思维过程同自然过程和历史过程

————————

① 见《马克思恩格斯全集》中文第 2 版第 26 卷第 37—39 页。——编者注

是类似的,反过来也一样,并且证明了同一些规律对所有这些过程都是适用的。另一方面,现代自然科学已经把一切思维内容都来源于经验这一命题以某种方式加以扩展,以致把这个命题的旧的形而上学的限制和表述完全抛弃了。它由于承认了获得性状的遗传,便把经验的主体从个体扩大到类;每一个体都必须亲自取得经验,这不再是必要的了,个体的个别经验在某种程度上可以由个体的历代祖先的经验的结果来代替。例如,在我们中间,一些数学公理对每个八岁的儿童来说都好像是不言自明的,用不着通过经验来证明,这只是"累积的遗传"的结果。想用证明的方法向一个布须曼人或澳大利亚黑人传授这些公理,这可能是困难的。

在本书中①,辩证法被看做关于**一切**运动的最普遍的规律的科学。这就是说,辩证法的规律无论对自然界中和人类历史中的运动,还是对思维的运动,都必定是同样适用的。一个这样的规律可以在这三个领域中的两个领域中,甚至在所有三个领域中被认识到,只有形而上学的懒汉才不明白他所认识到的是同一个规律。

让我们举一个例子。在一切理论进展中,同 17 世纪下半叶发明微积分比较起来,未必再有别的东西会被看做人的精神如此崇高的胜利。如果说在什么地方可以出现人的精神的纯粹的和唯一的业绩,那就正是在这里。至今仍围绕着微积分中所运用的各种数量(各阶的微分和无限)的那种奥秘,是下述事实的最好的证据:人们总是以为,这里所研究的是人的精神的纯粹的"自由创造物和想象物"②,而客观世界提供不出任何相应的东西。然而实际

---

① 指恩格斯《反杜林论》(见《马克思恩格斯全集》中文第 2 版第 26 卷)。——编者注
② 见《马克思恩格斯全集》中文第 2 版第 26 卷第 41 页。——编者注

情形恰恰相反。自然界对这一切想象的量都提供了样本。

我们的几何学是从空间关系出发，我们的算术和代数学是从数量出发，这些数量是同我们的地球上的各种关系相适应的，就是说，是同力学称之为质量的物体大小相适应的，这些质量是出现在地球上并由人使之运动的。和这些质量比起来，地球的质量显得是无限大的，并且也被地球上的力学当做无限大来看待。地球半径＝∞，这是整个力学在考察落体定律时的原则。但是，当我们所考察的是那些用天文望远镜才能观察到的恒星系中的、必须以光年来估算的距离时，不只是地球，而且整个太阳系以及其中呈现出的各种距离，又都成为无限小了。这样，我们在这里不仅已经有了第一阶的无限，而且还有了第二阶的无限，我们的读者高兴的话，还可以凭自己的想象构造出无限空间里的其他的更高阶的无限。

但是，按照现在物理学和化学中流行的观点，力学所研究的地球上的质量，即物体，都是由分子构成的，而分子是最小的微粒，如果不破坏所研究的物体的物理的和化学的同一性，便不能再加以分割。根据威·汤姆生的计算，最小的分子的直径不能小于五千万分之一毫米[146]。但是，即使我们假定最大的分子的直径甚至达到二千五百万分之一毫米，那么，同力学、物理学、甚至化学所研究的最小的质量比较起来，分子仍然是一个非常微小的量。尽管如此，分子还是具有所考察的质量的一切特性，可以在物理学上和化学上代表质量，而且在一切化学方程式中确实代表着质量。一句话，分子同相应的质量相比具有完全相同的特性，正如数学上的微分同其变数相比具有完全相同的特性一样。唯一的差别是：在微分中，在数学的抽象中，在我们看来似乎是神秘的和无法解释的东西，在这里却是不言自明的，并且可以说是一目了然的。

　　自然界使用这些微分即分子的方式和所遵循的规律,与数学使用数学中的抽象的微分的方式和规律是完全相同的。例如:x^3的微分是 $3x^2dx$,这里略去了 $3xdx^2$ 和 dx^3。如果我们按几何学来设想,我们就可以得到一个边长为 x 的立方体,其边长按无限小 dx 量增大。我们假定这一立方体是由一种可升华的元素构成的,比方说,是由硫磺构成的;再假定构成一个角的三面被遮盖起来,另三面是露着的。我们把这个硫磺立方体放在硫磺蒸气中,再把气体温度降低足够的度数,于是硫磺蒸气就凝结在这个立方体的露着的三面上。如果我们设想这是一个以纯粹的状态发生的过程,因而假定在这三面的每一面上最初凝结了一个分子厚的一层,那么我们就完全没有超出物理学和化学惯用的实验方法。立方体各边的长度 x 增大了一个分子直径的长度 dx。立方体的容积 x^3 增加了 x^3 和 $x^3+3x^2dx+3xdx^2+dx^3$ 之差,按照数学中的同一理由,我们可以略去 dx^3 和 $3xdx^2$,即略去一个分子和联成直线的长度为 $x+dx$ 的三排分子。结果是一样的:这个立方体的质量增加了 $3x^2dx$。

　　严格说来,硫磺立方体上并不存在 dx^3 和 $3xdx^2$,因为在同一空间内不能有两个或三个分子存在,因而这个立方体的质量的增量恰好是 $3x^2dx+3xdx+dx$。这可以由下述事实来说明:在数学上 dx 是一个线性量,而大家知道,这种没有厚和宽的线在自然界中并不能独立地存在,因此数学的抽象也只是在纯数学中才是无条件地有效的。既然这个 $3xdx^2+dx^3$ 也可以略去,所以也就没有什么差别了。

　　蒸气的情形也是一样,如果一杯水的最上面的一层分子蒸发了,那么水层的高度 x 就减少了 dx,这样一层分子又一层分子地蒸发下去,事实上就是一个连续的微分。如果热的水蒸气在一个容器中由于压力和冷却又凝结成水,而且分子一层又一层地累积起来(在这里,我们必须把那些使过程变得不纯粹的次要情况撇开不谈),直到容器满了为止,那么这里就不折不扣地发生了一种积分,这种积分和数学上的积分不同的地方只在于:一种是由人的头脑有意识地完成的,另一种是由自然界无意识地完成的。不过,和微积分运算完全类似的过程,不仅仅发生在从液态到气态或从气态到液态的转变中。当物体运动由于碰撞而中止,并转化为热即分子运动的时候,那么这不是物体运动发生微分,又是什么呢?当水蒸气的分子运动在蒸汽机的汽缸中累积起来,把活塞冲高一定的距离并且自身转化为物体运动的时候,这种运动不是被积分了吗?化学把分子分解为原子,即具有更小的质量和空间广延的量,然而是同阶的量,所以二者相互间保持一定的、有限的比值。因此,表示物体的分子组合的一切化学方程式,就形式来说是微分方程式。但是这些方程式由于其中所表示的原子量实际上已经积分化了。化学所计算的正是量的相互关系为已知的微分。

但是,原子决不能被看做单一的东西或者被笼统看做已知的最小的物质粒子。撇开越来越倾向于把原子看做复合的东西的化学本身不谈,大多数物理学家都断言:充当光辐射和热辐射的介质的宇宙以太[33],同样是由分立的粒子构成的,不过这些粒子极小,以致它们同化学的原子和物理的分子的关系就像后两者同力学上质量的关系一样,也就是像 d^2x 同 dx 的关系一样。因此,这里我们在现今流行的关于物质构造的观念中,同样看到了二阶微分;每个人只要高兴,完全有理由设想:自然界中一定还存在着和 d^3x、d^4x

等等相似的各种情况。

　　因此,不论人们对物质构造采取什么样的观点,下面这一点是十分肯定的:物质按质量的相对的大小分成一系列大的、界限分明的组,每一组的各个成员在质量上各有一定的、有限的比值,但相对于邻近的组的各个成员则具有数学意义上的无限大或无限小的比值。目力所及的恒星系,太阳系,地球上的物体,分子和原子,最后,以太粒子,都各自形成这样的一组。这种情况不会因为我们在各组之间发现中间成员而有所改变。例如,在太阳系的物体和地球上的物体之间有小行星,其中一些小行星的直径并不比罗伊斯幼系公国[147]的直径大些,此外还有流星等等。例如,在地球上的物体和分子之间有有机界中的细胞。这些中间成员只是证明:自然界中没有飞跃,**正是因为**自然界全是由飞跃所组成的。

　　数学计算的只要是实数,它就也要毫不犹豫地采用这个观点。对地球上的力学说来,地球的质量已经被看做无限大,而在天文学中,地球上的物体及与之相当的流星却被看做无限小,同样,对于天文学来说,只要它超出最邻近的恒星的范围来研究我们这一恒星系的构造,太阳系诸行星的距离和质量就会趋近于零。但是,数学家一旦退入他们的无法攻克的抽象堡垒,即所谓纯数学,这一切相似就都被忘却,无限就变成完全神秘的东西,而在分析中所运用的方式方法就好像成了完全不可理解的、同一切经验和一切理智相矛盾的东西。数学家们的这种处理方法令人奇怪地总是取得正确的结果,他们对这种方法与其说作说明不如说作辩解时所表现的愚蠢和荒唐,超过了例如黑格尔自然哲学的各种最坏的虚虚实实的幻想,然而面对这些幻想,数学家们和自然科学家们却害怕得难以言状。他们谴责黑格尔把抽象推到了极端,可是他们自己正是这样做的,而且规模还大得多。他们忘记了:全部所谓纯数学都是研究抽象的,它的**一切**数量严格说来都是想象的数量,一切抽象推到极端都变成荒谬或走向自己的反面。数学的无限是从现实中借用的,尽管是不自觉地借用的,所以它只能从现实来说明,而不能从它自身、从数学的抽象来说明。如果我们从这方面来研究现实,那么如我们看到的,我们就会发现作为数学的无限性关系的来源的现实关系,甚至会发现自然界中使这种关系起作用的数学方法的类似物。而这样一来,事情就得到了说明。(海克尔对思维和存在的同一性的糟糕的复述。但是还有**连续的物质和分立的物质之间的矛盾**,见黑格尔。)**148**

［ 18 ］

数学上的所谓公理,是数学需要用做自己的出发点的少数思维规定。数学是数量的科学;它从数量概念出发。它以不充分的方式给数量下定义,然后把这个定义中没有包含进来的数量的其他一些基本规定性,当做公理从外部补充进来,在这里,这些规定性表现为未经证明的东西,自然也是**数学上无法证明的东西**。对数量的分析会得出所有这些公理的规定,即数量的必然规定。斯宾塞说得对:我们所认为的这些公理的**不证自明性**是**传承下来的**。这些公理只要不是纯粹的同义反复,都是可以辩证地证明的。

［ 66 ］

同一和差异——在微分学中已经存在辩证的关系,在那里,d*x*

是无限小,然而是起作用的并且是无所不能的。

［67］

数学问题。看来,没有什么东西比四则运算(一切数学的要素)的差异具有更牢固的基础了。然而,乘法一开始就表现为一定数目的同一数量的简约的加法,除法则表现为其简约的减法,而且除法在一种情况下,即当除数是一个分数时,可化为同此分数的倒数相乘。代数的运算却进步了很多。每一个减法$(a-b)$都可以用加法$(-b+a)$来表示,每一个除法$\frac{a}{b}$都可以用乘法$a\times\frac{1}{b}$来表示。至于幂运算,就更进步得多。运算方法的一切固定的差异都消失了,一切都可以用相反的形式表示出来。幂可以写做方根$(x^2=\sqrt{x^4})$,方根可以写做幂$(\sqrt{x}=x^{\frac{1}{2}})$。1被幂除或被方根除,可以写做分母的幂$(\frac{1}{\sqrt{x}}=x^{-\frac{1}{2}},\frac{1}{x^3}=x^{-3})$。一个数的几个幂相乘或相除,可以化为其各个指数的相加或相减。任何一个数都可以理解为并表示为任何其他一个数的幂(对数,$y=a^x$)。① 而这种从一个形式到另一个相反的形式的转化,并不是一种无聊的游戏,它是数学科学的最有力的杠杆之一,如果没有它,今天就几乎无法去进行一个比较困难的计算。如果从数学中哪怕只把负指数幂和分数指数幂取消掉,那么结果会怎样呢?

　　$(-\cdot-=+,\overline{\overline{--}}=+,\sqrt{-1}$等等,应在前面说明。)

---

① 　恩格斯在此处页边上写着:"数学中的转折点是笛卡儿的**变数**。有了**变数,运动**进入了数学,**有了变数,辩证法**进入了数学,**有了变数,微分和积分**也就立刻成为必要的了,而它们也很快就出现了,并且是由牛顿和莱布尼茨大体上完成的,但不是由他们发明的。"——编者注

[　120　]

只有微分学才使自然科学能够用数学来表示**过程**即运动,而不仅仅表示**状态**。

[　137　]

分子和微分。维德曼(第 3 册第 636 页)[149]把**有限的**距离和**分子的**距离彼此直接对立起来。

[　112　]

量和质。数是我们所知道的最纯粹的量的规定。但是它充满了质的差异。(1)黑格尔,数目和单位,乘,除,乘方,开方。由此已经产生了黑格尔所没有强调的质的差异:质数和乘积,单根和幂。16 不仅仅是 16 个 1 之和,而且也是 4 的 2 次方和 2 的 4 次方。不仅如此,质数使它和其他数相乘而得的数获得新的确定的质:只有偶数才能被 2 整除,类似的规定也适用于 4 和 8。在用 3 做除数的情况下,有数字横和的规则。在用 9 和 6 做除数的情况下也是一样,但是在用 6 的情况下必须同时是偶数。在用 7 做除数的情况下有特殊的规则。数字游戏就建立在这上面,没有学过的人觉得莫名其妙。所以黑格尔(《量》第 237 页)关于算术的无思想性的说法是不正确的。但是参看《度量》[150]。

数学一谈到无限大和无限小,它就导入一个质的差异,这个差异甚至表现为不可克服的质的对立:量之间的差异太大了,以至它们之间不再有任何合理的关系,无法进行任何比较,它们变成在量上不可通约的了。例如,圆和直线通常是不可通约的,这也是一种辩证的质的差异；但是在这里正是**同类数量**的**量的**差异把**质的**差异提高到不可通约的地步。

［113］

数。单个的数在记数法中已经获得某种质，而且这要视记数法的情况而定。9 不仅是 1 相加九次，而且是 90、99、900 000 等等的基数。一切数的定律都依赖于并取决于所采用的记数法。在 2 进位记数法和 3 进位记数法中，2×2 不等于 4，而等于 100 或等于 11。在以奇数作基数的每种记数法中，偶数和奇数的差异不复存在了，例如在 5 进位记数法中，5 = 10，10 = 20，15 = 30。同样，在这种记数法中，3 的倍数 3n 的数字横和可以被 3 除尽的规则也失去作用了，9 的情况也是这样（6 = 11，9 = 14）。因此，基数不但决定它自己的质，而且也决定其他一切数的质。

关于幂的关系，问题更进了一步：每个数都可以当做其他任何一个数的幂——有多少整数和分数，就有多少对数系统。

［116］

零是任何一个确定的量的否定，所以不是没有内容的。相反，零具有非常确定的内容。作为一切正数和负数之间的界限，作为可以既不是正又不是负的唯一真正的中性数，零不只是一个非常确定的数，而且它本身比其他一切以它为界限的数都更重要。事实上，零比其他任何一个数都有更丰富的内容。把它放在其他任何一个数的右边，按我们的记数法它就使该数变成原来的十倍。在这里，本来也可以用其他任何一个记号来代替零，但是有一个条件，即这个记号就其本身来说表示零，即等于 0。因此，零本身的性质决定了零有这样的用处,而且唯有它才**能够**被这样应用。零乘任何一个数,都使这个数变成零;零除任何一个数,都使这个数变成无限大,零被任何一个数除,都使这个数变成无限小;它是和其他任何一个数都有无限关系的唯一的数。$\frac{0}{0}$可以表现$-\infty$和$+\infty$之间的任何数,而且在每一种情况下都代表一个现实的量。——一个方程式的真实内容,只有当它的所有各项都被移到一边,从而把它的值约简为零时,才能清楚地表现出来,这在二次方程式中已是如此,而在高等代数学中几乎是一般的规则。一个函数 $F(x,y)=0$,同样可以使之等于 z,而这个 z 虽然等于 0,却可以像普通的因变量一样被微分,而且可以求得它的偏微商。

但是,任何一个量的无,本身还是有量的规定的,并且仅仅因此才能用零来运算。一些数学家心安理得地以上述方式用零进行运算,即把零当做特定的量的观念而用于运算,使它和其他量的观念发生量的关系,而当他们看到黑格尔把这一点概括成某物的无是一个**特定的无**①时,却大惊失色。

现在来谈(解析)几何。在这里零是一个特定的点,从这个点起,一条直线上某一方向定为正,而相反的方向定为负。因此,在这里零点不仅和表示某一正量或负量的任何点同样重要,而且比所有这些点更重要得多:它是所有这些点所依存、所有这些点与之发生关系、所有这些点由之决定的一点。在许多情况下,这个点甚至可以任意选定。但是一经选定,它就始终是全部运算的中心点,甚至常常决定其他各点(横坐标终点)所在的线的方向。例如,如果我们为了求得圆的方程式而选择圆周上的任何一点作为零点,

---

① 参看本书第 100 页。——编者注

那么横坐标轴必定通过圆心。这一切在力学中也得到应用,在那里,在计算运动时,每次选定的零点都构成整个运算的轴心。温度表上的零点是一个温度段的十分确定的下限,这个温度段可以任意分成若干度数,从而既可以用做这一温度段内各温度等级的量度,也可以用做更高温度或更低温度的量度。因此,零点在这里也是一个极其重要的点。甚至温度表上的绝对零点也决不代表纯粹的、抽象的否定,而是代表物质的十分确定的状态,即一个界限,一旦达到这个界限,分子独立运动的最后痕迹便消失了,而物质只是作为质量起着作用。总之,无论我们在什么地方碰到零,它总是代表某种十分确定的东西,而它在几何学、力学等等中的实际应用又证明:作为界限,它比其他一切以它为界限的现实的量都更加重要。

[117]

一。再没有什么东西看起来比这个数量单位更简单了,但是,只要我们把它和相应的多联系起来,并且按照它从相应的多中产生出来的不同方式加以研究,就知道再没有什么比一更为多样化了。一首先是整个正负数系统中的基数,它自身不断相加可得出其他任何数目。——一可以表示一的所有正指数幂、负指数幂和分指数幂:1^2,$\sqrt{1}$,1^{-2}都等于一。——一是分子和分母相等的一切分数的值。——一可以表示任何数的零次幂,因此,它是在所有对数系统中其对数都相同即都等于零的唯一的数。这样,一是把所有可能的对数系统分成两个部分的界限:如果底大于一,则一切大于一的数的对数都是正的,而一切小于一的数的对数都是负的;如果底小于一,则结果相反。因此,如果说,任何数只要是由相加起来的一所组成,因而自身包含着一,那么,一自身也同样包含着其他一切数。这不仅就可能性来说是这样,因为我们单纯用一就能构成任何数;而且就现实性来说也是这样,因为一是其他任何数的特定的幂。数学家们只要觉得合适,便不动声色地在自己的计算中引用 $x^0 = 1$,或引用分子和分母相等的分数,即其值等于一的分数,因而在数学上应用包含在一中的多。可是,当人们按一般的说法对这些数学家讲,一和多是不可分的、相互渗透的两个概念,一寓于多中,同样,多也寓于一中,他们就会皱起鼻子,变起脸来。但是,只要我们一离开纯粹数的领域,就会看到情形确实如此。在测量长度、面积和体积时就已经看到,我们可以把相应量纲的任何数量当做单位,而在测量时间、重量和运动等等时也是如此。用于测量细胞,毫米和毫克还嫌太大;用于测量星球距离或光的速度,千米也嫌太小而不便使用,正如测量行星的质量,尤其是太阳的质量,千克也嫌太小了。这里清楚地表明,在这个乍看起来十分简单的单位概念中包含着何等的多样性和多。

［ 69 ］

零次幂。在对数序列 $\dfrac{0.\quad 1.\quad 2.\quad 3.\quad \log}{10^0.\ 10^1.\ 10^2.\ 10^3.}$ 中,零次幂是很重要的。一切变数都会在某个地方经过一;因此,如果 $x=0$,那么以变数作为指数的常数 $a^x = 1$。$a^0 = 1$ 所表现的,不外是和 a 的幂序列的其他各项联系起来去理解的一,只有在这种情形下这才有意义,才能得出结果 $\left(\sum x^0 = \dfrac{x}{\omega}\right)^{151}$,否则就不成。由此可知:尽管一看起来和自身多么等同,它本身却包含着无限的多样性,因为它可以是其他任何一个数的零次幂;这种多样性决不是纯粹虚构的,凡是一被看做确定的一,被看做和某个过程相联系的该过程的可变的结果之一(被看做某一变数的暂时的数值或形式)的时候,都会得到证明。

［118］

$\sqrt{-1}$①。——代数学上的负数,只是对正数而言,只是在和正数的关系中才是实在的;在这种关系之外,就其本身来说,它们纯粹是虚构的。在三角学、解析几何以及以这两者为基础的高等数学的某些分支中,它们是表示和正的运动方向相反的一定的运动方向;但是,不论从第一象限或第四象限都同样能计算出圆的正弦和正切,这样就可以把正和负直接颠倒过来。同样,在解析几何中,圆中的横坐标从圆周或从圆心开始都能够被计算出来,而且,在一切曲线中,横坐标都能够从通常定为负的方向上的曲线,［或者］从任何其他方向上的曲线被计算出来,并得出正确的、合理的曲线方程式。在这里,正只是作为负的补充而存在,反之亦然。但是代数学的抽象把负数当做独立的实数,即使是在和某些**较大的**正数的关系之外,也是如此。

［114］

数学。把某个确定的数,例如把一个二项式,化为无穷级数,即化为某种不确定的东西,从常识来说,这是荒谬的。但是,如果没有无穷级数和二项式定理,那我们能走多远呢?

［68］

渐近线。几何学开始于下列发现:直线和曲线是绝对对立的,

---

① 关于$\sqrt{-1}$的论述,参看《马克思恩格斯全集》中文第2版第26卷第128页。——编者注

直线根本不能用曲线表示,曲线也根本不能用直线表示,两者是不可通约的。但是,连圆的计算也只有用直线来表示它的圆周时才有可能。而在具有渐近线的曲线的情形下,直线完全化为曲线,曲线完全化为直线;平行的观念也同样趋于消失:两条线并不是平行的,它们不断地互相接近,但永远不相交。曲线的臂越伸越直,但永远不能完全变成直线,正如在解析几何中直线被看做曲率无限小的一次曲线一样。而不论对数曲线的$-x$变得多么大,y始终不会等于0。

［ 70 ］

直线和曲线在微分中终于等同起来了:在以弧的微分构成自己的斜边(用切线法)的微分三角形中,我们可以把这个斜边看做

"既是弧的要素又是切线的要素的一条小直线",——不管我们把曲线看做由无限多的直线所构成,还是"看做真正的曲线;因为在每个 M 点上曲率既然是无限小的,所以曲线要素和切线要素的最后关系显然是等同的关系"。

在这里,关系虽然不断地**接近**等同的关系,但是根据曲线的本性来说这种接近是**渐近的**,因为相切处局限在一个无长度的**点**上,不过最后还是可以假定,直线和曲线的等同是达到了。(波绪《微积分》共和六年巴黎版第 1 卷第 149 页)在极曲线①中,虚构的微分横坐标甚至被假定和实在的横坐标平行,并根据这个假定进行运算,虽然两者相交于极上;由此甚至推论出两个三角形的相似性,其中一个三角形有一个角刚好在这样两条线的交点上,而这两

————

① 沙·波绪对极坐标系中的曲线的称呼。——编者注

条线的平行却是整个相似性的基础！（图 17）**152**①

［ 139 ］

三角学。在综合几何学从三角形本身详述了三角形的性质并且再没有什么新东西可说之后，一个更广阔的天地被一个非常简单的、彻底辩证的方法开拓出来了。三角形不再被孤立地只从它本身来考察，而是和另一种图形，和圆联系起来考察。每一个直角三角形都可以看做一个圆的附属物：如果斜边 = r，则两条直角边分别为正弦和余弦；如果其中的一条直角边 = r，则另一条直角边 = 正切，而斜边 = 正割。这样一来，边和角便得到了完全不同的、特定的相互关系，如果不把三角形和圆这样联系起来，这些关系是决不能发现和利用的。于是一种崭新的三角理论发展起来了，它远远地超过旧的三角理论而且到处可以应用，因为任何一个三角形都可以分成两个直角三角形。三角学从综合几何学中发展出来，这对辩证法来说是一个很好的例证，说明辩证法怎样从事物的相互联系中理解事物，而不是孤立地理解事物。

［ 119 ］

数学的应用：在固体力学中是绝对的，在气体力学中是近似的，在液体力学中已经比较困难了，在物理学中多半是尝试性的和相对的，在化学中是具有最简单本性的简单的一次方程式，在生物

---

① 恩格斯在此处页边上写着："当直线和曲线的数学可以说已经山穷水尽的时候，一条新的几乎无穷无尽的道路，由那种**把曲线视为直线**（微分三角形）并**把直线视为曲线**（曲率无限小的一次曲线）的数学开拓出来了。啊，形而上学！"——编者注

学中 = 0。

［ 142 ］

= 圆柱侧面积

球： 表面积 $= 4\pi R^2 = 4$ 倍圆的面积

体积 $= \dfrac{4}{3}\pi R^3 = \dfrac{2}{3}$ 倍外切圆柱体积

棱锥： 体积 $= \dfrac{1}{3}$ 底面积 $\times$ 高 $= \dfrac{1}{3}$ 倍棱柱体积

圆锥： 体积 = 同上， $= \dfrac{1}{3}$ 圆柱体积

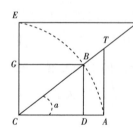

$$\sin^2 a + \cos^2 a = R^2 = 1 \qquad (1)$$

$$\sec^2 a = \mathrm{tg}^2 a + R^2 = \mathrm{tg}^2 a + 1 \qquad (2)$$

（由于 $CBD \sim CTA$：）

$$\mathrm{tg}\, a = \frac{R \sin a}{\cos a} = \frac{\sin a}{\cos a} \qquad (3)$$

$$\sec a = \frac{R^2}{\cos a} = \frac{1}{\cos a} \qquad = \ (4)$$

（由于 $CBD \sim CBG \sim CME$：）

$$\cot a = \frac{R \cos a}{\sin a} = \frac{\cos a}{\sin a} \qquad = \ (5)$$

$$\mathrm{cosec}\, a = \frac{R^2}{\sin a} = \frac{1}{\sin a} \qquad - \ (6)$$

由于（$CTA \sim CME$），(3) 乘以 (5) 得

$$\mathrm{tg}\, a \times \cot a = R^2 = 1 \qquad - \ (7)$$

（在 CME 中）$\mathrm{cosec}^2 a = R^2 + \cot^2 a = 1 + \cot^2 a \qquad (8)$

由 (4) 和 (2) 得

$$\cos a = \frac{R^2}{\sqrt{R^2 + \mathrm{tg}^2\, a}} = \frac{1}{\sqrt{1 + \mathrm{tg}^2\, a}} \qquad - (9)$$

由（3）得
$$\sin a = \frac{R\, \mathrm{tg}\, a}{\sqrt{R^2 + \mathrm{tg}^2\, a}} = \frac{\mathrm{tg}\, a}{\sqrt{1 + \mathrm{tg}^2\, a}} \qquad - (10)$$

在每一个三角形中 $\dfrac{\sin A}{a} = \dfrac{\sin B}{b} = \dfrac{\sin C}{c}$

（ a、b、c 是［与角 A、B、C ］相对的边）

$\sin(a \pm b) = \sin a \cos b \pm \sin b \cos a$

$\cos(a \pm b) = \cos a \cos b \mp \sin a \sin b$

因此　$\sin(2a) = 2 \sin a \cos a$

$\qquad \cos(2a) = \cos^2 a - \sin^2 a = 2 \cos^2 a - 1 = 1 - 2 \sin^2 a$

$(r \times r^2 = 1)$

$\mathrm{tg}(a \pm b) = \dfrac{\mathrm{tg}\, a \pm \mathrm{tg}\, b}{1 \mp \mathrm{tg}\, a\, \mathrm{tg}\, b}$, $\mathrm{tg}(2a) = \dfrac{2\, \mathrm{tg}\, a}{1 - \mathrm{tg}^2\, a}$

$\mathrm{tg}(\dfrac{1}{2}a) = \dfrac{1 - \cos a}{\sin a}$

［ 143 ］

$$\mathrm{F}(x + h, y + k) = z + \frac{\mathrm{d}z}{\mathrm{d}y}\frac{\mathrm{d}y}{\mathrm{d}x}h + \frac{\mathrm{d}y}{\mathrm{d}z}\frac{\mathrm{d}z}{\mathrm{d}x}h$$

$$\frac{\mathrm{F}(x + h, y + k) - \mathrm{F}(x, y)}{h} = \frac{\mathrm{d}z}{\mathrm{d}y}\frac{\mathrm{d}y}{\mathrm{d}x} + \frac{\mathrm{d}z}{\mathrm{d}x}$$

$$\frac{\mathrm{D}z}{\mathrm{d}x} = \frac{\mathrm{d}z}{\mathrm{d}y}y' + \frac{\mathrm{d}z}{\mathrm{d}x}$$

$z = \mathrm{F}(x, y)$；间接前提是 x 变成 $x + h$，则

$\mathrm{F}(x + h, y) = （泰勒展开）z + \dfrac{\mathrm{d}z}{\mathrm{d}x}h \cdots\cdots$；再让 y 变成 $y + k$，则

$$F(x + h, y + k) = z + \frac{dz}{dy}k + \frac{dz}{dx}h\cdots\cdots$$

现在令 $h = dx, k = dy$，因而 $k = \frac{dy}{dx}h$。

因此 $F(x + h, y + k) = z + \left(\frac{dz}{dy} \cdot \frac{dy}{dx} + \frac{dy}{dx}\right)h\cdots\cdots$

$F(x + h, y + k) - z($ 或 $F(x, y)) =$ 上式右边去掉 z。

两边除以 h，或者 dx，我们得到

$$\frac{Dz}{dx} = \frac{dz}{dy} \cdot \frac{dy}{dx} + \frac{dz}{dx}$$

$$z' = \frac{dz}{dx} + \frac{dz}{dy}y'$$

$$z'' = \frac{D}{dx}\left(\frac{dz}{dx}\right) + \frac{D}{dy}\left(\frac{dz}{dy}y'\right)$$

$$= \frac{d^2z}{dx^2} + y'\frac{d^2z}{dxdy} + y'\frac{d^2z}{dy^2}\frac{dy}{dx} + y'\frac{d^2z}{dxdy} + y''\frac{dz}{dy}$$

$$= \frac{d^2z}{dx^2} + 2y'\frac{d^2z}{dxdy} + y'^2\frac{d^2z}{dy^2} + y''\frac{dz}{dx}$$

［力学和天文学］

［ 63 ］

辩证思维的必要性的例子和自然界中非固定的范畴和关系的例子:落体定律,它在物体下落数分钟时便不正确了,因为这时不能再假设地球的半径=∞而毫无误差了,而且地球的引力在增大,而不像伽利略的落体定律所假定的那样保持不变。尽管如此,现

在学校里还在继续讲授这个定律,而对保留条件却避而不谈!

[7]

牛顿的引力和离心力——形而上学思维的例子:问题没有解答,而只是**提出**,然而却被当做答案来讲授。克劳修斯的热的消散的见解也是如此[153]。

[34]

牛顿的万有引力。能够给予它的最好的评价就是:它不是解释而是**描述**行星运动的现状。运动是既定的。太阳的引力也是既定的。应当怎样用这些数据来解释运动呢?用力的平行四边形,用一种切线力来解释,这种切线力现在已成为我们**不得不**采用的必要假定。这就是说,如果我们以现有状态的**永恒性**为前提,我们就需要有一个**第一推动**,上帝。但是,现有的行星状态并不是永恒的,而运动原初也不是复合的,而是**简单的旋转**,力的平行四边形用在这里是错误的,因为它不只是要说明尚待发现的未知数 x,就是说,牛顿所要求的,不只是提出问题,而且还要解答问题。

[74]

牛顿的力的平行四边形在太阳系中至多在**环行天体分离出来的一刹那间**是正确的,因为这时的旋转运动自身处于矛盾之中,它一方面表现为引力,另一方面又表现为切线力。但是,只要分离一完成,运动又重新成为统一的。这种分离必然会发生,这是辩证过程的证据。

［8］

拉普拉斯的理论只是以运动着的物质为前提——悬浮在宇宙空间中的一切物体都必然旋转。

［91］

梅特勒,恒星[154]。

哈雷在 18 世纪初叶,根据依巴谷和弗拉姆斯蒂德两人关于三颗星的报告之间的差异,首先得出了星体自行的观念(第 410 页)。——弗拉姆斯蒂德的《不列颠星表》①是第一本比较精确、比较完备的星表(第 420 页);后来在 1750 年前后有布拉德莱、马斯基林和拉朗德的观测。

关于巨大天体的光线射程的荒唐理论和梅特勒据此所作的推算,与黑格尔《自然哲学》②中的某种东西一样荒唐(第 424 — 425 页)。

恒星最大的自行(可见的)每百年为 $701'' = 11'41'' =$ 太阳直径的 $\frac{1}{3}$;从天文望远镜中观测到的 921 颗星的自行的最小平均值是 $8.65''$,个别的为 $4''$。

银河——一系列的环,它们都有一个共同的重心(第 434 页)。

昴星团和其中的昴宿六(金牛座 η),是"直到银河最远区域"的我们的宇宙岛的运动中心(第 448 页)。昴星团内部的公转周期平均约为 200 万年(第 449 页)。在昴星团周围,星多和星少的

---

① 约·弗拉姆斯蒂德《不列颠星表》(三卷集)1725 年伦敦版。——编者注
② 黑格尔《自然哲学讲演录》(《黑格尔全集》第 7 卷第 1 部)1842 年柏林版。——编者注

环状星团交替出现。——赛奇对于现在就把一个中心确定下来的可能性提出异议。

据贝塞尔说,**天狼星和南河三星**除一般的运动之外,还在环绕某一**暗体**的轨道上运行(第450页)。**大陵五食**,每3天一次,持续8小时,**是由光谱分析证实的**(赛奇,第786页)。

在**银河**区域中,然而是在它的深远的**内部**,有一个由7到11等星组成的稠密的环;在远离这个环之外的地方是一些同心的银河环,我们能见其中的两个。据赫歇尔说,在银河中,用他的天文望远镜所能看到的星约有1 800万个,位于环内的星约有200万个或更多,就是说总共超过2 000万个。此外,在银河本身中,在已经分辨出来的星的背后,始终存在着一种无法分辨的微光,因此很可能还有一些更遥远的、隐而不见的星环吧?(第451—452页)

昴宿六距太阳573光年。由能够看见的各星体组成的**银河环的直径**,至少为8 000光年。(第462—463页)

在以太阳到昴宿六的距离573光年为半径的范围内运动着的天体的**质量**,共计是11 800万个太阳质量(第462页);这和在其中运动着的至多200万个星体是完全不符合的。有暗体吗?这里无论如何有点错误。这证明我们的观测的先决条件还是多么不完备。

梅特勒假定银河环最外端的距离为几万光年,也许为几十万光年(第464页)。

一个反对所谓光的吸收的**绝妙理由**:

"当然存在着这样的距离〈从那里再也没有任何光能达到我们这里〉,然而理由却完全不同。光的速度是**有限的**;从创世之初直到现在,消逝的是一

段**有限的**时间,因此我们只能看到光在那段有限时间里所经过的距离以内的天体!"(第466页)

　　光既然与距离的平方成比例地减弱,它就必定会达到一点,在这一点上,我们的眼睛,不管它们如何敏锐和配上什么样的装备,都再也看不见光了,这是不言而喻的;这已经足以驳倒奥伯斯的见解:只有用光的吸收才能说明,为什么四面八方、远及无限距离都充满着发光星体的天空会是昏暗的。但这决不是说,并不存在这样一个距离,一到这个距离,以太便**不再让光通过**了。

[92]

　　星云。它有各种形状:轮廓分明的,圆的,椭圆的,或不规则的和锯齿状的。它有各种程度的可分辨性,直到模糊得完全不可分辨,只能识别出趋向中心的密集。在一些可分辨的星云中,可以看见的达1万颗星,中心多半是比较密集的,很难得有一颗较明亮的中心星。罗斯的巨型天文望远镜又分辨出许多星云。老赫歇尔数出了197个星群和2 300个星云,此外还应加上小赫歇尔在南天星表中所记录的星云。不规则的星云**必定是遥远的宇宙岛**,因为云雾体只能以球体或椭圆体的形式处于平衡状态。这些星云大多数甚至在最高倍的天文望远镜中也只是刚刚能看到。圆形的星云或许**可能**是云雾体,在上述的2 500个星云中有78个是这种云雾体。至于它们和我们的距离,赫歇尔假定是200万光年,梅特勒——在星云的实际直径 = 8 000光年这个假定下——假定是3 000万光年。因为每个天体体系和最近的天体体系的距离,至少是这些天体体系的直径的100倍,所以我们这个宇宙岛和最近的宇宙岛的距离,**至少**应该是8 000光年的50倍 = 40万光年,这样一来,在存在着数千星云的情况下,我们就远远超出老赫歇尔的 200 万光年了([梅特勒,第 485—]492 页)。

赛奇:

可分辨的星云提供了连续的和普通的恒星光谱。但是本来意义上的星云"有一部分提供了连续的光谱,例如仙女座中的星云,而大多数则提供了由一条或很少几条亮线所组成的光谱,例如猎户座、人马座和天琴座中的星云,以及许许多多以**行星状**〈略带圆形的〉星云著称的星云"(第 787 页)。

(根据梅特勒的说法,第 495 页,仙女座中的星云是不可分辨的。——猎户座中的星云是不规则的,呈棉絮状,而且像胳膊一样伸出去! 第 495 页——天琴座中的星云呈环状,略带椭圆形,第 498 页。)

哈金斯在第 4374 号(赫歇尔星表)星云的光谱中发现了三条亮线,"由此立即推论出:这个星云并不是由单个的星体所组成的星群,而是一个真正的**星云**,是气体状态的炽热的实体"[第 787 页]。

这三条线中,一条属于氮,一条属于氢,第三条未知。猎户座中的星云的情况也是一样。甚至含有发光点的星云(长蛇座和人马座)也有这些亮线,因此密集中的星体的物质还不是固态或液态(第 789 页)。天琴座的星云只有一条氮线(第 789 页)。——猎户座的星云最密集的地方是 1°,全部广延是 4°[第 790—791 页]。

[93]

赛奇:天狼星:

"11 年以后〈即贝塞尔的计算 11 年后,梅特勒,第 450 页〉……不但发现了天狼星的卫星,一颗自己发光的 6 等星,而且还证实了它的轨道也和贝塞尔所计算的相符合。南河三星及其伴星的轨道现在已由奥沃斯确定了,但是这颗卫星本身还没有观察到。"(第 793 页)

赛奇:恒星。

"因为恒星除了两三个例外,都没有可觉察到的视差,所以它们离我们至少"有 30 多光年之远(第 799 页)。

据赛奇说,(赫歇尔的大望远镜还能分辨出的)16 等星离我们有 7 560 光年之远,而罗斯的望远镜所能分辨出的,至少有 20 900 光年之远(第 802 页)。

赛奇自问道(第 810 页):

当太阳和整个太阳系死灭的时候,"自然界中是否存在着力量能把死了的星系恢复到最初的炽热的星云状态,并使它再度获得新的生命呢? 我们不知道"。

[177]
潮汐摩擦。康德和汤姆生—泰特
地球的自转和月球的引力[155]

汤姆生和泰特《自然哲学论》第 1 卷第 191 页(第 276 节):

"凡像地球这样有一部分自由表面被液体覆盖着的天体,都存在来自摩擦的间接的阻抗,这种摩擦阻碍着潮汐运动。当这些天体和邻近的天体相对运动时,这些阻抗必定总是从它们的相对运动中不断吸取能量。如果我们首先单独考察月球对地球及其海洋、湖泊、河流的作用,我们就会看到,这个作用势必使地球绕自己的轴而自转的周期和这两个天体绕它们的惯性中心而旋转的周期相等;因为只要这两个周期不相同,地球表面的潮汐作用必然从这两个天体的运动中不断吸取能量。为了比较详细地考察一下这个问题,同时为了避免不必要的麻烦,我们假设月球是一个匀称的球体。月球质量和地球质量之间引力的相互作用和反作用,相当于沿某条经过月球中心的直线起作用的单独的力,而且只要地球自转的周期小于月球绕地球运动的周期,这个力就阻碍地球的自转。因此,它必定沿着 MQ 这条线发生作用,因而偏离地心 OQ 这样一段距离;这个偏离在示意图中当然是被大大扩大了。现在,沿直线 MQ 实际作用于月球的力可以设想是由两股力合成的,一股是沿着指向

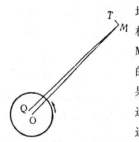

地心的直线 MO 发生作用,其大小和整个力差不多相等,另一股是相对说来甚小的力,它沿着垂直于 MO 的直线 MT 起作用。后一股力极接近于和月球的轨道相切,其作用和月球的运动是同向的。如果这个力突然开始发生作用,它首先会使月球的运行速度加快;经过一段时间,月球就会由于加速运行而同地球拉开一段距离,这使得它(由于它是抵抗着地球的引力而运动的)正好失去它从切线加速力所得来的速度。持续不断的切线力顺着运动方向发生作用,但是它的量很小,每一瞬间只能导致和圆形轨道稍有偏离。这种切线力的作用就在于,它会逐渐拉大卫星和中心天体的距离,并且抵抗中心天体的引力做功,而它所做的功又等于运动失去的动能。如果想象这个环绕中心天体的运动是沿着极其缓慢地扩展着的螺旋形轨道运行的,问题就容易理解了。假设力和距离的平方成反比,那么重力的反运动方向的切线分力,将是顺运动方向的起干扰作用的切线力的两倍,因此,抵抗前者所做的功,有一半是由后者做的,而另一半则是从运动中吸取来的动能做的。我们现在所考察的起干扰作用的特殊原因对月球运动所发生的全部作用,很容易由动量矩原理求出。我们看到,地球的惯性中心和月球的惯性中心相对于它们共同的惯性中心而运动,由它们的运动随时得到的动量矩,等于地球绕自己的轴自转而损失的动量矩。处于现今运动状态的月球的惯性中心和地球的惯性中心的动量矩之和,约为现今地球自转的动量矩的 4.45 倍。前一个运动的平均平面是黄道面,所以两个动量的轴互成 $23°27.5'$ 的平均倾角,如果略去太阳对月球运动平面的影响,这个角度就可以看做两个轴现今的实际的交角。因此,合成的或总的动量矩为现今地球自转的动量矩的 5.38 倍,其轴和地轴成 $19°13'$ 交角。所以落潮和涨潮最终导致地球和月球以这个合成的动量矩围绕这个合成的轴作简单的等速转动,就好像它们是同一个刚体的两个部分一样:在这种条件下,月球和地球间的距离会(大约)按 1:1.46 的比例(即两个惯性中心现今的动量矩的平方与总的动量矩

的平方之比)加大,而公转的周期则按 1∶1.77 的比例(即这两个动量矩的立方之比)加大。因此,距离会增大到 347 100 英里,而周期会延长到 48.36 天。假如宇宙中除了地球和月球不再有其他的天体,那么这两个天体就会沿圆形轨道围绕它们共同的惯性中心永远这样运行下去,而地球则以同一周期围绕自己的轴旋转,结果总是以同一个面朝向月球,因而地球表面的全部液体部分对于其固体部分来说处于相对的静止状态。但是太阳的存在使得这种状态不能永久保持下去。地球上会发生太阳潮——在地球相对太阳旋转的一个周期中有两次潮涨和两次潮落(也就是说,在一个太阳日内有两次,或者在一个月内也是如此)。如果不是因为液体的摩擦会使能量有所丧失,这种情况是不可能发生的。要把地球和月球运动中由这种原因所造成的干扰的整个过程描绘出来是不容易的,但是这种干扰归根到底会导致这样的结果:地球、月球和太阳像一个刚体的各个部分一样围绕它们共同的惯性中心旋转。"

1754 年,康德首先提出了这样的观点:地球自转因潮汐摩擦而放慢,并且这种作用只是在这样的时候才会完结:

"那时,它〈地球〉的表面和月球将处于相对静止之中,也就是说,它围绕自己的轴旋转的周期将和月球围绕地球旋转的周期相等,结果将总是以同一个面朝向月球。"①

同时,他认为,地球自转的变慢仅仅起因于潮汐摩擦,即地球上有液体存在。

"如果地球完全是固体,没有任何液体,那么无论太阳的引力还是月球的引力,都不会改变它绕轴的自由旋转,因为这种引力对地球的东西两个部分的吸引力是相同的,因而不会引起向哪一方偏斜;所以,它一点也不妨碍地球继续完全自由地自转,就好像没有受到任何外来的影响一样。"②

---

① 伊·康德《对地球从生成的最初起在其引起日夜更替的自转中是否发生过某种变化和怎样才能证实这种变化的问题的研究》1754 年版。这里引自《康德全集》1867 年莱比锡版第 1 卷第 185 页。——编者注
② 见《康德全集》1867 年莱比锡版第 1 卷第 182—183 页。——编者注

对于这样的成果,康德应当感到满足。要更深入地了解月球对地球自转的影响,当时还缺少科学上的一切前提。的确,差不多过了一百年,康德的理论才得到公认;又过了一些时间,人们才发现,落潮和涨潮只是太阳和月球的引力对地球自转产生影响作用的一个**明显**的方面。

这个较为一般的见解由汤姆生和泰特在上文作了阐发。月球和太阳的引力不仅对地球或地球表面上的液体发生作用,而且对整个地球都发生作用,阻碍着地球的自转。只要地球自转的周期和月球围绕地球旋转的周期不一致,月球的引力(暂且只考察这种引力)的作用就会促使这两个周期彼此越来越接近。如果(相对的)中心天体自转的周期比卫星公转的周期长,那么前者会逐渐缩短;如果前者较短,就像地球的情形那样,那么它会变长。但是,动能不可能在一种情况下凭空产生,也不可能在另一种情况下归于消灭。在前一种情况下,卫星越来越接近中心天体,它的公转周期逐渐缩短;在后一种情况下,它离中心天体越来越远,公转周期变长。在前一种情况下,卫星由于接近中心天体而失去的位能,正好等于中心天体由于自转速度加快而得到的动能;在后一种情况下,卫星由于和中心天体的距离加大而得到的位能,正好等于中心天体所失去的自转的动能。地月系统中所存在的动力学能量,即位能和动能的总和不变;这个系统完全是保守的。

可见,这个理论和所考察的天体的物理化学性质完全无关。它是从自由天体的一般运动规律中得出的,这些天体之间的联系是由同质量成正比而同距离的平方成反比的引力所确立的。这一理论显然是作为康德的潮汐摩擦理论的一般化而产生的,并且汤姆生和泰特在这里甚至是把它当做对后一理论的数学论证向我们表述的。但是实际上它把潮汐摩擦这种特殊情况排除在外了。令人奇怪的是,对于这一点,这两位作者连想也没有想到。

摩擦是物体运动的障碍,几百年来都被看做是物体运动的消灭,即动能的消灭。现在我们知道,摩擦和碰撞是动能借以转化为分子能,转化为热的两种形式。因此,每当发生摩擦时,动能本身就失掉,可是又再现出来,但不是作为动力学上的位能,而是作为热这一特定形式的分子运动。可见,由于摩擦而失掉的动能,从所考察的系统的动力学方面来说,暂时**确实是失掉了**。只有当它从热的形式**反过来又转化**为动能时,才能重新起动力学意义上的作用。

那么,潮汐摩擦的情况又是怎样的呢? 显然,由月球的引力传给地球表面的水的全部动能,在这里也转化为热,这或者是由于水的粘滞性所造成的水的各个质点的相互摩擦,或者是由于水与地球固体表面的摩擦和阻抗潮汐运动的岩石的破碎。在这些热中,只有促进水面蒸发的微不足道的一部分反过来又转化为动能。但是,整个地月系统传给地球表面某一个部分的这点微不足道的动能,也会暂时留在地球表面上,经受那里起作用的各种条件的影响,而这些条件则给活动在地球表面上的一切能量准备了同一个最终命运:最后转化为热并放射到宇宙空间中去。

可见,就潮汐摩擦无可辩驳地阻碍地球的自转而言,这方面耗费的动能,对于地月动力学系统来说,是绝对地失掉了。所以,它不能以动力学上的位能的形式在这个系统内部再现。换句话说,由于月球的引力而在阻碍地球自转方面耗费的动能,只有对地球上的**固体**发生作用的那一部分,能够作为动力学上的位能完全再现,也就是能够通过月球距离的相应拉大而得到抵偿。至于对地球上的液体发生作用的那一部分动能,只有当它不使这些液体本身按同地球自转相反的方向运动时,才可能是这样,因为这种运动会**完全**转化为热,并由于放射出去而从系统中最终失去。

关于地球表面的潮汐摩擦的情况,也同样适用于有时作为假说提出的假想的流体地心的潮汐摩擦。

这里颇为奇怪的是,汤姆生和泰特竟没有注意到,他们为了论证潮汐摩擦理论却提出了以下面这个默认的前提为出发点的理论,这个前提就是:地球是一个**完完全全的刚体**,决不可能有潮汐,因而也不可能有潮汐摩擦。

［155］

笛卡儿发现,落潮和涨潮都是由月球的作用所引起的。他还和斯涅尔同时发现了光的折射的基本定律(沃尔夫在第 325 页上对此提出异议[156]),并且以他所特有的、和斯涅尔不同的方式来表述这一定律。

［62］

迈尔《热力学》[①]第 328 页:**康德已经讲过**,落潮和涨潮对旋转的地球施加起延缓作用的压力(根据亚当斯的计算,恒星日的长度现在每千年增加百分之一秒)。

［140］

动力学中**动能**本身的**消耗**总是两重性的,并且有两重结果:

---

① 尤·罗·迈尔《热力学文集》1874 年斯图加特增订第 2 版。——编者注

(1)做出的运动功,相当量的位能的产生,但是这个量总是小于用掉的动能;(2)摩擦等等阻抗(重力除外)的克服,这些阻抗把所消耗的动能的剩余部分转化为**热**。——在转化回来时也是如此:依转化的方式不同,由摩擦等等而损失的一部分作为热消散了。——这一切全是老生常谈!

[154]

碰撞和摩擦。力学把碰撞的作用看做是**纯粹地发生的**。但是实际上并不是这样。在每次碰撞时,都有一部分机械运动转化为热,而摩擦无非是碰撞的一种形式,它不断地把机械运动转化为热(摩擦取火在远古时就已经为人所知)。

[10]

摩擦和碰撞使有关的物体产生**内在的**运动,即分子运动,后者视情况区分为热、电等等。**然而这种运动只是暂时的**,无因便无果。在一定的阶段上,这一切会转变为**永久的分子变化**,**即化学变化**。

[物 理 学]

[191]

热[157]

我们已经看到①,机械运动、活力消失的形式有两种。第一种

---

① 见《运动的基本形式》(本书第 132—150 页)。——编者注

是它转化为机械的位能,例如,通过提升一个重物。这种形式的特点是:这种位能不仅能重新转化为机械运动,而且是同原来的机械运动具有同样活力的机械运动,并且也只能进行这种形式变换。机械的位能决不能产生热或电,除非它事先转化为实际的机械运动。用克劳修斯的话来说,这是一个"可逆的过程"。

机械运动消失的第二种形式发生在摩擦和碰撞的场合,而这二者只是在程度上有所不同。摩擦可以看做相继和并行发生的一连串的小的碰撞,碰撞可以看做集中于一个瞬间和一个地方的摩擦。摩擦是缓慢的碰撞,碰撞是急剧的摩擦。在这里消失了的机械运动是**作为机械运动本身**消失的。它一时还不能自行复原。这个过程不是直接可逆的。机械运动转化为不同质的运动形式,转化为热、电——转化为分子运动的形式。

可见,摩擦和碰撞引起物体运动(力学的对象)向分子运动(物理学的对象)的转化。

当我们把物理学叫做分子运动的力学[①]时,不要忽略这样的事实:这个术语决没有涵盖现代物理学的全部领域。恰恰相反。作为光和辐射热这些现象的中介的以太振动,肯定不是今天所说的分子运动。但是以太振动在地球上的作用首先涉及分子,因为光的折射、光的偏振等等都是由相关物体的分子结构所决定的。同样,那些最著名的科学家现在几乎普遍地把电看做以太粒子的运动,而克劳修斯在谈到热的时候甚至说:

"物体内部的以太也能够参与……有重量的原子〈最好是说分子〉的运

---

① 见本书第78、132页以及《马克思恩格斯全集》中文第2版第26卷第60、71页。——编者注

动"（《力学的热理论》第1卷第22页）。

但是，在电和热这些现象中首先要考察的确实又是分子运动，而且也不能不是这样，因为我们对于以太知之甚少。但是，一旦我们能够创立以太力学，这种力学自然就会把现在不得不归入物理学的许多东西也包括进去。

分子结构被改变甚至被破坏的种种物理过程，将在以后讨论。这些过程构成了从物理学到化学的过渡。

运动的形式变换只是由于分子运动才获得完全的自由。在力学的边界上，物体运动只能采取个别的其他形式——热或电，可是我们在这里却看到形式变换的某种完全不同的活跃状态：热在热电堆中转化为电，它在辐射的一定阶段上变得和光完全一样，并且又重新产生机械运动；电和磁像热和光一样是一对双生子，不仅可以互相转化，而且也可以转化为热和光以及机械运动。并且，这是遵循一定的量度关系的，以致每一种运动形式的一个已知量，都可以用任何其他一种形式，用千克米，用热量单位，用伏特来表示[158]，而每一种量度单位也都可以换算为任何其他一种。

————

在实践中发现机械运动可以转化为热是很古老的事情，甚至可以把这看做人类历史的发端。尽管工具和驯养动物的发明在先，但人类只是在学会摩擦取火以后，才第一次迫使一种无生命的自然力替自己服务。至今在民间还流行的迷信表明，这个具有几乎不可估量的意义的巨大进步在人类的心灵中留下了多么深刻的印象。在青铜和铁使用了很久以后，石刀这第一件工具的发明仍然受到崇敬：祭祀用的一切牲畜仍然要用石刀来处理。依据犹太传说,约书亚曾吩咐对降生在荒野上的男孩用石刀行割礼①;凯尔特人和日耳曼人杀人祭神时也只用石刀。这一切早已湮没无闻了。摩擦取火的情形却不一样。在人们认识其他取火方法以后很久,在大多数民族中一切圣火仍须通过摩擦来取得。甚至直到今天,在大多数欧洲国家中,民间还流行着这样一种迷信:灵火(例如我们德国的祛除畜疫的火)只可用摩擦点燃。这样,直到今天,关于人类在自然面前取得的第一个伟大胜利的满怀感激之情的回忆,还有意无意地留在民间的迷信中,留在世界上最有教养的民族的残存的异教神话传说中。

可是,在摩擦取火中过程还是单方面的。这里机械运动转化为热。要使过程变得完整,它必须再反过来,必须把热转化为机械运动。这时,过程的辩证法才完满实现,过程才完成循环,至少暂时是这样。但是历史有自己的进程,不管这种进程归根到底多么合乎辩证法,辩证法往往还是要等待历史很久。在发现摩擦取火以后,不得不经历好几万年,亚历山大里亚的希罗(公元前120年前后)才发明一种机械,以其自身喷出的水蒸汽推动自身旋转。又过了差不多两千年,才产生了第一台蒸汽机,这是把热转化为真正有用的机械运动的第一部装置。

蒸汽机是第一个真正国际性的发明,而这一事实又昭示了一个巨大的历史性的进步。法国人帕潘发明了蒸汽机,而且是在德国发明的。现在我们从帕潘的书信集(由盖兰德出版)②中得知,

———————

① 参看《旧约全书·约书亚记》第5章第2、3节和《旧约全书·出埃及记》第4章第25节。——编者注
② 哥·威·莱布尼茨和克·惠更斯《同帕潘的通信集》,1881年由恩·盖兰德在柏林出版。——编者注

汽缸和活塞的应用这一基本思路是德国人莱布尼茨提示给他的；莱布尼茨经常把自己的天才思想向周围传布,而毫不理会功绩应归于他自己还是归于别人。不久,英国人萨弗里和纽可门也发明了类似的机械；最后,他们的同胞瓦特给加上了分离的冷凝器,使蒸汽机从原理上达到了现今的水平。发明的循环在这个领域内完成了:从热到机械运动的转化实现了。以后的一切都不过是细节方面的改进而已。

这样,实践以它自己的方式解决了机械运动和热的关系问题。它先把前者转化为后者,然后再把后者转化为前者。但是理论方面的情况怎样呢?

情况真是够可怜的。虽然正是在 17 世纪和 18 世纪出现了数不胜数的游记,其中充满了关于野蛮民族的描写,说他们除了摩擦取火就不知道其他取火方法,可是物理学家们对此几乎毫不在意；他们在整个 18 世纪和 19 世纪最初几十年对蒸汽机也是同样漠不关心。他们大多满足于简单地记载各种事实。

最后,在 20 年代,萨迪·卡诺着手研究这个问题,而且研究得很巧妙,以致他所作的、随后由克拉佩龙以几何学方式加以表述的出色计算,直到今天还被克劳修斯和克拉克·麦克斯韦所采用,并且他差不多已经寻究到问题的根底。妨碍他完全解决这个问题的,并不是事实材料不足,而只是一种先入为主的**错误理论**。而且这种错误理论并不是某种邪恶的哲学强加给物理学家的,它是物理学家用他们自己的似乎比形而上学哲学思维方式高明得多的自然主义思维方式苦思冥想出来的。

在 17 世纪,至少是在英国,热被看做物体的一种特性,看做

"一种特殊的运动"(其本质从未得到过令人满意的解释的一种特殊的运动)。

这是托·汤姆生在力学的热理论被揭示前两年对热的描述
(《热学和电学概论》1840年伦敦第2版[第281页])。但是在18
世纪,下述观点越来越占上风:热和光、电、磁一样,也是一种特殊
的实体;所有这些独特的实体和普通物质的区别就在于它们没有
重量,不可称量。

[192]

电①[159]

电和热一样,也具有某种无所不在的性质,只不过方式不同而
已。地球上发生的任何变化,几乎无不同时显示出电的现象。水
的蒸发,火的燃烧,两块不同的或温度不同的金属相接触,或者铁
和五水硫酸铜的溶液相接触等等,当这类现象发生时,除了明显的
物理现象和化学现象外,同时还有电的过程发生。我们越是精细
地考察千差万别的自然过程,就越多地碰到电的踪影。尽管电无
所不在,尽管近半个世纪以来电越来越多地被用于工业来为人类
服务,可是,在电这种运动形式的性质方面仍然笼罩着一大团迷
雾。电流的发现比氧的发现大约晚25年,而前者对于电学同后者
对于化学至少是一样重要的。可是直到今天,这两个领域的差别

---

① 恩格斯在这里加了一个注:"本章中的事实材料,我们主要是依据维德
曼的《流电说和电磁说》,两卷三册本,1874年不伦瑞克第2版。[149]
在1882年6月15日的《自然》[98]杂志中,有人指出这一'令人钦佩
的著作——在本版中增补了静电学——是目前最杰出的关于电的实
验著作'[160]。"——编者注

还是多么大啊！在化学中，特别是由于道尔顿发现了原子量，已经取得的成果都有序可循并有了相对的可靠性，已经能够系统地、差不多是有计划地向还没有被征服的领域进攻，就像有步骤地围攻一座堡垒一样。在电学中，只有一堆由陈旧的、不可靠的、既没有彻底证实也没有彻底推翻的实验拼凑成的杂乱的东西，只有许多孤立的学者在黑暗中毫无把握地摸索，从事彼此毫无联系的研究和实验，他们像一群游牧的骑手一样，分散地向未知的领域进攻。的确，在电学领域中，一个像道尔顿那样的能给整个学科提供一个中心点并为研究工作打下稳固基础的发现，现在还有待完成。电学还处于支离破碎的状态，暂时还不能建立一种无所不包的理论，从根本上说，正是这一情况使得片面的经验在这个领域中占优势。这种经验甚至竭力拒绝思维，正因为如此，它不仅错误地思维，而且也不能忠实地跟踪事实，甚至不能忠实地报告事实，结果就变成和实际经验相反的东西。

有些自然科学家先生竟在背后大骂德国自然哲学的荒诞的先验思辨，如果说对于这班先生应该奉劝他们去读一读同时代的甚至晚些时候的经验派理论物理学的著作，那么，对于电学来说，就更应该这样做了。就拿1840年出版的托马斯·汤姆生所著的《热学和电学概论》来说吧。老汤姆生在当时是一个权威；再说，他已经可以利用迄今为止最伟大的电学家法拉第的大部分著作。可是他的著作含有至少和老早以前的黑格尔自然哲学的有关章节同样荒诞的东西。例如，关于电火花的记述，可能就是从黑格尔著作的相应段落直接移植过来的。他们两人都列举了在人们还不认识电火花的真正性质和种种差别时想从电火花中发现的种种奇迹，而现在已经证明，这多半是一些特例和误解。更妙的是，汤姆生在第

416页上郑重其事地叙述了戴赛尼的无稽之谈,说什么在气压上升而温度下降时,玻璃、松香、丝绸等浸入水银就发生负电,反之,在气压下降而温度上升时,就发生正电;在夏天把黄金和其他几种金属加热就发生正电,冷却就发生负电,在冬天则相反;在高气压和刮北风的时候,气温上升这些金属就产生很强的正电,气温下降就产生很强的负电,如此等等。关于汤姆生对事实的论述,就说到这里。至于先验思辨,汤姆生用来款待我们的下述关于电火花的构想,也不过是来自法拉第本人的东西:

"电火花就是放电,或者说,是许多电介质粒子因其中少数占有极小极有限空间的粒子的特殊作用而发生的极化感应状态减弱的现象。法拉第认为,发生放电现象的这少许粒子,不仅被互相推开,而且短暂间处于一种特殊的、十分活跃的〈highly exalted〉状态;就是说,它们周围的所有的力都相继投向它们,从而它们就进入一种强度也许和原子发生化学结合时的强度相当的状态;然后它们又以我们现在还不知道的某种方式把这种力放出来,就像上述原子放出自己的力一样,整个过程至此结束〈and so the end of the whole〉。最后的结果就像以金属粒子代替放电的粒子时所发生的情形一样,而且有朝一日可以证明这两种场合下的作用原理相同,似乎也不是不可能的。"**161**汤姆生又说:"我之所以用法拉第的原话来叙述他的这个解释,是因为我对此还不完全了解。"

在其他人那里也会发生这种情况,这就像他们在阅读黑格尔的著作时所遇到的情况一样。黑格尔说:在电火花中,

"有紧张关系的物体的特殊物质性还没有进入过程,而在其中只是以元素和灵魂的方式得到规定",并且电是"物体固有的愤怒、固有的暴怒",是"任何物体受到刺激时都会表现出来的""愤怒的自我"(《自然哲学》第324节附释)。

的确,黑格尔和法拉第的基本思想是一样的。他们两人都反对那种认为电不是物质的一种状态而是某种特有的特殊物质的看

法。因为在电火花中电似乎表现为独立的、自由的、脱离了一切异己的物质基础的东西，然而仍然是可以感知的东西，所以他们两人在当时的科学状况下，就必然会设想电火花是一种瞬间离开一切物质的"力"的转瞬即逝的现象形态。对我们来说，这个谜当然是已经解开了，因为我们知道，在电火花放电的时候，在两个金属电极之间确实发生了"金属粒子"的跳越，所以"有紧张关系的物体的特殊物质性"实际上"进入过程"。

大家知道，电和磁像热和光一样，最初是被看做没有重量的特殊物质。一提到电，大家知道，人们立刻就会想到两种相对立的物质、两种"流体"，一种是正的，一种是负的，这两者在正常的状态下相互中和，直到它们被所谓"电的分离力"分开为止。此外，人们可以使两个物体中的一个带正电，一个带负电；如果用第三个导电的物体把这两个物体连接起来，那么视情况不同，两个物体所带的电或者突然变成相等，或者以恒定电流为中介而变得相等。突然变得相等的现象似乎很简单而且很容易理解，但是要说明电流就困难了。有一个最简单的假说：每一次在电流中运动的要么只是正电，要么只是负电。费希纳和韦伯反对这个假说，他们认为，在闭合电路中，每一次都有一对相等的正电电流和负电电流，以相反的方向在有重量的物体分子间的通道中并行流动着，韦伯还对此作了较详细的说明。韦伯运用数学方法详细地研究了这一理论，最后得出了这样一种结果：一个函数（什么样的函数在这里无关紧要）乘以数值 $\frac{1}{r}$，而这个 $\frac{1}{r}$ 表示"电的单位和毫克的比值"（维德曼《流电说和电磁说》第 2 版第 3 册第 569 页）。对重量量度的比值，自然只能是重量间的比值。所以，片面的经验就这样只顾计算而忘记了思维，在这里竟让没有重量的电成为有重量的东西，并且把这一重量导入数学计算。

韦伯得出的公式只在一定的范围内才有意义,而亥姆霍兹早在几年以前就据此计算出和能量守恒原理相抵触的结果。1871年卡·诺伊曼提出另一个假说来反对韦伯关于两种电流以相反方向流动的假说,这个假说就是:在电流中运动的只是两种电中的一种,例如正电,而另一种,例如负电,则和物体的质量固结在一起。维德曼对这个假说作过下述评论:

"如果在韦伯所假定的以相反的方向流动而电量为 $\pm\frac{1}{2}e$ 的两个电流上,再加上一个对外部不起作用的中性电流,它沿正电流方向流动,电量为 $\pm\frac{1}{2}e$,那么这个假说就可以和韦伯的假说统一起来了。"(第 3 册第 577 页)

这个论断仍然带有片面经验的特征。为了使电无论如何能成为电流,就得把电分解为正电和负电。但是用这两种物质来解释电流的一切尝试,都会碰到困难;假设电流中每次只存在一种物质也好,假设两种物质同时以相反的方向流动也好,最后,假设一种物质发生流动而另一种物质静止不动也好,结果都一样。如果我们采取最后一种假设,那么,怎样来解释下面这个无法解释的想法:在发电机和莱顿瓶中本来十分活跃的负电,在电流中却和物体的质量固结在一起。很简单。我们让正电流 $+\frac{1}{2}e$ 沿导线向右流动,让负电流 $-\frac{1}{2}e$ 沿导线向左流动,此外再让一个中性电 $\pm\frac{1}{2}e$ 的电流向右流动。我们先是假设,为了使两种电无论如何能流动起来,就得把它们分离开来;而为了解释这两种分离的电在流动时发生的现象,我们又假设它们不分离也能够流动。我们先是作出一个假设去解释某一现象,而在我们一遇到困难时,又作出正好否定前一假设的第二个假设。这班先生理当抱怨的那种哲学究竟应当是怎样的呢?

除了关于电的物质性这种观点,还立即出现了另一种观点:电只是物体的一种状态、一种"力",或者如我们今天所说的,是运动的一种特殊形式。我们在前面已经看到,持这种观点的,前有黑格尔,后有法拉第。自从热的机械当量的发现彻底清除了关于某种独特的"热素"的观念,并证明热是一种分子运动以来,紧接着的一步就是也用新的方法来研究电,并尝试测定电的机械当量。这个尝试完全成功了。特别是焦耳、法夫尔和拉乌尔的实验,不仅确定了电流中的所谓"电动力"的热当量和机械当量,而且还证明了它和电池中通过化学过程所释放出来的能或者和电解槽中所消耗的能是完全等价的。因此,把电看做一种独特的物质流体的假设越来越站不住脚了。

但是热和电并不完全相似。电流在一些极其本质的方面和热的传导毕竟是不相同的。我们仍然不能说明,究竟是**什么东西**在带电的物体中运动。像在热的场合那样假设一种纯粹的分子振动,看来是不够的。从电的惊人的甚至超过光速的运动速度[162]来看,很难克服这样的观念:这里在物体的分子之间有某种物质的东西在运动。在这个问题上,克拉克·麦克斯韦(1864年)、汉克尔(1865年)、雷纳尔(1870年)以及埃德伦(1872年)的最新理论,都一致同意1846年法拉第凭推测首先提出的假设:电是渗透整个空间因而也渗透一切物体的弹性介质的一种运动,这种介质的分散的粒子是按照与距离平方成反比的定律互相排斥的,换句话说,电是以太粒子[33]的一种运动,物体的分子则参与这种运动。至于这种运动的性质,各种不同的理论就有分歧了;麦克斯韦、汉克尔和雷纳尔的理论,以对漩涡运动的最新研究为基础,依然用漩涡对这种性质作出不同方式的说明,这样一来,老笛卡儿的漩涡又重新在不断更新的领域中受到尊重。我们暂且不去更深入地研究这些理论的细节。它们彼此间的分歧是很大的,而且一定还会发生许多变化。但是在它们共同的基本观点中有一个决定性的进步:电是能穿透一切有重量物质的光以太粒子的运动,这种运动会反作用于物体的分子。这种见解调和了以前的两种见解。按照这种见解,在发生电的现象时,的确有某种与有重量物质不同的物质的东西在运动。但是这种物质的东西不是电本身,电实际上倒不如说是一种运动形式,虽然并不是有重量物质的一种直接的运动形式。以太说一方面指出一条道路,使人们摆脱关于两种对立的电流体的原始的愚蠢观念,另一方面也使人们有希望弄清楚:**什么东西**是电运动的真正物质基础,**什么东西**的运动引起电现象。

以太说已经有**一个**决定性的成就。大家知道,至少存在着这样一个点,在这个点上,电直接改变光的运动:它使光的偏振面旋转。克拉克·麦克斯韦根据他的前面说过的理论,计算出一个物体的电容率等于它的光折射率的平方。玻耳兹曼研究了各种非导体的介电常数,发现硫磺、树脂和石蜡的介电常数的平方根分别等于其光的折射率。最大的误差——在硫磺中——仅为百分之四。这样一来,麦克斯韦的以太说恰好就由实验证实了。

但是,要通过一系列新的实验从这些本来互相矛盾的假说中剥出一个坚实的内核来,还需要经过较长的时间和花费很多劳动。在此以前,或者在以太说也许被另一崭新的理论取代以前,电学还将处于尴尬的境地,不得不使用它本身也认为是错误的表达方法。它的一整套术语仍然是以两种电流体的观念为基础的。它仍然信口谈论“在物体中流动的电的质量”,“电在每一个分子中的分离”

等等。这是一种弊病,我们已经说过,这种弊病主要是由科学目前的过渡状态所不可避免地造成的,而且在片面的经验恰好在这个研究部门中占据优势的情况下,这种弊病对于迄今为止的思想混乱的延续也起了不小的作用。

我们已经学会利用起电机产生恒定电流,反过来又利用电流产生所谓静电,并使莱顿瓶充电等等,从此,所谓静电(或称摩擦电)和动电(或称流电)之间的对立可以说是有了中介。我们在这里不谈静电的亚型,也不谈现在被当做电的一种亚型来看待的磁。对这类现象的理论上的解释,无论如何应到电流的理论中去寻找,所以我们主要谈电流的理论。

恒定电流可以由不同的方法获得。物体的机械运动最初只能**直接**(由摩擦)产生静电,只有耗费很大的能量,才能产生恒定电流;要使这种运动至少大部分变成电的运动,那就要以磁为中介,就像格拉姆、西门子等人的著名的磁发电机那样。热可以直接变成电流,如两种不同金属的焊接处就会发生这种情形。由化学反应释放出来的能量,在通常的环境中是以热的形式出现的,但在一定的条件下就变成电的运动。反过来,电的运动,只要具备所需要的条件,又会变成任何其他形式的运动:它可以变成物体运动(在小的规模上,可直接变成电动力学的吸引和排斥;在大的规模上,可在电磁发动机中再以磁为中介);它可以变成热(只要不导入其他变化,这在闭合电路中就处处发生);它可以变成化学能(在接上闭合电路的电解槽和伏特计中,电流在其中可以分解用其他方法所不能分解的化合物)。

在所有这些转换中,运动的一切变化在量的方面等价这一基本定律都是适用的。或者如维德曼所说的,

"依据力的守恒定律,以任何方式为产生电流所做的[机械]功,必定等于为产生各种电流作用所做的功"[第 3 册第 472 页]。

物体运动或热转变为电①,在这里是不会有什么困难的;已经证明,所谓"电动力",在第一种情况下等于消耗在这一运动上的功,在第二种情况下则"在热电堆的每一个焊接处和热电堆的绝对温度成正比"(维德曼,第 3 册第 482 页),就是说,和存在于每一个焊接处的以绝对单位计量的热量成正比。有人证明,这个定律事实上也适用于由化学能产生的电。但是在这里,问题并不那么简单,至少对于现在流行的理论来说是如此。所以我们就稍微深入地考察一下。

法夫尔的实验(1857—1858 年),是通过伽伐尼电堆引起运动形式转化的一系列卓越的实验中的一个。[163]他把一个由 5 个电池组合起来的斯米电堆置于一个热量计中;把一部带有可随意连接的外露主轴和皮带轮的小型电磁发动机置于另一个热量计中。电堆中每产生 1 克氢,或每溶解 32.6 克锌(这是以克表示的锌的旧的化学当量,等于其现在的原子量 65.2 的一半),就有下列的结果:

A. 热量计中的电堆处于闭合状态,不连接发动机时:产生的热是 18 682 或 18 674 热量单位。

B. 以闭合电路把电堆和发动机连接起来,但不让发动机运转:电堆中的热是 16 448 热量单位,发动机中的是 2 219 热量单

_____

① 恩格斯在这里加了一个注:"我是在电的运动这一意义上使用'电'这个名称的,正如'热'这个普通名称可以用来表示使我们感官感到热的那种运动形式。这是不应当引起任何异议的,因为和**电压**状态的任何可能的混淆,在这里早就明确地排除了。"——编者注

位,一共是 18 667 热量单位。

C.同 B,但发动机运转而不提升重物:电堆中的热是 13 888
热量单位,发动机中的是 4 769 热量单位,一共是 18 657 热量
单位。

D.同 C,但是发动机提升重物,并且为此所做的机械功等于
131.24 千克米:电堆中的热是 15 427 热量单位,发动机中的
是 2 947 热量单位,一共是 18 374 热量单位;和前面的 18 682 热
量单位相比,损耗为 308 热量单位。但是作出的 131.24 千克米的
机械功,如乘以 1 000(为了把化学结果的克化成千克),除以热的
机械当量 423.5 千克米[139],结果就是 309 热量单位,这正是前面
所说的损耗,即所做的机械功的热当量。

因此,运动在它的各种变化中的等价,在电的运动上(在不可
避免的误差范围内)也得到了令人信服的证明。而且同样证明了
伽伐尼电池的"电动力"不过是转化为电的化学能,而电池本身不
过是把释放出来的化学能转化为电的一种装置、一种器具而已,这
正如一部蒸汽机把供给它的热转化为机械运动一样,在两种情况
下,进行这种转化的器具都不能从自身再提供另外的能量。

可是对于传统观点来说,这里就发生了一个困难。这种观点
认为,电池由于电池中液体和金属相接触而产生一种"**电的分离
力**",它和电动力成正比,所以它对于一定的电池就代表一定量的
能。传统观点所认为的电池本身固有的、即使没有化学反应也具
有的能量来源,即电的分离力,同化学反应释放出来的能量间的关
系是怎样的呢? 如果它是同化学反应无关而独立存在的能量来
源,那么它提供的能量又是从什么地方得来的呢?

这个不大清楚的问题成了伏打所建立的接触说和随后产生的

电流化学说之间争论的焦点。

接触说是从电池中金属和一种或多种液体接触，或者单纯液体和液体接触而产生的电压出发，从这些电压的均等化，或闭合电路中所产生的相分离相对立的电的电压的均等化出发，来解释电流的。对于纯粹的接触说来说，这里所发生的化学变化完全是第二位的东西。与此相反，李特尔早在1805年就主张，只有激发物在接通电路**以前**就互相发生化学作用，电流才能形成。维德曼曾把这种较旧的化学说总括如下（第1册第784页）：按照这种理论，所谓接触电，

"只有当相互接触的物体同时发生实际的化学作用，或者当化学平衡遭到破坏（即使和化学过程没有直接联系），相互接触的物体之间出现'化学作用的倾向'的时候，才有可能发生"。

可以看出，双方都只是间接地提出电流的能量来源的问题，这在当时也几乎是别无他法的。伏打及其后继者认为下面这一点是十分自然的：不同类的物体一接触，就会产生恒定电流，所以并不需要补偿就能做一定的功。李特尔及其追随者同样也不了解，化学反应怎么竟能使电池产生电流并做功。但是就化学说而言，这一点早就由焦耳、法夫尔、拉乌尔等人阐明了，可是就接触说而言，情况却恰恰相反。它固步自封，以致在本质上还停留在原来的出发点上。所以，在今天的电学中，那些属于早已过去的时代的观念，即和能量守恒原理直接矛盾的观念还在起作用，而在过去的那个时代，人们不得不满足于把任何结果都归之于随便找到的、浮在表面上的和似是而非的原因，而不管运动是否能从无中产生。而且，即使把这些观念的最糟糕的方面加以删除、削弱、冲淡、割除、

美化,也无补于事:混乱只会更加严重。

我们知道,即使更陈旧的电流化学说,也承认电池中发生接触对于形成电流是完全必要的;它只是主张,如果不同时发生化学反应,这种接触便不能产生恒定电流。而且直到今天仍然不言而喻的是,电池的接触设备恰恰是使释放出来的化学能变为电的装置,并且化学能是否以及有多少能够真正变为电的运动,本质上取决于这些接触设备。

维德曼是一个片面的经验主义者,他力图从旧的接触说中拯救出可以拯救的东西。我们就来听听他说些什么吧。他说(第1册第799页):

"虽然化学上呈惰性的物体(例如金属)的接触作用,像人们以前所认为的那样,既不是电堆理论所必不可少的,也并不因为**欧姆**从这个假设中推导出自己的定律(没有这个假设这个定律也可以推导出来)并且以实验证实过这个定律的**费希纳**也维护过这种接触说而得到证明,但是,金属接触便产生电,这是不可否认的,至少照现有的几个实验看来是如此,即使在量的方面能够获得的结果由于不可能使互相接触的物体的表面保持绝对清洁,而总是不可避免地带有某种不可靠性。"

可以看到,接触说已经变得非常谦逊了。它承认,它对于说明电流不是必不可少的,而且既没有由欧姆在理论上,也没有由费希纳在实验上加以证明。它甚至承认,它唯一还能依靠的所谓基本实验,在量的方面总是只能够提供一些不可靠的结果,最后,它只要求我们承认电运动总是由接触引起——即使只是**金属**的接触!

如果接触说到此止步,那就无须再置一词来反对它了。也许应当无条件地承认,两种金属一接触就会产生电的现象,这种电可以使解剖的蛙腿痉挛,可以使验电器带电,可以引起其他各种运动。这里首先要问的只是:产生这种现象所需要的能量是从什么地方来的?

要回答这个问题,照维德曼的意见(第 1 册第 14 页),我们

"大致可做如下考察:使两块不同类的金属板 A 和 B 彼此靠近到很小的距离,它们因附着力的作用就相互吸引。它们彼此一接触,就失去了这种吸引所给予它们的运动的活力。(如果我们假设金属的分子处于不断的振动之中,那么也可能发生这样的情形:如果不同类的金属一接触,不同时振动的分子就相互接触,那么分子的振动在失去活力时就会发生变化。)失去的活力大部分变成热。而其中的一小部分就消耗在以另外的方式分配先前没有分离的电上。我们在前面已经说过,可能由于对两种电的引力不同,这两个碰在一起的物体就带上了等量的正电和负电。"

接触说变得越来越谦逊了。先是承认,以后要做如此巨大的功的强大的电分离力,本身并不具有任何固有的能量,而如果没有能量从外面传给它,它就无法起作用。后来给它指定了一个很小的能量来源,即由附着作用而致的活力,这个活力只在距离小得几乎无法测量的时候才起作用,使物体移动一个小得几乎无法测量的距离。然而这是无关紧要的:它无可否认地存在着,而且同样无可否认地在接触时消失。但是这一极小的来源对于我们的目的来说仍然提供了太多的能量:大部分变成了热,只有一小部分用于引起电的分离力。虽然大家都知道,自然界中有不少由极小的碰撞产生极强的作用的实例,可是看来维德曼自己也感觉到,他那一点点能量来源在这里是很不够的,于是便去寻找第二个可能的来源,也就是假设两种金属的分子振动在接触面上发生干涉。撇开我们在这里碰到的其他种种困难不谈,格罗夫和加西奥都证明了,根本不需要真正的接触就可以产生电,正如维德曼自己在前一页上所告诉我们的那样。总之,我们对产生电的分离力的能量来源考察

得越多,这个来源就越来越枯竭了。

但是直到现在我们几乎还不知道金属接触产生电的其他能量来源。按照瑙曼的意见(《普通化学和物理化学》1877 年海德堡版第 675 页),"接触电动力把热转化为电";他认为"下面这个假设是很自然的:电动力引起电运动的能力,是以现有的热量为基础的,或者换句话说,是温度的一个函数",并说这也由勒鲁从实验上加以证明。在这里,我们又完全无所适从了。金属电动序定律不容许我们求助于在总是蒙着一层几乎无法去掉的薄薄的空气和非纯净水的接触面上不断发生的微小化学过程,也就是不容许我们从接触面间的不可见的主动电解质的存在来说明电的产生。电解质在闭合电路中必然产生恒定电流;相反,仅仅由金属接触所产生的电,在电路一接通时就消失了。这里我们就接触到了关键:维德曼本人起初认为"电的分离力"只是金属所具有的,并且认为不从外面供给能量就不能做功,后来又专门为其指定了一个极其微小的能量来源,可是,这个"电的分离力",通过化学上呈惰性的物体的接触能否产生和以什么方式产生恒定电流呢?

电动序是按这样的方式来排列各种金属的:每一种金属对于前面的一种来说带负电,对于后面的一种来说带正电。所以,如果我们把金属片按这样的顺序排列起来,例如依次为锌、锡、铁、铜、铂,我们就能在两端得到电压。但是,如果我们把这一金属序列联成一个闭合电路,使锌和铂也碰在一起,那么电压就立即均等化并消失。

"所以在列入电动序的各物体所构成的闭合电路中,要形成恒定电流是不可能的。"[第 1 册第 45 页]

维德曼还以下面这种理论上的考虑来支持这个命题:

"事实上,如果在电路中出现恒定电流,它就会在金属导体本身中产生热,这种热充其量会由于金属接触处的冷却而被抵消。无论如何,总会引起热的不均衡的分布;而且一部电磁发动机如果没有从外面供给的能量,而由电流持续地发动起来并因而做功,这是不可能的,因为当金属例如通过焊接牢牢连接在一起时,在接触处也不可能再发生足以补偿这个功的任何变化。"
[第1册第44—45页]

但是,维德曼并不满足于对金属的接触电不能单独产生电流这一点作出理论上的和实验上的证明,我们将看到,他还认为必须提出一个特殊的假说,以便把接触电的作用排除在外,即使是在接触电在电流中也许起作用的场合。

因此,要从接触电到达电流,我们就得寻找其他的道路。让我们和维德曼一起这样设想:

"把两种金属,例如锌棒和铜棒的一端焊接在一起,而以第三种物体把这两种金属棒各空着的一端连接起来,这一物体对两种金属都不发生起电作用,而只传导聚集于金属表面的两种相反的电,结果使这两种电在它里面互相中和,于是电的分离力总是又恢复先前的电位差,从而在电路中产生一个无须任何补偿就能做功的恒定电流。但这又是不可能的。因此,只能导电而对其他物体不发生起电作用的物体是不可能有的。"[第1册第45页]

我们并没有比以前走得更远些,不可能创造运动这一事实又堵住了我们的道路。依靠化学上呈惰性的物体的接触,即依靠本来意义的接触电,我们永远不能产生出电流来。因此,我们就再转过身来,试试维德曼给我们指出的第三条道路:

"最后,如果我们把一块锌板和一块铜板浸入含有所谓二元化合物的液体中(这种化合物能分解为化学性质不相同的完全饱和的两种成分),例如,浸入稀盐酸($H+Cl$)等等中,这时,按照第27节中的说明,锌就带负电而铜则带正电。如果把这两种金属连接起来,这两种电就经过接触的地方而中和,于是正电流就经过这个地方由铜流到锌。而且,因为在这两种金属接触时出现的电的分离力使正电按同一方向流动,所以各个电的分离力的作用并没有像在金属闭合电路中那样互相抵消。因此,这里产生了一个正电恒定电流,这个电流在闭合电路中经过铜和锌的连接处由铜流到锌,再经过液体由锌流到铜。我们很快(第34节)还要回到这样一个问题上来:存在于闭合电路中的各个电的分离力,在形成电流方面实际上起了多少作用。——产生这种电流的导体组合,我们称之为伽伐尼电池,或者也叫做伽伐尼电池组。"(第1册第45页)

这样,奇迹就似乎告成了。在这里,仅仅由于接触时出现的电的分离力,恒定电流就产生了,而按照维德曼自己的说法,这种分离力如果没有从外面供给的能量,是不可能起作用的。而且,除了维德曼在前面所说的,他没有再向我们提供任何东西来对此作出说明,可见,这确实是一个十足的奇迹。在这里,关于这个过程我们学到了一些什么呢?

1. 如果把锌和铜浸入含有所谓**二元化合物**的液体中,于是,照第27节中的说明,锌就带负电,而铜就带正电。但是在整个第27节中关于二元化合物只字未提。那里只谈到由一块锌板和一块铜板夹着一块浸过**酸性**溶液的布料所构成的简单的伏打电池,然后就研究由此引起的两种金属上的静电荷,而根本没有提到任何化学过程。因此,所谓二元化合物在这里是从后门偷运进来的。

2. 这个二元化合物在这里究竟起什么作用,仍然是完全神秘的。它"能分解为化学性质不相同的完全饱和的两种成分"(它们分解后完全饱和?!),这一情况最多也只是在它**真正分解的时候**,才能教给我们一点新东西。但是,关于这一点他对我们只字未提,所以我们暂时不得不假设它是**不分解**的,例如烷烃就是这样。

3. 因此,当锌在液体中带负电,铜带正电之后,我们就让它们(在液体外)相接触。即刻,"这两种电就经过接触的地方而中和,于是正电流就经过这个地方由铜流到锌"。为什么只有"正"电流按这一方向流动,却没有"负"电流按相反的方向流动,对此我们又一无所知。直到现在还被认为和正电同样必要的负电究竟变成了什么,我们毫无所知;而电的分离力的作用恰好在于使这两种电相游离而对立。现在负电却突然被压制下去,在一定程度上被隐藏起来了,这就显得似乎只有正电存在了。

但是后来在第 51 页上又作了正好相反的说明,那里说,"两种电合在一个电流中",就是说负电和正电二者都在其中流动!谁能帮助我们摆脱这种混乱呢?

4. "而且,因为在这两种金属接触时出现的电的分离力使正电按同一方向流动,所以各个电的分离力的作用并没有像在金属闭合电路中那样互相抵消。因此,这里产生了一个恒定电流",等等。

这说得有些过分了。因为我们会看到,维德曼在几页以后(第 52 页)就向我们证明,

在"形成恒定电流的时候……在金属接触处的电的分离力……必定是不起作用的";

他还证明,即使这种分离力不使正电按同一方向流动,而是朝着电流相反的方向起作用,也不仅有电流发生,而且在这种情况下,这种分离力也不能由电池的分离力的一定部分得到补偿,所以又是不起作用的。因此,既然维德曼在第 52 页上认为电的分离力对于保持电流是不起作用的,他又怎么能够在第 45 页上把电的分离力当做形成电流的必要因素,并且还为此目的专门提出了一种假

说呢？

5.“因此,这里产生了一个正电恒定电流,这个电流在闭合电路中经过铜和锌的连接处由铜流到锌,再经过液体由锌流到铜。”

但是,要使这种恒定电流“在导体本身中产生热”,并且能够由它把“一部电磁发动机发动起来并因而做功”,不供给能量是不可能的。可是这种能量的供给是否可能,它从何而来,维德曼直到现在也没有向我们透露过半个字,所以到现在为止,恒定电流还是和在前面研究过的两种场合下的情形一样,是不可能有的东西。

这一点没有人比维德曼更清楚。所以他认为最好还是尽快避开这个关于电流形成的奇异解释的许多棘手之处,而塞给读者几页有关这个仍然十分神秘的电流的热效应、化学效应、磁效应以及生理效应的种种浅薄的逸闻,而且在这里甚至例外地使用了十分通俗的语调。然后他突然接着说道(第49页):

“我们现在应当研究一下,电的分离力在一个由两种金属和一种液体,例如由锌、铜和盐酸所构成的闭合电路中,是怎样起作用的。

我们知道,当电流通过的时候,液体中所含的二元化合物(HCl)的成分就分开了:一种成分(H)在铜上游离出来,另一种等当量的成分(Cl)在锌上游离出来,在这里,后一成分和等当量的锌化合成 $ZnCl$。”

我们知道! 如果说我们知道这一点,那么我们肯定不是从维德曼那里知道的,因为关于这个过程,正如我们已经看到的,至今他连半个字也没有向我们透露过。此外,如果说我们对这个过程知道一些什么,那就是它并不是像维德曼所描绘的那样。

在气体氢和气体氯形成一个 HCl 分子时,释放出来的能量等于 22 000 热量单位(尤利乌斯·汤姆森)[164]。因此,要把氯从它

和氢的化合物中分离出来,就必须从外面供给每个 HCl 分子以等
量的能。电池从什么地方获得这一能量呢? 在维德曼的叙述中并
没有告诉我们,所以我们还是自己来研究一下吧。

当氯和锌化合成氯化锌的时候,释放出的能量大大多于把氯
和氢分开所必需的能量,(Zn,Cl$_2$)释放出 97 210 热量单位,而 2
(H,Cl)则释放出 44 000 热量单位(尤·汤姆森)。这样,电池中
的过程就可以说明了。所以事情并不像维德曼所说的那样,氢一
下子就在铜上游离出来,而氯一下子就在锌上游离出来,"在这
里",锌和氯随即偶然地化合起来了。相反,锌和氯的化合是整个
过程的最重要的基本条件,而且这个化合过程如果不发生,我们就
别指望铜上会有氢游离出来。

形成一个 ZnCl$_2$ 分子所释放出的能量,多于两个 H 原子从两
个 HCl 分子中游离出来时所耗费的能量,这一多余的能量就在电
池中转化为电的运动,并且提供了电路中出现的全部"电动力"。
所以并不是什么神秘的"电的分离力"在没有已经指出的能量来
源的情况下使氢和氯互相分开,而是电池中所发生的整个化学过
程为闭合电路中的全部"电的分离力"和"电动力"提供了它们的
存在所必需的能量。

这样,我们眼下可以确定,维德曼对电流的**第二种**解释和他的
第一种解释一样,对我们是没有什么帮助的。现在我们往下再看
看他还写了些什么:

"这一过程证明:二元化合物在两种金属间的作用,不再像金属的情形那
样,仅仅存在于它的全部质量对这种或那种电的简单的强势吸引,在这里还
出现了它的两种成分的一种特殊作用。因为 Cl 这一成分在正电流进入液体
的地方分解出来,而 H 这一成分在负电流进入液体的地方分解出来,所以我

们就假设:HCl 这一化合物中的每一个当量的氯都带有一定量的负电,而后者则制约着进入的正电对氯的吸引。这是化合物中**带负电的成分**。同样,每一当量的 H 都一定带有正电,所以是化合物中带正电的成分。这些电荷在 H 和 Cl 化合时可能呈现出锌和铜接触时所呈现出的那种情形。因为 HCl 这一化合物本身是不带电的,所以我们必须据此假设:其中带正电的成分的原子和带负电的成分的原子含有的正电和负电是等量的。

现在如果把一块锌板和一块铜板浸入稀盐酸中,我们就可以推测,锌对其中带负电的成分(Cl)的吸引比对带正电的成分(H)的吸引要强些。因此,和锌接触的盐酸分子将会这样配置:其中带负电的成分趋向锌,带正电的成分趋向铜。因为这样排列起来的各个成分通过自己的电吸引作用于后面的 HCl 分子,所以锌板和铜板之间的分子的整个序列就排列如图 10:

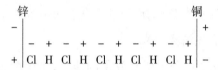

如果第二种金属对带正电的氢的作用也像锌对带负电的氯的作用一样,那么这就会促进这样的配置。如果它的作用方向相反,但是较弱,那么至少这个配置的方向是不会改变的。

由于靠近锌的带负电的成分 Cl 的负电的感应作用,电就会这样分布于锌:锌板上同最临近的盐酸原子[1]中的 Cl 紧挨着的地方带正电,离得较远的地方带负电。同样,铜板上负电聚集在同临近的盐酸原子中的带正电的成分(H)最靠近的地方,正电则被排斥到较远的地方。

其次,锌上面的正电就会和最临近的 Cl 原子所带的负电结合起来,而 Cl 原子本身就会和锌化合。先前和这个 Cl 原子化合在一起的带正电的 H 原子,就会和趋向它的第二个 HCl 原子中的 Cl 原子化合,同时这些原子中所含的电也互相结合起来;同样,第二个 HCl 原子中的 H 原子和第三个 HCl 原子中的 Cl 原子会化合起来,如此类推,直到最后,就会有一个 H 原子在铜上游离出来,而它所带的正电就和分布在铜上的负电结合起来,因而它就在不带

---

[1] 古·维德曼在这里和后面所说的"盐酸原子"是指盐酸分子。——编者注

电的状态中逸出了。"这个过程会"持续重复下去,直到聚集在金属板上的电对于趋向它们的盐酸成分所带的电的排斥力和金属对这些成分的化学吸引力相互平衡为止。但是,如果用一个导体把两块金属板连接起来,那么金属板上的游离电就互相结合,而且上述过程又会重新发生。通过这样的方式,一个恒定电流就产生了。——显然,因为移向金属的二元化合物的两个成分以一定的速度向金属运动,然后达到静止状态,或者形成一种化合物(ZnCl),或者以游离的形态(H)逸出,所以这里就不断地失去活力。"([维德曼的]注:因为 Cl 和 H 这两种成分分开时所获得的活力又被这两种成分和最临近的原子成分结合时所失去的活力抵消了,所以这一过程的影响可以略去不提。)"失去的活力,相当于可见的化学过程中所释放出的热量,即本质上相当于一个当量的锌溶解于稀酸时所释放出的热量。其数值必定和两种电分开时所耗费的功相等。因此,如果这两种电在电流中结合起来,那么,在一个当量的锌被分解而一个当量的氢从液体中分离出来的时候,在整个闭合电路中就一定会产生功(或者是以热的形式出现,或者是以在外部做功的形式出现),而且这个功也和上述化学过程所释放出的相应的热量相当。"[第 1 册第 49—51 页]

　　"我们就假设——可能——我们必须假设——我们就可以推测——会这样分布——会带电",如此等等。全是推测和假设,在这些推测和假设中确实能拿得出来的实际的表述只有三点:第一,锌和氯的化合**现在**已被认作氢游离出来的条件;第二,如现在我们直到最后才知道而且可以说是顺便知道的,这里所释放出的能量正是形成电流所必需的全部能量的来源,而且是唯一的来源;第三,对于电流形成的这个解释是和他前面的两个解释正相矛盾的,正如那两个解释也是相互矛盾的一样。

　　维德曼往下又说:

"这样,在形成恒定电流时起作用的唯有电的分离力,这种力产生于电池的激发液体中二元化合物的原子由两个金属电极所引起的不相等的吸引和极化作用;在不会发生任何机械变化的金属接触处,电的分离力反而必定不起作用。前面说过,闭合电路中的全部电的分离力(和电动力)是和前面说过的化学过程的热当量完全成正比,这证明,这个分离力,如果其作用的方向同液体对金属的电的激发作用方向相反(例如把锡和铅浸入氰化钾溶液的时候),那么它就不能由金属和液体的接触处的电的分离力中得到一定量的补偿。所以这个分离力必须以另外的方式被抵消掉。这一过程按以下假设是再简单不过了:在激发液体和金属接触的时候,电动力由两种方式产生,第一种方式,是由于液体和金属的整个质量对这种或那种电的强度不相等的吸引而产生的;第二种方式,是由于金属对液体的带相反电荷的两种**成分**的不相等的吸引而产生的……由于第一种方式中质量［对这种或那种电的］不相等的吸引,液体完全服从于金属电动序定律,而在闭合电路中,电的分离力(和电动力)完全抵消为零;第二种方式中的化学作用则相反,只提供形成电流所必需的电的分离力以及与之相应的电动力。"(第1册第52、53页)

这样,接触说的最后残余就被顺利地排除在电流形成过程之外了,同时维德曼在第45页上提出的关于电流形成的第一个解释的最后残余也被排除了。最后毫无保留地承认:伽伐尼电池不过是把释放出来的化学能变为电的运动,变为所谓电的分离力和电动力的一种装置,正如蒸汽机是把热能变为机械运动的一种装置一样。在这两种场合下,装置只能为能量的释放和形式转化提供条件,但是本身并不提供任何能量。确定了这一点之后,我们现在还要较详细地研究一下维德曼对电流的解释的第三个方案。在这里,他是怎样描述电池的闭合电路中的能量转变的呢?

他说,显然,在电池中,"因为移向金属的二元化合物的两个成分以一定的速度向金属运动,然后达到静止状态,或者形成一种化合物($ZnCl$),或者以游离的形态(H)逸出,所以这里就不断地失去活力。失去的活力,相当于可见的化学过程中所释放出的热量,即本质上相当于一个当量的锌溶解于稀酸时所释放出的热量"。［第1册第51页］

首先,如果过程是**纯粹地**进行的,那么在电池中,当锌溶解的时候,根本不会释放出任何热量;因为释放出来的能直接变成了电,由于整个闭合电路中的电阻,电才再转变成热。

其次,活力是质量和速度平方的乘积的一半。因此,上述的命题亦可表述如下:一个当量的锌溶解于稀盐酸时所释放出的能量(=若干卡路里),也等于离子的质量和离子向金属移动的速度平方的乘积的一半。这样来表述,这个命题显然就不对了,因为离子移动时所显示出的活力在数值上远不等于由化学过程释放出来的能量①。如果二者相等,那么就不会有电流产生,因为这样就没有给在闭合电路其余部分中的电流留下任何能量。因此,在维德曼那里又加了个说明:离子达到静止状态,"或者形成一种化合物,或者以游离的形态逸出"。但是,如果活力的丧失也包含着这两个过程中发生的能量转变,那么我们就真是陷入困境了。既然我们在谈到释放出的全部能量时是把这两个过程一并考虑的,那么这里就根本谈不上活力的**丧失**,而顶多只能说活力的**获得**。

可见,维德曼对这个命题本身显然并没有确定的理解,"活力

①　恩格斯在这里加了一个注:"不久以前,弗·柯尔劳施(《维德曼年鉴》[165]第6卷[1879年莱比锡版],第206页)计算出,需要'巨大的力'才能使离子在水溶液中移动。使1毫克移动1毫米所需要的拉力,H是32 500千克,Cl是5 200千克,这就是说,HCl是37 700千克。——即使这些数值绝对正确,也不影响上述见解。可是,这个计算包含着电学领域中至今一直无法避免的假说因素,因此还需要通过实验来验证。这种验证看来是可能的。首先,这些'巨大的力'在被消耗掉的地方,在上述场合,就是在电池中,必然以一定的热量的形式再现出来。其次,这些'巨大的力'所消耗的能量必然小于电池中化学过程所产生的能量,并且保持一定的差额。第三,这个差额必然在闭合电路的其余部分中消耗掉,并且在那里也同样可以在数量上加以证实。上述数值只有通过这种检验而被证实之后,才彻底有效。在电解槽中证实这些数值更为可行。"——编者注

的丧失"只不过是一种解围之神①,使他可能作出拼死的一跃,从陈旧的接触说跳到电流化学说。事实上,"活力的丧失"现在已经完成了自己的使命并退出舞台;从此以后,电池中的化学过程无可争辩地被当做产生电流的唯一的能量来源,而我们这位作者还剩下的唯一的忧虑是,怎样才能把化学上呈惰性的物体接触生电的最后残余,也就是把两种金属接触处发生作用的分离力,从电流中体面地排除出去。

当我们读到维德曼对电流形成过程的上述解释的时候,会觉得摆在面前的不过是大约四十年前正统和半正统的神学家们为对付施特劳斯、维耳克、布鲁诺·鲍威尔等人从语言学和历史学方面对圣经的批判**166**而采用过的一种辩护术。他们使用的方法是完全相同的,也必然是相同的,因为在这两种场合下都是要在思维着的科学面前挽救旧的传统。那种顶多只能以数学计算形式来思维的孤傲的经验,却以为自己所使用的完全是无可争辩的事实。可是实际上,它所使用的多半是因袭下来的观念,是其前辈的多半已过时的思维产品,如正电和负电、电的分离力、接触说。这些东西成为它的无穷无尽的数学计算的基础,在这些计算中,由于数学公式的严密性,各种前提的假说性质竟被轻易地忘记了。诸如此类的经验对同时代的思维成果十分怀疑,而对其前辈的思维成果却深信不疑。甚至经实验确定的事实,对这种经验来说也渐渐变得和相关的传统的解释难以分开了;最简单的电现象在描述中也由

---

① 原文为:deux ex machina,直译是:"从机器里出来的神"(在古代的剧院中,扮演神的演员是借助于特别的机械装置而出现在舞台上的);转义是:突然出现的挽救危局的人。——编者注

于例如偷运两种电的理论而遭到歪曲;这种经验已经不**可能**再正确地描述事实了,因为传统的解释已混进到这种描述中去。一句话,在电学领域里,我们碰到了和在神学领域里所碰到的同样盛行的传统。在这两个领域里,最新研究的成果,对从前不认识的事实或有争议的事实的确认,以及由此必然得出的理论结论,都无情地打击了旧的传统,所以,这种传统的维护者就陷入极为困难的境地。他们不得不求助于各种各样的诡计、种种站不住脚的借口,求助于掩盖各种不可调和的矛盾,最终堕入矛盾的迷宫,找不到任何出路。维德曼绝望地试图把以"接触力"为根据的对电流的陈旧解释和以化学能量的释放为根据的新解释用理性主义方式加以调和,正是这种对全部陈旧的电理论的信仰,使他在这里陷入无法自拔的自相矛盾之中。

也许有人会反驳说:上面对于维德曼的电流解释的批评是咬文嚼字;即使维德曼起初在表述上有一些疏忽大意和不精确之处,可是最后他毕竟提出了正确的、合乎能量守恒定律的阐述,因此,一切都还做得不错。为了回答这种反驳,让我们在这里再来看一个例子,就是他对于由锌、稀硫酸、铜组成的电池中发生的过程所作的描写。

"如果用一根导线把两块金属板连接起来,就会产生电流…… 通过电解过程,在铜板上从含有稀硫酸的水里分离出一个当量的氢,成为气泡逸出。在锌板上则生成一个当量的氧,它把锌氧化为氧化锌,而氧化锌又溶于周围的酸中成为硫酸氧化锌。"(第1册第[592—]593页)

为了把氢和氧从水中分离出来,每一个水分子需要相当于68 924个热量单位的能量。在上述电池中从哪里得到这个能量呢?"通过电解过程"。可是,电解过程从哪里得到这个能量呢?

没有任何回答。

但是维德曼后来不止一次,至少有两次告诉我们(第 1 册第 472 和 614 页):总的说来,"根据最新的实验,［在电解的时候］水本身并没有分解",而在我们的例子中,是硫酸 H_2SO_4 分解了,它分解为 H_2 和 SO_3+O,在分解过程中,H_2 和 O 在一定的情况下会以气态逸出。但是,这样一来,过程的整个性质改变了。H_2SO_4 中的 H_2 直接由两价的锌所代替而形成硫酸锌 $ZnSO_4$。一方面剩下了 H_2,另一方面剩下了 SO_3+O。两种气体按照它们结合成水的比例逸出;SO_3 和溶液中的水 H_2O 重新结合成 H_2SO_4,即硫酸。但是,在形成 $ZnSO_4$ 时放出的能量,不仅足以用来置换和释放硫酸中的氢,而且还有相当的剩余,这些剩余在我们的例子中便消耗在电流的形成上。这样,锌也就无须等待电解过程供给它游离的氧,以便先氧化,接着再溶解于酸中。正相反,锌直接地参加到过程中来,这个过程正是**由于锌的参加**才得以实现。

在这里我们看到,陈腐的化学观念怎样成了陈腐的接触观念的帮手。根据最新的观点,盐是一种酸,酸中的氢被某种金属所置换。这里所研究的过程证实了这种观点:酸中的氢被锌直接置换,这充分说明了能量的转变。维德曼所遵循的旧观点认为,盐是某种金属氧化物和某种酸的化合物,因此不说硫酸锌,而说什么硫酸氧化锌。但是,为了在我们的电池中从锌和硫酸获得硫酸氧化锌,就必须首先使锌氧化。为了使锌足够迅速地氧化,就需要有游离的氧。为了获得游离的氧,我们就必须设想——因为在铜板上出现了氢——水被分解。为了分解水,我们就需要巨大的能量。怎样得到这些能量呢?仅仅是"通过电解过程",而这个过程本身在它的最终的化学产物"硫酸氧化锌"开始形成之前又不可能进行。

孩子生妈妈。

可见,维德曼在这里也把整个过程完全弄反了,颠倒了,这是因为维德曼不假思索地把主动电解和被动电解这两个直接对立的过程混为一谈,以为它们都不过是电解而已。

————

到现在为止,我们所研究的还只是电池里所发生的过程,也就是剩余能量通过化学反应而被释放出来,并且通过电池的装置转变为电的过程。但是大家知道,这个过程也可以反过来:电池里从化学能中得到的恒定电流的电,又可以反过来在置于闭合电路中的电解槽中转变为化学能。两个过程显然是互相对立的:如果把前者看做化学—电的过程,那么后者就是电—化学的过程。两个过程可以在具有同样物质的同一闭合电路中发生。例如,靠气体元素工作的电池组,其电流是通过氢和氧化合成水而产生的,而在以电路连起来的电解槽中又可以按照氢和氧化合成水的比例分解出氢和氧来。通常的看法是把这两种对立的过程冠以一个共同的名称——电解,而没有把主动电解和被动电解区别开来,没有把激发液体和被动电解质区别开来。例如,维德曼用 133 页的篇幅来探讨电解本身,后来在结尾处附加了关于“电池中的电解”的几点评述,其中关于真正的电池中所发生的过程只占这一篇 17 页中的一个极小的部分。在随后的“电解理论”中,电池和电解槽的这种对立甚至连提也没有提一下;谁想在接下来的《电解对导体电阻和闭合电路中电动力的影响》这一章中寻找关于闭合电路中能量转变的某种考虑,一定会大失所望。

现在让我们来看看这个不可阻挡的“电解过程”,它无需可见的能量的输入就可以把 H_2 和 O 分离,而且在该书我们现在看到的篇章中，它所起的作用和先前那个神秘的"电的分离力"起过的作用是一样的。

"除了把离子分开的第一位的、纯粹的电解过程外，由于被电流所分开的离子的作用，还发生一些第二位的、同电解过程完全无关的纯粹化学的过程。离子的这种作用会发生在电极物质上和被分解的物体上，在溶液中也会发生在溶剂上。"（第 1 册第 481 页）

现在让我们回到先前谈到的由锌和铜浸在稀硫酸中形成的电池上去。在这里，用维德曼自己的话来说，被分开的离子就是水中的 H_2 和 O。因此，按照他的说法，锌的氧化和 $ZnSO_4$ 的形成是第二位的、同电解过程无关的纯粹化学的过程，虽然只有通过这个过程，第一位的过程才成为可能。现在我们要稍微详细地考察一下这种由于颠倒真实的过程而必然造成的混乱。

我们首先来看看电解槽中的所谓第二位的过程，维德曼给我们举了好几个这方面的例子①（第 481—482 页）：

1. 溶于水中的硫酸钠（Na_2SO_4）的电解。它"分解为……一个当量的 SO_3+O……和一个当量的 Na……但是后者和溶液中的水起反应，从水中分离出一个当量的 H，同时形成一个当量的苛性钠［NaOH］，苛性钠又溶解于周围的水中"。

方程式是：

$$Na_2SO_4+2H_2O=O+SO_3+2NaOH+2H。$$

在这个例子中，实际上可以把

---

① 恩格斯在这里加了一个注："在这里我总括地说明一下，维德曼所用的全是旧的化学当量值，所以写出 HO，ZnCl 等。在我的方程式中，所用的全是现代的原子量，所以我写成 H_2O，$ZnCl_2$ 等。"——编者注

$$Na_2SO_4 = Na_2 + SO_3 + O$$

这个分解看做第一位的、电—化学的过程,而把进一步的转变

$$Na_2 + 2H_2O = 2NaOH + 2H$$

看做第二位的纯粹化学的过程。但是,这个第二位的过程是直接在出现氢的那个电极上发生的;因此,这里所释放出的十分可观的能量(按照尤利乌斯·汤姆森的计算,对于 Na,O,H,水来说是 111 810 热量单位)至少大部分转变为电,只有小部分在电解槽中直接变成热。而后一种情况也可以发生在从**电池**中直接或首先释放出来的化学能量上。但是,这样获得并且转变为电的能量,应当从电流所供给的用来不断分解 Na_2SO_4 的能量中减去。如果钠转变为氢氧化物在整个过程的**第一个**瞬间是第二位的过程,那么,从第二个瞬间起,它就成为整个过程的根本因素,因此就不再是第二位的了。

但是,在这个电解槽中还有第三种过程发生:如果 SO_3 没有和正极的金属化合,同时又释放出能量的话,那它就和 H_2O 化合成 H_2SO_4,即硫酸。但是,这个转变并不一定要直接在电极上进行,因此,这里所释放出的能量(按照尤·汤姆森的计算,等于 21 320 热量单位)就全部或绝大部分在电解槽本身中转换为热,顶多只有极小一部分以电的形式提供给电流。由此可见,在这个电解槽中所发生的唯一的真正第二位的过程,维德曼一点也没有提到。

2. "如果把五水硫酸铜[$CuSO_4 + 5H_2O$]溶液置于正铜极和负铂极之间电解,那么,在同一电路中,在硫酸溶液被分解的同时,每有一个当量的水被分解,就有一个当量的铜在负铂极上分离出来;在正极上则应当有一个当量的 SO_4 出现,但是它和电极上的铜化合成一个当量的 $CuSO_4$,并溶解于被电解的

溶液的水中。"［第1册第481页］

因此,如果用现代化学的说法来描述,我们可以把这个过程设想如下:Cu 在铂上沉积下来;释放出来的 SO_4 因为本身不能独立存在,便分解为 SO_3+O,而 O 则以游离的形态逸出;SO_3 从溶剂中获得 H_2O 而形成 H_2SO_4,H_2SO_4 又重新和电极上的铜化合而成 $CuSO_4$,H_2 则被释放出去。严格说来,在这里有三个过程:(1)Cu 和 SO_4 的分离;(2) $SO_3+O+H_2O=H_2SO_4+O$;(3) $H_2SO_4+Cu=H_2+CuSO_4$。显然可以把第一个过程看做第一位的,而把其余两个看做第二位的。但是,如果我们提出能量转变的问题,我们便会看到,第一个过程完全被第三个过程的一部分补偿了:铜和 SO_4 的分离被两者在另一个电极上的重新结合所补偿了。如果我们撇开把铜从一个电极推向另一个电极所必需的能量不算,又撇开电池中由于能转变为热所无法避免的能量损失不算,那么,我们在这里便发现了这样一个情况:所谓第一位的过程并不从电流中取得任何能量。电流供给的能量仅仅使 H_2 和 O 的分离(而且还是间接的)成为可能,这个分离是整个过程的真正的化学的结果——这就是说,仅仅实现某种**第二位的**或者甚至是第三位的过程。

然而,在上面的两个例子中,和在其他场合下一样,第一位过程和第二位过程的区分无疑具有某种相对的合理性。例如,在这两种场合下,除了其他过程,看来也发生了水的分解,而且水的成分分别在相反的电极上分离出来。根据最新的实验,绝对纯的水极其接近理想的非导体,因而也极其接近理想的非电解质,因此,证明下面这一点是很重要的:在这些以及这一类场合下,并不是水直接以电化学的方式被分解,而是水的成分从酸中分离出来,当然,在这里酸的形成也一定要有溶液中的水参加。

3."如果盐酸[HCl+8H₂O]……同时在两个 U 形管中被电解……在一只管中用的是正锌极,另一只管中用的是正铜极,那么,在第一只管中有 32.53的锌溶解,而在第二只管中则有 2×31.7 的铜溶解。"[第 1 册第 482 页]

我们暂时撇开铜不谈,单来看锌。按照维德曼的说法,在这里,HCl 的分解是第一位的过程,Zn 的溶解是第二位的过程。

所以,根据这个观点,电流是从外面供给电解槽分离 H 和 Cl所必需的能量;在这种分离完成以后,Cl 和 Zn 化合,同时释放出一定的能量,这一能量应当从分离 H 和 Cl 所必需的能量中减去;这样一来,电流只须供给两个能量间的差数就够了。看来一切都极其完满;但是,如果我们更进一步来观察一下这两个能量,就会发现,形成 ZnCl₂ 时所释放出的能量**大于**分离 2HCl 所消耗的能量;因而电流不仅无须供给能量,反而**获得能量**。现在,我们所碰到的根本不再是被动的电解质,而是激发液体,不是电解槽,而是给产生电流的电池组添加一个新单元的**电池**;本该看做第二位的过程,成为绝对第一位的了,成为整个过程的能量来源并使这个过程不用靠电池组提供电流了。

在这里,我们清楚地看到,维德曼的理论说明中全部的、到处出现的混乱的根源是什么。维德曼从电解出发,却不管这是主动的电解还是被动的电解,是电池还是电解槽,反正都无所谓,正像一个老少校对"一年制志愿兵"哲学博士所说的那样:"外科医生就是外科医生"[167]。因为在电解槽中研究电解比在电池中研究电解要简单得多,所以他实际上是从电解槽出发,把电解槽中所发生的过程,把这些过程被分为第一位和第二位这种部分合理的区分,

作为衡量电池中完全相反的过程的尺度,同时却一点也没有注意到,电解槽在他手里变成电池了。因此,他可以提出这样的命题:

"分离出来的物质对于电极的化学亲和性,对电解过程本身不发生任何影响"(第1册第471页)。

这个以如此绝对的形式表达出来的命题,正如我们所看到的,是完全错误的。所以,他关于电流形成的三重理论就是:第一,以纯粹的接触为中介的陈旧的传统的理论;第二,以理解得更加抽象的电的分离力为中介的理论,这种分离力以一种无法说明的方式供给自身或"电解过程"以能量,使电池中的 H 和 Cl 互相分开,并且还产生电流;最后,是现代的化学—电的理论,这个理论证明,上述能量的来源是电池中一切化学反应的代数和。他没有注意到第二种解释推翻了第一种解释,同样,他也没有觉察到第三种解释又推翻了第二种解释。相反,能量守恒定律纯粹是从外部加到从惯常经验中沿袭下来的旧理论之上的,这就像把一个新的几何定理加到以前的定理上去一样。他不知道,这个定律使得自然科学的这一领域以及其他一切领域的全部传统观点都不得不加以修正。因此,维德曼只是在解释电流时简单地确认这个定律,然后就悄悄地把它放在一边,只是在书的最末尾,在说明电流做功的那一章中才又找了出来。甚至在接触生电理论中(第1册第781页及以下几页),能量守恒在论述主要问题时也根本没有派上用场,只是在说明次要问题时偶尔提到;能量守恒始终是"第二位的过程"。

现在我们回头来看一下前面的第三个例子。在那里,两个 U 形管中的盐酸被同一个电流所电解,不过在一个管中锌是正极,在另一个管中铜是正极。按照法拉第的电解基本定律,同一个电流,在每一个电解槽中能分解等当量的电解质,而在两个电极上分离出的物质的量,也与它们的当量成正比(第 1 册第 470 页)。于是,可以看到,在上面这个例子中,第一只管中溶解了 32.53 的锌,第二只管中溶解了 2×31.7 的铜。

"可是,"——维德曼继续往下说——"这并不能证明这两个值相当。它们只是在电流很弱的情况下,当一方面……形成了氯化锌,而另一方面……形成了氯化铜的时候,才被观察到的。当电流较强时,在形成的氯化物的量不断增大的情况下,溶解的铜的量可能……降到 31.7,而这时溶解的锌的量不变。"

大家知道,锌只能形成一种氯化物——氯化锌 $ZnCl_2$,铜则可以形成两种:氯化铜 $CuCl_2$ 和氯化亚铜 Cu_2Cl_2。过程是这样的:弱电流给每两个氯原子从电极上夺下两个铜原子,这两个铜原子仍然以自己的两个化学键之中的**一个**互相联结着,同时,它们的两个空出来的化学键则和那两个氯原子结合:

$$Cu——Cl$$
$$|$$
$$Cu——Cl$$

而如果电流较强,那么它就把两个铜原子完全互相分开,每一个铜原子单独地和两个氯原子结合:

当电流为中等强度的时候,两种化合物相并形成。这样,两种化合物中形成这一种或那一种,仅仅由电流强度来决定,因此,从本质上来说,整个过程是**电—化学**的过程,如果"电—化学"这个词还具有某种意义的话。尽管如此,维德曼仍断然把这一过程说成是第二位的过程,即不是电化学的过程,而是纯粹化学的过程。

上述的实验是雷诺(1867 年)做的,它是一系列类似的实验之一,在这些实验中,同一个电流在 U 形管里由食盐溶液(以锌为正极)传导,而在另一个电解槽中,由一些可变换的电解质(以一些不同的金属为正极)传导。这里,每溶解一个当量的锌,其他金属溶解的数量有很大的差异,而维德曼引用了这一系列实验的结果,这些结果大部分在化学上都是不言而喻的,而且决不可能是另外一种样子。例如,每溶解一个当量的锌,只有 $\frac{2}{3}$ 个当量的金溶解于盐酸中。这个事实只有在下述情况下才会显得奇怪,即像维德曼那样,死守旧的当量,用 ZnCl 来表示氯化锌,从而使氯和锌一样,在氯化物中只显示出一个化学键。实际上,在这里每一个锌原子和两个氯原子化合($ZnCl_2$),一旦知道这个分子式,我们就可以立即看到,在确定上述的当量时,应当以氯原子为单位,而不应当以锌原子为单位。氯化金的分子式是 $AuCl_3$,这就可以明显地看出,$3ZnCl_2$ 中所含的氯和 $2AuCl_3$ 中所含的氯恰恰相等,因此,电池或电解槽中把一个当量的锌变为氯化锌的全部过程(第一位的、第二位的、第三位的),也能不多不少把 $\frac{2}{3}$ 个当量的金变为氯化金。绝对会是这样的,除非用通电的办法也能制取 AuCl 这种化合物;在这种情况下每溶解一个当量的锌,甚至应当有两个当量的金溶解,而且视电流强度的情况,还可能发生和前面所说的铜和氯的例子里类似的变化。雷诺的实验的价值就在于:它们显示出,法拉第定律怎样被一些似乎和它相矛盾的事实所证明。但是,这些实验对于解释电解时的第二位过程会有什么意义,却看不出来。

维德曼的第三个例子又把我们从电解槽引到电池。而实际上,如果联系所发生的能量转变来研究电解过程,电池是极有趣味的。例如,我们常常碰到这样的电池,其中化学—电过程似乎和能量守恒定律直接矛盾,似乎违背了化学亲和性定律。

根据波根道夫的测定[168],由锌、浓食盐溶液和铂组成的电池提供的电流强度为 134.6。这样,我们在这里就有了十分可观的电量,比丹聂耳电池中的电量大$\frac{1}{3}$。这里以电的形式表现出来的能量来源于哪里呢?"第一位的"过程是锌从氯化物中置换钠。可是,在通常的化学中,不是锌从氯化物或其他化合物中置换钠,而相反是钠置换锌。"第一位的"过程决不可能供给电流以上述能量,恰恰相反,这个过程本身还需要从外面输入能量才能发生。可见,仅仅有"第一位的"过程,我们仍然不能前进一步。那就让我们来看看实际的过程。这时我们发现,这里所发生的转变不是

$$Zn+2NaCl=ZnCl_2+2Na,$$

而是

$$Zn+2NaCl+2H_2O=ZnCl_2+2NaOH+H_2。$$

换句话说,钠并不是以游离的形式在负极上分离出来,而是被氧化,正如上面例一中的情形一样(第[481]页)。[①]

为了计算这里所发生的能量转变,尤利乌斯·汤姆森的测定至少给我们提供一些根据。根据这些测定,化合时所释放出的能量是:

$$(Zn,Cl_2)=97\ 210$$

$$(ZnCl_2,水)=15\ 630$$

溶解了的氯化锌总共=112 840热量单位

$$2(Na,O,H,水)=223\ 620热量单位$$

336 460热量单位

---

① 古·维德曼《流电说和电磁说》1874 年不伦瑞克增订第 2 版第 481 页。参看本书第 244—245 页。——编者注

从这里减去分解时消耗的能量：

$$2(Na, Cl, 水) = 193\ 020\ 热量单位$$
$$\underline{2(H_2, O) = 136\ 720\ 热量单位}$$
$$329\ 740\ 热量单位$$

释放出来的能量的剩余 = 6 720热量单位。

这个数量，对于波根道夫所得到的电流强度说来，显然是很小的，但足以用来一方面解释钠同氯的分离，另一方面解释电流的形成。

这里，我们得到一个确凿的例子，它说明了第一位过程和第二位过程的区分完全是相对的，一旦被看做是绝对的，就会把我们引向荒诞的地步。单独地看，第一位的电解过程不但不能产生电流，而且它本身也不可能发生。正是第二位的、所谓纯粹化学的过程，才使第一位的过程成为可能，并且还提供全部的剩余能量来形成电流。因此，实际上它成了第一位的过程，而原来第一位的过程倒成了第二位的过程。当黑格尔把形而上学者和形而上学地思维的自然科学家所想象的固定不变的差别和对立辩证地转变为同它们相反的东西时，人们也许会说黑格尔有意歪曲了他们的话。可是，如果自然界也像老黑格尔那样对待这些差别和对立，那就确实该稍微仔细地研究一下这个问题了。

我们有更多的理由可以把下述这样一些过程看做第二位的过程，这些过程虽然是**由于**电池中的化学—电的过程或电解槽中的电化学的过程才发生的，但是并不依赖于这些化学—电和电化学过程并和它们是分开的，就是说，这些过程发生在离电极有一段距离的地方。因此，这一类第二位的过程发生时所完成的能量转变也并不加入到电的过程中来；它们既不直接从电的过程中取走能量，也不直接给电的过程提供能量。这样的过程在电解槽中屡见不鲜;前面在例一中,在电解硫酸钠形成硫酸时,我们看到的就是这样的情形。可是,在电解槽中,它们是没有多大意义的。不过,它们在电池中的出现却具有重要得多的实际意义。因为它们即使不直接给化学—电的过程提供能量或从中取走能量,也改变了电池中存在的可供使用的能量的总和,因而间接地对化学—电的过程起了作用。

　　除了后来发生的通常形式的化学变化,还有一种现象也属于这一类,这就是当离子以不同于它们通常以游离状态出现的情况而在电极上分离出来时以及当这些离子离开电极后才过渡到通常的游离状态时所发生的现象。在这些情况下,离子可以有另外的密度,或者采取另外的聚集状态。但是,离子还可能在它们的分子结构方面发生很大的变化,而这正是最值得注意的情况。在所有这些情况下,与离子在离开电极一定距离的地方发生的第二位的化学变化或物理变化相适应,会发生一种类似的热的变化;大多数情况下热被释放出,个别情况下热被消耗掉。这种热的变化,自然首先局限于有热发生的地方:电池或电解槽中的液体变热了或者冷却了,而闭合电路的其余部分则不受这一变化的影响。因此这种热称为**局部**热。这样看来,释放出来转换为电的化学能量,会按电池中产生的这个正的或负的局部热的当量减少或增加。据法夫尔说,在含有过氧化氢和盐酸的电池中,释放出来的全部能量的$\frac{2}{3}$是以局部热的形式消耗掉了;格罗夫电池却正好相反,在线路闭合以后明显冷却,因而还要通过吸收热量从外面供给电路以能量。于是,我们看到,这些第二位的过程也反作用于第一位的过程。我们尽可以任意处置,但第一位的过程和第二位的过程的区分始终是纯粹相对的,并总是在二者的相互作用中又被消除。[169] 如果忘记这一点,如果把这种相对的对立看成绝对的,那么,最后就会像我们在前面已经看到的那样,陷入矛盾而无法自拔。

　　大家知道,当用电解法分离气体的时候,金属电极上覆盖了薄薄的一层气体;因此,在电极上的气体达到饱和之前,电流强度会降低,在达到饱和之后,减弱了的电流又重新达到恒定。法夫尔和济伯曼证明:在这一类电解槽中也产生局部热,这种局部热的产生,仅仅是由于气体不是以其通常出现的状态在电极上释放出来,而是在离开电极以后,通过一个与放热相联系的进一步的过程才进入其通常的状态。那么,气体在电极上到底是以怎样的状态分离出来的呢?谈到这个问题,没有谁比维德曼更加小心翼翼的了。他把这种状态称为"一定的"、"同素异形的"、"活性的"状态,最后,要是氧的话,有时也称之为"臭氧化的"状态。要是氢的话,那就说得更加神秘。有时候还出现这样的观点:臭氧和过氧化氢就是这种"活性的"状态借以实现的形式。在这里,臭氧总是纠缠着我们的作者,使他甚至于用某些过氧化物"可能以臭氧化的状态含有一部分氧"(第1册第57页)来解释这些过氧化物的极度的负电属性。在发生所谓水分解的时候,无疑会形成臭氧和过氧化氢,但是量很少。没有任何根据可以假定,在我们所研究的例子中,局部热是由于较大量的上述两种化合物先形成然后又分解而产生的。由**游离的**氧原子形成臭氧(O_3)的生成热是多少,我们不知道。由H_2O(液态)$+O$形成过氧化氢的生成热,按拜特洛的说法[170],等于$-21\ 480$;因此,这种化合物如果比较大量地产生的话,就要求补充大量的能量(大约等于分离H_2和O所需要的能量的百分之三十),而这种能量必然是显眼的和可以证明的。最后,臭氧和过氧化氢只能解释氧(如果我们撇开电流方向变换不管,在电流发生方向变换时两种气体会在同一个电极上相遇），并不能解释氢。然而，氢也以"活性的"状态逸出，例如，在硝酸钾溶液介于铂电极之间这一装置中，氢就和由酸中分离出来的氮直接化合为氨。

实际上，所有这些困难和疑虑都是不存在的。把物体"以活性的状态"分离出来，并非电解过程所独有。每一种化学分解中都会发生这种情形。化学分解使释放出来的化学元素首先以游离原子的形式分离出来，如 O，H，N 等等，这些原子只是在它们被释放出来以后，才能化合成为 O_2，H_2，N_2 等等分子，并且在化合的时候，还释放出至今尚未确定下来的、以热的形式表现出来的一定量的能。但是，在原子处于游离状态的那一瞬间，它们是它们可以取得的全部能量的载体；当它们拥有自己的最大限度的能量时，就能够自由地参与所面临的任何化合。因此，它们对于 O_2，H_2，N_2 这些分子来说是"处于活性状态"，而这些分子已经释放出上述能量的一部分，并且，如果不从外面重新获得它们释放出的能量，就不能和其他元素化合。因此，我们根本用不着还要去求助于臭氧和过氧化氢，它们本身也无非是这种活性状态的产物。例如，我们也可以不用电池，单用化学的方法来实现刚刚提到的电解硝酸钾时所实现的氨的生成，办法是把硝酸或某种硝酸盐溶液加到一种通过化学过程可释放出氢的液体中去。氢的活性状态在两种情况下都是一样的。可是，在电解过程中，有趣的是游离原子的瞬息存在可以说是一清二楚的。过程在这里分为两步：电解在电极上分离出游离原子，而游离原子在离电极一段距离的地方化合为分子。不管这段距离从物体的尺寸来看是多么微不足道，它却足以阻止形成分子时释放出来的能量应用于电的过程（至少在很大程度上加以阻止），从而使得这些能转换为热，即电池中的局部热。而这证明：元素以游离原子的形式分离出来，并在一瞬间以游离原子的形式存在于电池中。这个事实，我们在纯粹的化学中只能通过理论的推断来确定，在这里却通过实验得到了证明，因为这无需对原子和分子本身的感性知觉就可以做到。电池中的所谓局部热的巨大的科学意义就在于此。

————

关于化学能通过电池转换为电的过程，我们几乎一无所知，也许，只有当我们更好地认识了电运动本身的作用方式的时候，才能知道一些更详细的情况。

电池被硬说成具有一种"电的分离力"，而这种力对于每一特定的电池来说是特定的。我们一开始就看到，维德曼已承认这种电的分离力并不是能的一种特定形式。相反，它首先不过是一个电池在单位时间内把一定量的释放出来的化学能转换为电的能力和特性。这一化学能本身在整个过程中从来没有采取"电的分离力"的形式，相反，它立即而且直接地采取所谓"电动力"即电的运动的形式。如果说，当人们在日常生活中谈到一台蒸汽机的力的时候，是指它有能力在单位时间内把一定量的热转换为物体的运动，那么，这一点决不能成为把这种概念上的混乱也搬到科学中来的理由。同样，我们也可以说手枪、马枪、滑膛枪和来复枪有不同的力，因为它们用同样多的火药和同样重的弹丸，却可以有不同的射程。但是，在这里，这种说法的错误是一目了然的。谁都知道，推动子弹前进的是火药的起爆，至于武器射程的远近则仅仅取决于耗费能量的多少，而后者则随枪筒的长度、弹丸的运动空隙①和

————

① 指枪筒的内直径和枪弹直径之间的差数。——编者注

形式而定。蒸汽力和电的分离力的情况也是一样。有两台蒸汽机，别的条件都相同，就是说，假定两者在同一段时间内释放出同样数量的能，或者有两个电池，条件也是这样，那么它们在做功方面的区别仅仅在于其内部发生的能量消耗的大小。如果说，一切军队里的火器技术到今天已经成熟，已无须再设想火器具有某种特殊射击力，那么，在电学上还设想存在一种和火器的射击力相似的"电的分离力"，也就是存在一种绝对没有能量、因而本身也不能做出哪怕是百万分之一毫克·毫米功的力，那就完全不可原谅了。

关于这种"分离力"的第二种形式，即亥姆霍兹提到的"金属的电的接触力"，情形也是一样。它无非是金属的这样一种特性，即在相互接触时把现有的其他形式的能量转换为电。这就是说，它同样也是一种本身并不包含任何一点能量的力。让我们和维德曼一样假定，接触电的能量来源在于附着运动的活力；在这种情况下，这种能量首先以这种物体运动的形式存在，而当这种物体运动消失时就立即转换为电的运动，连一瞬间也没有采取"电的接触力"的形式。

除此以外，人们还让我们确信：电动力，即作为电的运动重新表现出来的化学能，同这种本身不仅不包含而且按其概念来说也根本**不可能**包含任何能量的"电的分离力"是成比例的！非能量和能量之间的这种比例关系，显然属于奢谈"电的单位和毫克的比值"①的那种数学的范围。但是，在这种只是由于把简单的**特性**看做某种神秘的**力**才存在的荒谬形式的背后，隐藏着一种极为简

---

① 见本书第 220 页。——编者注

单的同义反复：一个特定的电池把释放出来的化学能转换为电这样一种能力是可以量度的，——用什么来量度？就是用闭合电路中以电的形式再现的能同电池中所消耗的化学能的比值来量度。如此而已。

为了得出某种电的分离力，人们不得不郑重其事地采用两种电流体的权宜说法。为了把这两种流体从中性状态转变到极性状态，也就是为了把它们互相分开，就要消耗一定量的能——电的分离力。这两种电一旦互相分开，那么，当它们重新结合时，就能重新释放出同样数量的能——电动力。但是，在今天，再也没有人（包括维德曼在内）把这两种电看做真实存在的东西了，因此，再来啰唆地谈论这种观点，那就是为死去的读者写文章了。

接触说的基本错误就在于，它无法摆脱把接触力或电的分离力当做某种**能量来源**的观念。当人们把某种装置可促成能量转换的简单特性看做是一种**力**以后，摆脱这种观念确实是困难的，因为**力**正好应该是能的某种特定形式。虽然维德曼不得不同时接受能量不可消灭不可创造的现代观念，但是，因为他无法摆脱关于力的这种不明确的观念，所以就采用关于电流的上述第一种毫无意义的解释，并且陷入后来所指明的各种矛盾之中。

如果"电的分离力"的说法简直是荒谬的，那么另一个说法"电动力"至少是多余的。我们在有电动机以前很久就有了热动机，而热的理论没有特别的热动力也发展得很好。热这个简单的词可包罗属于这种能量形式的一切运动现象，同样电这个词也可包罗其领域内的一切运动现象。此外，还有许许多多电的作用形式完全不带有直接的"动"的性质，如铁的磁化、化学分解、向热的转化。最后，在自然科学的任何部门中，甚至在力学中，每当人们在什么地方摆脱了**力**这个字眼的时候,都是一次进步。

我们已经看到,维德曼接受关于电池中的过程的化学解释是有些勉强的。这种勉强的态度不断纠缠着他;凡是在他对所谓化学说可以说三道四的地方,都一定是这样。例如,他说:

"电动力和化学反应的强度成比例的说法,是毫无根据的。"(第 1 册第 791 页)

这种比例性的确不是在一切场合都存在。但是,在不存在这种比例性的地方,只能证明电池设计得很差,其中浪费了能。因此,同一位维德曼做得非常正确:他在理论推断中完全不考虑那些会破坏过程的纯粹性的附带情况,而直截了当地断言,一个电池的电动力等于电池中在单位时间内和单位电流强度下所发生的化学反应的机械当量。

在另外一个地方我们读到:

"还有,在由酸和碱构成的电池中,酸和碱的化合并不是产生电流的原因,这是根据第 61 节〈柏克勒尔和费希纳〉、第 260 节〈杜布瓦-雷蒙〉和第 261 节〈沃姆-弥勒〉的实验得出来的,这些实验证明,在某些情况下,当酸和碱各以等当量存在时,不会出现任何电流,而且这也是根据第 62 节引证的实验〈亨利齐〉得出来的,这个实验证明,在苛性钾溶液和硝酸之间加入或不加入硝酸钾溶液,电动力出现的情况都是一样的。"(第 1 册第 791 页)

酸和碱化合是不是产生电流的原因这个问题,使得我们的作者认真思考。以这样的形式提出问题,回答可以是很简单的。酸和碱的化合首先是形成**盐**的原因,同时释放出能量。这个能量是全部还是部分地采取电的形式,取决于释放这个能量时的情况。例如,在硝酸和苛性钾溶液置于两个铂电极之间而组成的电池中,至少会部分地产生电,而且酸和碱之间加不加硝酸钾溶液,对于电

流的**产生**都是无关紧要的,因为这顶多只能延缓,但不能阻止盐的
形成。但是,如果选取一个像维德曼常常引用的沃姆-弥勒式电
池,酸和碱溶液位于中间,它们的盐溶液位于两端,其浓度和电池
中所形成的溶液的浓度相同,那就不言而喻,任何电流也不可能发
生,原因是,由于这两端环节的缘故——由于到处都形成了同样的
物体——**任何离子都不可能产生**。所以在这里我们便直接阻止了
释放出来的能量转变为电,这就仿佛我们根本没有把电路闭合一
样;因此,在这里得不到电流,就没有什么可奇怪的。但是,酸和碱
毕竟可以产生电流,这由碳、硫酸(一分对十分水)、苛性钾(一分
对十分水)、碳所组成的电池证明了,根据拉乌尔的说法,其电流
强度为 73①;而且,只要电池装配得当,酸和碱就可以提供与它们
化合时所释放出的大量的能相匹配的电流强度,可以证明这一点
的是,已知的最强电池几乎都是以碱金属盐的生成为基础的。例
如,惠斯通电池,由铂、氯化铂、钾汞齐组成,电流强度是 230;由二
氧化铅、稀硫酸、钾汞齐组成,电流强度是 326;用二氧化锰代替二
氧化铅,电流强度是 280;而且,每一次用锌汞齐代替钾汞齐,电流
强度就几乎丝毫不差地降低 100。同样,贝茨在由固体二氧化锰、
高锰酸钾溶液、苛性钾溶液、钾组成的电池中得到电流强度是
302;还有,由铂、稀硫酸、钾组成的电池,电流强度是 293.8;焦耳
电池:铂、硝酸、苛性钾溶液、钾汞齐,电流强度是 302。这些异常
强的电流形成的"原因"无疑是酸和碱的化合,或者酸和碱金属的
化合,以及化合时释放出的大量的能。[171]

---

① 恩格斯在这里加了一个注:"以下各处都以丹聂耳电池的电流强度为
100。"——编者注

几页以后,我们又读到:

"但是,应当注意,不能直接把出现在不同类物体接触之处的全部化学反应的功当量当做闭合电路的电动力的量度。例如,在由酸和碱组成的柏克勒尔电池中〈又是克里斯平[172]!〉,这两种物质化合起来;在由铂、熔融的硝酸钾、碳组成的电池中,碳烧尽了;在由铜、不纯的锌、稀硫酸组成的普通电池中,在形成局部电流的情况下锌很快地溶解了。在这些化学过程中所产生的功〈应当说:释放出来的能〉有很大一部分转换为热,从而对整个电路来说是损耗掉了。"(第1册第798页)

所有这些过程都归结为电池中能量的损耗;它们并没有牵涉到电运动产生于转换了的化学能这一事实,而只是牵涉到转换了的能的数量。

电学家们花费了无尽的时间和精力来装配各式各样的电池并量度它们的"电动力"。由此积累起来的实验材料包含许多很有价值的东西,但其中更多的东西无疑是没有价值的。例如,那些用"水"做电解质的实验有什么科学价值呢? 现在弗·柯尔劳施已证明,水是最差的导体、因而也是最差的电解质,[①]所以在这一实验中促使过程发生的不是水,而是水中我们所不知道的某些杂质。可是,例如,费希纳的全部实验差不多有一半是像这样用水来做的,甚至包括他的"十字实验"[173],而他是想借此在化学说的废墟上牢固地建立起接触说。从这里已经可以看出,差不多在所有的实验里,除了少数例外,几乎都忽略了电池里的化学过程,而这些过程正是所谓电动力的真正源泉。可是有许多电池,从它们的化

---

① 恩格斯在这里加了一个注:"由柯尔劳施所制备的最纯的水所构成的长度为一毫米的水柱,其电阻同直径一样而长度大致等于月球轨道的铜质导线的电阻相同(瑙曼《普通化学》第729页)。"——编者注

学式来看,根本不可能对电路闭合以后电池中发生的化学变化作出任何可靠的结论。恰恰相反,正如维德曼所说的(第 1 册第 797页),

"不能否认,我们还远不能在一切情况下都观察到电池中的化学吸引"。

因此,从越来越重要的化学方面来看,所有这些实验,只要它们还不能在上述过程受控制的情况下重复进行,都是没有价值的。

在这些实验中,注意到电池中发生的能量转变的只是罕见的例外。许多实验是在自然科学承认运动等价定律以前做的,它们通常未经检验和补正而被从一本教科书搬到另一本教科书中。如果从前人们说,电没有惯性(这个说法就好比说速度没有比重),那么,关于电的**学说**现在无论如何不能这样说了。

到现在为止,我们是把伽伐尼电池看做一种通过建立接触关系而使化学能——以一种现在还不知道的方式——释放出来并转换为电的装置。同样,我们把电解槽描述为这样一种装置:其中发生相反的过程,即电运动转变为化学能并作为化学能被消耗掉。在这里,我们曾不得不把电学家们如此忽视的这个过程的化学方面提到首位,因为只有这样才能摆脱由陈旧的接触说和关于两种电流体的学说所遗留下来的各种观念造成的混乱。这一点解决了以后,就要转向下面这个问题:电池中的化学过程是在和电池外相同的条件下发生的,还是在这里出现了特殊的、以电的激发为转移的现象?

在任何一门科学中,不正确的观念,如果抛开观察的错误不讲,归根到底都是对于正确事实的不正确的观念。即使我们已经证明观念是错误的,事实依旧是事实。即使我们抛弃了陈旧的接触说,这种理论试图加以解释的那些已经确定的事实仍然存在。我们现在就来考察一下这些事实,从而考察一下电池中的过程所固有的电的方面。

当不同类物体接触时,不管有没有发生化学变化,总是出现电的激发,这可以用验电器或电流计显示出来,关于这一点是没有争论的了。在个别情况下,正如我们一开始看到的,很难确定这些本身极为微弱的运动现象的能量来源;只要普遍承认存在着这样一种外在的来源就够了。

柯尔劳施在 1850—1853 年间公布了一系列的实验,在这些实验里,他把一个电池的各个组件成对地连接起来,测定每一种情况下可证实的静电压;而电池的电动力就应当由这些电压的代数和构成。以 Zn/Cu 的电压为 100,他所算出的丹聂耳电池和格罗夫电池的相对强度如下:

丹聂耳电池:

Zn/Cu+amalg.Zn/H_2SO_4+Cu/SO_4Cu = 100+149−21 = 228;

格罗夫电池:

Zn/Pt+amalg.Zn/H_2SO_4+Pt/HNO_3 = 107+149+149 = 405,

这和直接量度这些电池的电流强度所得的结果相近。但是这些结果根本不可靠。第一,维德曼本人已经注意到,柯尔劳施仅仅列出了最后的结果,

"可惜,没有列出各次实验结果的数据"［第 1 册第 104 页］。

第二,维德曼本人不止一次地承认,从量方面测定金属相接触、特别是金属和液体相接触时所发生的电的激发的一切实验,由于存在着许多无法避免的误差源,至少是很不可靠的。尽管如此,

他仍然多次运用柯尔劳施的数字进行计算,在这方面我们最好不效仿他,何况还存在着另一种不致受到这类非议的测定方法。

如果把一个电池的两块激电板浸入液体中,并把它们同电流计的两端连接起来构成闭合电路,那么,据维德曼说,

"电流计磁针的最初偏转度,在化学变化还未变更电的激发强度之前,是闭合电路中电动力总和的量度"［第1册第62页］。

于是,不同强度的电池显示出不同的最初偏转度,而这些最初偏转度的数值是和相关电池的电流强度成正比的。

看来,我们在这里似乎是清楚地见到了那种不依靠任何化学反应而能引起运动的"电的分离力"、"接触力"。整个接触说实际上就是这个意思。而真正摆在面前的是电的激发和化学反应之间的关系,这种关系我们在前面还没有研究过。为了回过来研究这种关系,我们先要稍微详细地考察一下所谓电动力定律;从中我们将会看到,就是在这方面,传统的接触观念不仅没有提供任何解释,反而直接堵塞了解释的道路。

如果在一个由两种金属和一种液体组成的电池,例如由锌、稀盐酸和铜组成的电池中,置入任何第三种金属,例如铂板,但不用导线把后者和外部闭合电路连接起来,那么,电流计的最初偏转度就会和**没有**置入铂板时完全一样。因而,铂板对于电的激发没有影响。但是,这一点用电动力说的语言来表达却没有那么简单。书中写道:

"现在,锌和铂与铂和铜的电动力的总和代替了锌和铜在液体中的电动力。因为插进铂板并没有明显地改变电路,所以,从电流计在两种情况下示数相等这个事实中,我们可以得出结论:锌和铜在液体中的电动力,等于同一液体中锌和铂的电动力加上铂和铜的电动力。这和伏打提出的金属之间自

已激发生电的理论相符合。这一结果适用于任何液体和金属,可以表述如下:

金属当其被液体电动激发的时候,遵循电动序定律。这个定律也叫**电动力定律**。"(维德曼,第 1 册第 62 页)

如果人们说,铂在这一组合中根本不起激发生电的作用,那么,这是说出了简单的事实。如果人们说,铂的确起激发生电的作用,但是按两个相反的方向以同样的强度起作用,以致其作用抵消掉了,那么,这仅仅是为了给"电动力"留点面子而把事实变为假说。在这两种情况下,铂都不过是扮演了稻草人的角色。

在电流计的磁针最初偏转时,还不存在闭合电路。酸在没有分解时,是不导电的;它只能借离子导电。如果第三种金属对最初的偏转不起作用,那不过是因为它还是**被绝缘**的。

但是,在恒定电流产生**以后**以及在它持续期间,这第三种金属怎样起作用呢?

在大多数液体中,按金属电动序排列,锌位于碱金属之后,差不多都在正极一端,铂在负极一端,而铜则在两者之间。因此,如果像上面所说的那样把铂置于铜和锌之间,那么铂对两者来说都是负的。液体中的电流,如果铂确实起作用的话,应当是从锌和铜向铂流动,也就是说,从两个电极向未连接的铂流动,而这里就出现了形容语的矛盾[Contradictio in adjecto]①。多种金属在电池中起作用的基本条件正在于:它们向外互相连接成一条闭合电路。电池中某种未连接的、多余的金属扮演了非导体的角色;它既不生成离子,也不让离子通过,而离开离子,就谈不上电解质的传导性。

————————

① 指"圆形的方"、"木制的铁"这类荒唐说法。——编者注

因此,这种金属不只是稻草人,甚至还是一种障碍,因为它迫使离子绕它而行。

如果我们把锌和铂连接起来,而把铜放在中间,不加连接,情形也是一样。在这里,如果铜确实起作用的话,它就会引起从锌到铜的一股电流和从铜到铂的另一股电流;因而,它会成为一种中间电极,并在朝向锌极的那一面上分离出氢,而这又是不可能的。

如果我们抛开关于电动力的传统说法,情形就显得异常简单了。正如我们已经看到的,伽伐尼电池是一种把化学能释放出来并把它转换为电的装置。它通常是由一种或几种液体和两种用做电极的金属组成的,这两种金属一定要在液体之外用导线连接起来。这种装置就是这样组成的。不管我们还把什么东西不加连接地浸入激发液体中,只要它不使液体发生化学变化,那么,不管它是金属,是玻璃,是松香,还是别的什么,都不可能参与电池中发生的化学—电过程,就是说,不能参与电流的形成;它顶多只能**干扰**这个过程。不管浸入的第三种金属对液体和对电池的一个或两个电极的激电能力如何,只要这种金属没有在液体之外和闭合电路连接起来,它的激电能力是不会起作用的。

从这里我们看到,不仅维德曼对所谓电动力定律的上述**推论**是错误的,而且他赋予这个定律的含义也是错误的。既不能说什么未加连接的金属具有一种自行补偿的电动作用,因为这种作用可以实现的唯一条件一开始就被剥夺了;也不能从所谓电动力定律范围之外的事实中推论出这个定律。

波根道夫在 1845 年公布了一系列的实验,在这些实验中,他测量了各种不同的电池的电动力,就是说,测量了每一种电池在单位时间内供给的电量。在这些实验中,前面 27 个具有特别的价值,在其中的每一个实验中,三种特定的金属在同一激发液体里依次两两相连从而组成三个不同的电池,他从这些电池所供给的电量方面对这些电池进行了研究,并互相做了比较。作为正统的接触说电学家,波根道夫每一次都把第三种金属不加连接地一起放入电池里,并且满意地确认:在全部 81 个电池中,这个"联盟中的第三者"[174]纯粹是个稻草人。但是,这些实验的意义完全不在这里,而在于证实和确定了所谓电动力定律的正确含义。

我们来看看上面说过的锌、铜、铂在稀盐酸里两两相连的一系列的电池。如果以丹聂耳电池的强度为 100,波根道夫在这里所得到的电量如下:

锌—铜	78.8
铜—铂	74.3
	总和 153.1
锌—铂	153.7

可见,锌和铂直接相连提供的电量,几乎正好等于锌—铜提供的电量加铜—铂提供的电量。在所有其他电池中,无论使用的是什么液体和金属,情形都是一样。如果把一系列金属放到同一激发液体中,并按照它们在该液体中的电动序排列出第二、第三、第四种金属等等,把每一种金属依次作为前面金属的负极和后面金属的正极两两组成电池,那么,所有这些电池所提供的电量总和,等于直接由整个金属序列两端的两种金属所组成的电池所提供的电量。按照这一道理,例如在稀盐酸中,锌—锡、锡—铁、铁—铜、铜—银、银—铂这些电池所提供的电量的总和,就等于锌—铂电池所提供的电量;由上述一系列电池所组成的电池组,在其他条件相

同时,会恰好被一个电流方向相反的锌—铂电池所中和。

这样理解的所谓电动力定律具有巨大的实际意义。它揭示了化学反应和电的作用之间的相互联系的新的一面。在这以前,在主要研究电流的能量**来源**的时候,化学转变这个来源表现为过程的主动方面;电由它产生,因而电最初表现为被动的。现在,关系反过来了。由电池中互相接触的不同类物体的性质所决定的电的激发,既不能给化学反应添加能,也不能从那里取走能(除非把释放出来的能转变为电);但是,根据电池结构的不同,电的激发却可以加速或减缓这种反应。如果说,由锌—稀盐酸—铜组成的电池在单位时间内提供给电流的电,仅仅等于由锌—稀盐酸—铂组成的电池所提供的一半,那么,用化学的术语来表示就是,前一个电池在单位时间内提供的氯化锌和氢,只有后一个电池所提供的一半。**可见,虽然纯粹的化学条件是相同的,化学反应却增强一倍**。电的激发变成了化学反应的调节器;电的激发现在表现为整个过程的主动方面,而化学反应则变成被动方面了。

这样看来,过去被看做纯粹化学过程的一系列过程,现在被描述为电化学过程,是可以理解的了。化学上纯粹的锌,即使受稀酸腐蚀,那也是很微弱的;而市上出售的普通的锌却会迅速溶解于稀酸中,形成盐并释放出氢;它含有其他金属和碳这样一些杂质,它们不均匀地分布在其表面的各个部分上。在酸中,在这些杂质和锌本身之间形成局部电流,其中锌所在的地方形成正极,其他的金属形成负极,氢气泡就在负极上逸出。浸在五水硫酸铜溶液中的铁在表面上覆盖一层铜,这一现象现在也同样被看做一种电化学的现象,也就是说,这个现象被看做是由铁表面各异质点之间产生的电流所决定的。

由此我们又发现,液体中的金属电动序和金属从它们的卤化物和酸根化合物中被互相置换的顺序大体上是一致的。在电动序的负极的最外端,我们所见到的通常总是金族金属:金、铂、钯、铑,它们很难氧化,酸对它们几乎没有或者完全没有腐蚀作用,它们很容易从自己的盐中被别的金属置换出来。在正极的最外端是碱金属,它们的活动情况恰恰相反:即使耗费极大的能量,也很难使它们从它们的氧化物中分离出来;它们几乎只以盐的形式出现在自然界,并且在所有的金属中,它们对于卤素和酸根具有最大的亲和性。其他金属排列于两者之间,其顺序会发生些许变动,但整个说来,它们的电的和化学的活动情况是相互一致的。各个金属的顺序随液体的不同而有所变动,并且即使就单独一种液体来说,这种顺序也未必是一成不变的。就某一种液体来说,究竟存在不存在这样一种**绝对的**金属电动序,甚至是值得怀疑的。两块同样的金属,在适宜的电池和电解槽里,可用做正极,又可用做负极,就是说,同一种金属就自身而言可以既是阳性的,又是阴性的。在把热变为电的热电偶中,当两个接点上的温差太大时,电流方向会发生突变:原先为正极的金属会变成负极,而负极则变成正极。同样,金属在它们的某些特定的卤化物或酸根化合物中互相置换时,也不存在绝对的顺序;本来适用于常温的顺序,通过供给热能,在许多情况下几乎可以任意加以改变和颠倒。

于是,我们在这里看到了化学反应和电之间的一种特有的相互作用。电池中的化学反应给电提供形成电流所必需的全部能量,这种化学反应本身在许多情况下又由电池中产生的电压所引起,而且在一切情况下在量上都由这些电压加以调节。如果说电池中的过程先前在我们面前表现为化学—电的过程,那么现在我们看到,它们也同样是电化学过程。从产生**恒定**电流的角度来看,化学反应是第一位的;从**激发**电流的角度来看,它又是第二位的、附带的。相互作用消除了一切绝对的第一位和第二位;可是,同时它又是一个两面的过程,按其本性来说可以从两个不同的角度来考察;为了把它作为一个整体来理解,甚至必须分别从两个角度逐一加以研究,然后才能概括出总的结果。但是,如果我们片面地抓住一个角度,认为它对另一个角度来说是绝对的,或者,如果我们为了眼前的推理需要而任意地从一个角度跳到另一个角度,那我们就会陷入形而上学思维的片面性;我们把握不住两者的联系,就会陷入一个接一个的矛盾之中。

我们在前面已经看到,在维德曼看来,当激电板刚刚浸入电池的液体并且在化学变化改变电的激发强度之前,电流计的最初偏转度

"是闭合电路中电动力总和的量度"。

迄今为止,我们知道所谓电动力是一种能的形式,在我们的这个场合,它从化学能中以等当量产生出来,而在进一步的过程中又转变为等当量的热、物体运动等等。现在,我们突然得知,"闭合电路中电动力的总和"在化学变化释放出这种能量**以前**就已经存在,换句话说,电动力无非是一定的电池在单位时间内释放出一定量的化学能并把它转换为电运动的能力。和先前的电的分离力一样,电动力在这里也表现为一种不含有任何一点能量的力。这就是说,维德曼把"电动力"理解为两种截然不同的东西:一方面是电池释放出一定量的已有的化学能并把它转换为电运动的能力,另一方面是所产生的电运动量本身。它们互成正比,互为量度,但

这并未消除它们之间的差别。电池中的化学反应、产生的电量以及由电量在闭合电路中产生的热（如果除此以外再没有做功的话），不止是互成正比，它们甚至是等价的；但这也并不妨碍它们彼此之间有差别。一台装配有一定直径的汽缸和具有一定活塞冲程的蒸汽机，能够从供给它的热中产生一定量的机械运动，不管这种能力同这种机械运动如何成正比，它和这种机械运动本身还是有很大差别的。如果说这种说法在自然科学提出能量守恒以前的时代里是可以容忍的，那么很显然，在这个基本规律得到承认以后，就再也不允许把某种形式的实际的活生生的能和某种装置赋予释放出来的能以这种形式的能力混为一谈了。这种混淆是在谈到电的分离力时把力和能混淆起来的必然结果；这两种混淆就是维德曼把电流的三种完全互相矛盾的解释糅合在一起的原因，而且归根到底就是维德曼关于所谓"电动力"的一切谬误和混乱的基础。

除了上面已经考察过的化学反应和电之间的特有的相互作用外，它们之间还存在另一共同性，这一共同性也表明这两种运动形式具有较紧密的亲缘关系。两者的存在都只能是**转瞬即逝**的。化学过程对于介入该过程的每一原子团来说是突然完成的。只是由于存在着可以不断进入过程的新物质，过程才能延续下去。电运动的情形也是一样。它刚刚从另一种运动形式中产生出来，就已经又向第三种运动形式转化了；只有不断地提供可用的能量，恒定电流才能形成，在恒定电流中，每一瞬间都有新的运动量采取电的形式，并且随即又失去这一形式。

理解了化学反应与电的作用的紧密联系以及电的作用与化学反应的紧密联系，就会在这两个研究领域中获致巨大的成果。

这种理解已经日益普遍。在化学家中间,洛塔尔·迈耶尔和随后的凯库勒都明白地说过:电化学理论正在以一种年轻的面目复活。在电学家中间,特别是像弗·柯尔劳施最近的著作所表明的,看来终于也有意传播这样一种信念:只有精确观察电池中和电解槽中的化学过程,才能帮助他们的科学研究走出旧传统的死胡同。

事实上,除了精确地观察和确定能量转变并把关于电的一切传统的理论观念暂时搁置一旁,在此前提下用化学方法对一切传统的、未经验证的、依据已被克服的学术观点所进行的实验作一次缜密的普遍的修正,看不出还有什么其他方法能为流电的学说,其次也为磁和静电的学说奠定坚固的基础。

［札记和片断］

［124］

最初的、素朴的观点,照例要比后来的、形而上学的观点正确些。例如,**培根**(在他之后有波义耳、牛顿和差不多所有的英国人)早就说,热是运动①(波义耳甚至说是分子运动)。而直到18世纪,热素才在法国出现,并且在大陆上或多或少地被接受了。

［73］

进入宇宙空间的热辐射。拉甫罗夫所引述的关于已经死寂的

———————————

① 参看弗·培根《新工具》后篇第20则格言。该书1620年在伦敦出版。
——编者注

天体再生的一切假说(第 109 页)^{175},**都把运动的丧失包括在内。**
已经辐射出去的热,即原始运动的无限大的部分,是永远丧失了
的。亥姆霍兹说迄今已丧失了 $\frac{453}{454}$。^{176}因此,结论是运动终归要耗
尽和停止。只有证明辐射到宇宙空间的热怎样变得可以重新**有
用**,这个问题才会得到最终解决。运动转化的学说把这个问题明
确地提出来了,对这个问题是不能用无谓的拖延或回避的办法来
应付的。而这同时也给问题的解决提供了条件——这是另外一回
事。运动的转化和运动的不灭刚刚在三十年前才被发现,而对它
的结论直到最近才有进一步的发挥和阐述。关于似乎消失了的热
变成了什么的问题,可以说是直到 1867 年以后才明白地提出来
(克劳修斯)^{177};它还没有得到解决,这是不足为奇的;用我们的
寻常手段来解决这个问题,可能还要拖很长的时间。但是它会得
到解决,这是确定无疑的,就像已经确定自然界中没有什么奇迹,
星云球体的原始的热也并不是由什么奇迹从宇宙之外传送给它一
样。**运动的总量是无限的**,因而是不可穷尽的,这个一般的论断对
克服每一个别场合的困难同样是没有什么帮助的;它也不能使已
经死寂的宇宙复活,除非是在上面的假说中所预先规定的情况下,
这些情况总是和力的丧失相联系的,因而不过是暂时的。在发现
辐射出去的热可以重新利用以前,这个循环是得不到的,而且是不
会得到的。

[79]

克劳修斯——如果我对他的了解是正确的——证明:世界是
被创造出来的,所以,物质是可以创造的,所以,它是可以消灭的,
所以,力或运动也是可以创造和可以消灭的,所以,关于"力的守

恒"的整个学说全是胡诌,所以,由这种胡诌中得出的一切结论也全是胡诌。

［ 88 ］

克劳修斯的第二定律,无论以什么形式提出来,都不外乎是说,能消失了,即使不是在量上,也是在质上消失了。**熵不可能通过自然的途径消灭,但可以创造出来。**宇宙钟必须上紧发条,然后才走动起来,一直达到平衡状态,而要使它从平衡状态中再走动起来,那只有奇迹才行。上紧发条时所耗费的能消失了,至少是在质上消失了,而且只有靠**外来的推动**才能恢复。因此,外来的推动开初是必需的;因此,宇宙中存在的运动或能的量不是永远一样的;因此,能必定是创造出来的,因而是可以创造的,因而是可以消灭的。荒唐!

［ 167 ］

对汤姆生、克劳修斯、洛施密特来说,结论是:**反转在于斥力自我排斥并从而通过机械过程返回到已死的天体。**但是,在这里恰好也证明:排斥是运动的真正**主动的**方面,吸引是**被动的**方面。

［ 5 ］

聚集状态——量变转化为质变的关节点。

［ 4 ］

内聚力——在气体中是负的——吸引转变成**排斥**;后者只有在气体和以太(?)中才是真实的。

[141]

在气体的运动中,在蒸发过程中,物体的运动直接转化为分子运动。因此,在这里要造成转化。

[175]

$$\frac{W}{H'} = \frac{T' - T''}{\frac{1}{c} + T' - T} \qquad W = H'$$

$$\frac{1}{c} + T' - T = T' - T''$$

$$\frac{1}{c} - T = -T''$$

$$-273 = \frac{1}{c}$$

$$-273c = 1$$

$$-c = \frac{1}{273}$$

$$c = \frac{1}{-273}$$

在绝对零度下任何气体都不可能存在,分子的一切运动都停止了;只要有微不足道的压力,因而只要有它们自己的吸力,就可以把它们压在一起。**因此,永恒的气体是不可思议的东西**。

[78]

动力学必须证明:向上运动的分子怎么同时能产生向下的压力,怎么(假定大气对宇宙空间来说是或多或少固定不变的)能够克服重力而离开地心,可是当到达一定的距离,重力按距离的**平方**减少之后,却又因重力而被迫停顿下来或反转回来。

［ 54 ］

气体动力学:

"在理想气体中……分子和分子间的距离很远,以致可以把它们的相互作用忽略过去。"(克劳修斯,第6页)

是什么东西填满这些空间呢? 同样还是以太。[178]因此,在这里就**假定了一种不能分为分子单元或原子单元的物质**。

［ 58 ］

理论发展中的对立性:从嫌恶真空[179]立刻过渡到绝对虚空的宇宙空间;只是在这以后才出现了**以太**。

［ 71 ］

以太。如果以太确有阻抗,那么它对**光**也一定有阻抗,因而在一定的距离上光就不能透过了。而以太既然能**传播**光,是光的**介质**,这必然意味着:它对光也有阻抗,否则光就不能使以太发生振动。这是对梅特勒①所引起的和拉甫罗夫[180]所提到的那些争论问题的解答。

———————

① 见本书第 203—204 页。——编者注

[84]

光和暗肯定是自然界中最显明、最尖锐的对立,它从第四福音书①起直到 18 世纪的启蒙运动止,对于宗教和哲学来说始终是一种修辞学上的用语。

菲克②,第 9 页:"物理学中早已严格地证明了的命题就是……被称为辐射热的运动形式和我们称之为光的那种运动形式,在一切本质的方面都是等同的。"克拉克·麦克斯韦③,第 14 页:"这些〈辐射热的〉射线具有光射线的一切物理性质,并且能反射,等等……有一些热射线是和光射线等同,可是其他各种热射线在我们的眼睛里造成不了印象。"

因此,存在着**暗的**光线,而尽人皆知的光和暗的对立,作为绝对的对立,就从自然科学中消失了。顺便说说,最深沉的暗和最明亮、最耀眼的光对我们的眼睛起同样的**目眩**的作用,所以它们**对我们**来说也是等同的。——事实是这样:太阳射线按其波长而具有不同的作用;波长最大的射线传送热,波长中等的传送光,波长最小的传送化学作用(赛奇,第 632 页及以下各页),同时,这三种作用的极大点彼此靠得很近,而靠外的射线群的**靠里的**极小点,就其作用来说是和光线群相重合的。**181**什么是光,什么是非光,这取决于眼睛的构造。夜间活动的动物甚至能看见一部分化学射线④,

---

① 参看《新约全书·约翰福音》第 1 章第 5、9—11 节以及第 3 章第 19 节。——编者注
② 阿·菲克《自然力间的相互关系》1869 年维尔茨堡版。——编者注
③ 詹·克·麦克斯韦《热的理论》1875 年伦敦第 4 版。——编者注
④ 即紫外线。恩格斯在 1882 年再次谈到视觉范围的差异以及所谓的化学射线,见本书第 102—103 页。——编者注

而不是热射线,因为它们的眼睛比我们的眼睛更适应于较短的波长。如果我们不认为有三种射线,而认为只有一种射线(在科学上我们只知道**一种**,其余的都是过早的结论),它的作用虽然视波长而各不相同,但在狭小的界限内是一致的,那么,困难便消除了。

［ 130 ］

库仑说,"电的**粒子**的相互排斥同粒子之间的距离的平方成反比",汤姆生便泰然自若地把这当做已经得到证明的东西(第358 页)**182**。对待电是由"正负两种流体"所组成,它们的"粒子互相排斥"这个假说也是一样(第366 页)。在第360 页上说,带电体中的电仅仅是由于大气的压力而被保持着。

法拉第把电归之于原子(或分子,它们仍然常常被混淆)的对立的两极,于是第一次发表了这样的意见:电不是流体,而是一种运动形式,是"力"(第378 页)。老汤姆生根本不懂得:电火花恰恰是某种**物质**的东西!

法拉第早在 1822 年就已经发现:瞬间的感生电流——不论是第一次的还是第二次的逆电流——"更多地具有莱顿瓶放电所产生的电流的性质,而较少具有伏打电池所产生的电流的性质",全部秘密就在这里(第385 页)。

关于**电火花**,有各种各样的无稽之谈,它们今天已经被认定是特殊情况或错觉:阳性的物体所产生的电火花是"一束画笔状的或锥体状的射线",其尖端为放电点;而阴性电火花是一颗"**星**"(第396 页)。短的电火花总是白色的,长的电火花大都是红色的或浅紫色的(法拉第关于电火花的动听的胡说,第400

页①）。用金属球从主导体中诱发的电火花是白色的,用手诱发的电火花是紫红色的,用水气诱发的电火花是红色的(第 405 页)。电火花,即光,"并不是电所固有的,而只是压缩空气的结果。当电火花穿过空气时,空气就剧烈地和突然地被压缩了",这是金纳斯利在费城的实验所证明的;根据这个实验,电火花引起"管中空气的突然稀薄",并把水驱入管内(第 407 页)。在德国,在三十年前,温特尔和其他人都认为,电火花或电光"和火具有同样的性质",并且是由两种电的结合产生的。汤姆生反对这种说法并郑重其事地证明,两种电相遇的地方正是光度最弱的地方,它位于距正极三分之二处,距负极三分之一处!(第 409—410 页)显然,火在这里还完全被看做某种神秘的东西。

汤姆生还同样郑重其事地引证戴赛尼的实验,根据这些实验,在气压上升而温度下降时,玻璃、松香、丝绸等浸入水银就发生负电,在气压下降而温度上升时,就发生正电,在夏天浸入不纯净的水银中总是发生正电,浸入纯净的水银中总是发生负电;在夏天把黄金和其他各种金属加热就发生正电,冷却就发生负电,在冬天则相反;在高气压和刮北风的时候,气温上升这些金属就产生很强的正电,气温下降就产生很强的负电,如此等等(第 416 页)。

热的情况怎样呢:

"要产生热电效应,并不需要使用热。凡是可以变更电池组中某一部分的温度的东西……都能引起磁针偏转的变化"。例如,用冰或蒸发醚使一种金属冷却下来!(第 419 页)

———

① 见本书第 219 页。——编者注

电化学理论（第 438 页）被认为"至少是颇为机智的和似乎有道理的"。

———

法布罗尼和沃拉斯顿在很早以前，而法拉第在最近都断言：伏打电是化学过程的简单的结果。法拉第甚至已经正确地解释了液体中所发生的原子易位，并且提出用电解产物的量来计算电量。

———

靠法拉第的帮助，汤姆生得出了这样一个定律：

"每个原子都必定自然而然地被同样的电量所包围，所以从这方面来看热和电是彼此相似的！"［第 454 页］

［ 131 ］

电。关于汤姆生的无稽之谈，可参看黑格尔［《自然哲学》］第 346—347 页，那里完全一样①。——可是黑格尔早就反对电流体说和电物质说，很明确地把摩擦电理解为**电的紧张关系**（第 347 页）。

［ 135 ］

静电和动电。

静电或摩擦电，是使自然界中以电的**形式**存在着的、然而是处于平衡的、中性的状态的**现成的**电转为电压状态。因此，这种电压状态的消失——在电能够传播，能够被传导的时候，而且只有在这

———

① 黑格尔《自然哲学讲演录》1842 年柏林版第 324 节附释，参看本书第 219 页。——编者注

样的时候——是随着**一次**闪击,即随着那种使中性状态得以恢复的电火花而发生的。

相反,动电或伏打电是由化学运动转变为电而发生的。在某些特定的情况下,锌、铜等等的溶解产生这种电。在这里,电压状态不是急性的,而是慢性的。在每一瞬间,都有新的正电和负电从另一个运动形式中产生出来,而不是已经存在的正负电分裂为正电和负电。这个过程是一个流动的过程,因此,它的结果——电——也就不是瞬息间的电压和放电,而是恒定电流,这一电流又能在两极重新转变为它曾从中产生的化学运动,这就是所谓的电解。在这个过程中,以及在化学化合产生电的时候(在这里,电代替了热而被释放出,而且释放出的电和在其他情况下所释放出的热一样多,格思里,第 210 页)[183],我们可以追踪液体中的电流(相邻分子中的原子置换——**这就是**电流)。

这种电按其本性来说就是电流,所以不能直接转变为静电。但是通过感应的方法已经可以使这种既有的中性电失去中性。按事物的本性来说,被感生的电应尾随起感应作用的电,因而也是流动的。而在这里,显然有可能使电流蓄积起来,并使之转化为静电,或者更确切地说,转化为把电流的性质和电压的性质结合在一起的更高的形式。这一点是在龙考夫机器中实现的。[184]它产生出的感生电体现了这一点。

[158]

自然辩证法的一个很好的例子是:根据现代的理论,用**同性**电流的**吸引**说明**同性**磁极的**排斥**(格思里,第 264 页)。

［ 133 ］

电化学。维德曼在说明电火花对化学的分解和重新结合的影响时宣称:这多半同化学有关。[①] 在同一场合,化学家宣称:这确实多半同物理学有关。这样,在分子科学和原子科学的接触点上,双方都宣称无能为力,但是恰恰**在这里可望取得最大的成果**。

［ 168 ］

$$\begin{array}{ll}
\text{Cu} & \text{Pt} \\
\mid \quad \text{CuSO}_4 \quad - \quad \mid \quad \text{HNO}_3 \quad \mid \\
\qquad\qquad \text{Cu} \mid \text{NO}_3 \\
\quad \text{CuSO}_4 \quad \mid \quad \text{SO}_4
\end{array}$$

$$i = \frac{E}{R + \varrho}$$

$$\frac{E}{i} = R + \varrho$$

$$i = \frac{E}{i} - \varrho = R$$

$$i = \frac{E - p}{R + r} = \frac{E - p}{\dfrac{E}{i} - \varrho + r}$$

［化　　学］

［ 80 ］

关于实在的、**化学上统一的物质的**观念——不管它多么古老——是和直到拉瓦锡时还广泛流传的那种幼稚见解完全一致

---

① 古·维德曼《流电说和电磁说》1874 年不伦瑞克第 2 版第 2 卷第 2 篇第 418 页。——编者注

的,这种见解认为:两个物体的化学亲和性的基础在于它们各自含有一个共同的第三物体(柯普《发展》第 105 页①)。

［ 128 ］

化学上的新时代是从原子论开始的(所以,近代化学之父不是拉瓦锡,而是道尔顿②),相应地,物理学上的新时代是从分子论开始的(换一种形式来说,而实质上只是就这一过程的另一个方面来说,是从发现运动形式的互相转化开始的)。新的原子论和所有已往的原子论的区别,在于它不认为(撇开蠢材不说)物质**单纯**是分立的,而认为不同层次的各分立部分(以太原子、化学原子、物体、天体)是不同的**关节点**,这些关节点决定了一般物质的不同的**质**的存在方式——直到失重和排斥。

［ 148 ］

量到质的转化:最简单的例子是**氧**和**臭氧**,在这里 2∶3 就造成一些完全不同的属性,甚至气味也不同。化学也只用分子中原子数目的不同去说明其他的同素异形体。

［ 134 ］

旧的、方便的、符合以往流行的实践的方法,怎样转用于其他领域并且在那里变成障碍:在化学中,有化合物成分的百分率计算

① 海·柯普《近代化学的发展》1871 年慕尼黑版第 1 编第 105 页。——编者注
② 指约·道尔顿的著作《化学哲学的新体系》(两卷集)1808—1827 年曼彻斯特版。——编者注

法,它是使人发现不了化合物的定比和倍比定律的最好不过的方法,它也确实在相当长的时期内使这些定律未被发现。

［184］

名称的意义。在有机化学中,一个物体的意义以及它的名称,不再仅仅由它的构成来决定,而更多地由它在它所隶属的**系列**中的位置来决定。因此,如果我们发现了某个物体属于某个这样的系列,那么它的旧名称就变成了理解的障碍,而必须代之以**一个系列名称**(烷烃等等)。

［生 物 学］

［127］

地文学。在从化学过渡到生命以后,首先应当阐述生命赖以产生和存在的条件,因而首先应当阐述地质学、气象学等等。然后才阐述生命的各种形式本身,如果不这样,这些生命形式也是不可理解的。

［65］

反应。机械的、物理的反应(换言之,热等等),随着每次反应而耗尽了。化学反应改变了发生反应的物体的构成,并且只有再增添该物体的量,反应才能重新发生。只有**有机体**才**独立地**发生反应——当然是在它的能力范围之内(睡眠),而且是在有营养补给的前提下,但是这种营养补给只有在被同化之后才发生作用,而不像在低级阶段那样直接发生作用,所以在这里有机体具有**独立的**反应力,新的反应必须以这种有机体为**中介**。

［ 22 ］

生和死。今天,不把死亡看做生命的本质因素(注:黑格尔《全书》第 1 部第 152—153 页)[185]、不了解生命的**否定**从本质上说包含在生命自身之中的生理学,已经不被认为是科学的了,因此,生命总是和它的必然结局,即总是以萌芽状态存在于生命之中的死亡联系起来加以考虑的。辩证的生命观无非就是如此。但是,无论什么人一旦懂得了这一点,在他面前一切关于灵魂不死的说法便破除了。死亡或者是有机体的解体,除了构成有机体实体的各种化学成分,什么东西也没有留下来;或者还留下某种生命要素,或多或少和灵魂相同的东西,这种要素不仅比人,而且比**一切**活的有机体都活得更久。因此,在这里只要借助于辩证法简单地说明生和死的本性,就足以破除自古以来的迷信。生就意味着死。

［ 59 ］

自然发生［*Generatio aequivoca*］。至今所有的研究如下:在含有分解着的有机物并接触空气的液体当中,产生了低等的有机体,即原生生物、真菌、纤毛虫。它们是从哪里来的? 它们是由于自然发生而来的,还是由大气中带来的胚胎产生的? 这样,这种研究就局限于一个非常狭窄的领域,局限于原生质发生[186]的问题了。

关于新的活的有机体可以由其他有机体的分解而产生的假定,实质上属于承认物种不变的时代。当时人们必然假定,一切有机体,甚至最复杂的有机体,都是从无生命的物质通过自然发生而产生的；如果人们不愿求助于上帝创造万物的行动，他们就很容易得出这样一个观点：要是有一种已起源于有机界的生成物质，这种过程就比较容易说明了；人们已不再设想通过化学方法直接从无机物质中产生出哺乳动物了。

但是，这样的假定是和科学的现状直接冲突的。化学通过对死的机体的分解过程的分析证明：这个过程一步一步地进行下去必然产生更加无生气、更加接近于无机界的产物，这些产物越来越不适于在有机界中加以利用了；这些分解出来的产物只有及时地被摄取到适于利用它们的既有的有机体中，这个过程才可能被导向另一个方向，这样的利用才可能实现。最先分解的恰恰是细胞生成的最重要的载体，即蛋白质，而且这种东西直到现在还不能重新合成。

不仅如此，我们这里所研究的那种从有机液体中自然发生的有机体，虽然是比较低等的，但本质上是已经分化了的有机体，如细菌、酵母等等，它们具有一种由不同阶段构成的生命过程，而且有一部分（如纤毛虫类）还具有相当发达的器官。它们至少都是单细胞生物。但是，在我们知道无结构的胶液原生物[187]以后，如果还想说明哪怕一个细胞也是直接产生于无生命的物质，而不是产生于无结构的活的蛋白质，如果还相信能够借助少许臭水强迫自然界在 24 小时内完成它用了多少万年才完成的事情，那真是愚蠢。

巴斯德的实验[188]在这方面是没有用处的：对那些相信自然发生的可能性的人来说，他单凭这些实验还决不能证明自然发生的不可能；但是这些实验是很重要的，因为这些实验对这些有机体、它们的生命、它们的胚种等等提供了许多说明。

[64]

莫里茨·瓦格纳《自然科学的争论问题》第 1 卷（奥格斯堡《总汇报》,1874 年 10 月 6、7、8 日附刊）。**189**

李比希在他晚年（1868 年）对瓦格纳表示：

"我们只可以假定：生命正像物质本身那样古老,那样永恒,而关于生命起源的一切争端,在我看来已由这个简单的假定解决了。事实上,为什么不应当设想有机生命正像碳和它的化合物〈!〉一样,或者正像不可创造和不可消灭的所有物质一样,像永远和宇宙空间中的物质运动联结在一起的力一样,是原来就有的呢?"

此外,李比希还说（瓦格纳确信,是在 1868 年 11 月）：

他也认为,我们行星上的有机生命可能由宇宙空间"输入"的这种假说是"可以接受的"。

亥姆霍兹（为汤姆生《理论物理学手册》德文版第 2 部所写的序言）：

"如果我们让有机体从无生命的实体中产生出来的一切努力都失败了,那么依我看来,一个完全正确的办法就是我们问一问：生命究竟曾经发生过没有,它是否和物质一样古老,它的胚种是否从一个天体被移植到另一个天体,并且在有适宜土壤的一切地方发展起来?"**190**

瓦格纳：

"物质是不灭的和永恒的……无论什么力量都不能把它化为乌有,这个事实足以使化学家认为物质也是不能创造的……但是,根据现在流行的观点〈?〉,生命仅仅被看做构成最低等有机体的某些简单元素所固有的一种属性,这种属性自然应当和这些基本物质及其化合物〈!!〉本身一样地古老,就是说,一样地是本来就有的。"从这个意义来说,也可以像李比希(《化学通信》

第4版［第1卷第349、372—373页］）那样说有一种生命力，"就是说，它是'一种在物理力中并且借物理力起作用的造形本原'，所以不是在物质之外起作用的。但是，这个生命力，作为物质的一种属性……只有在适当的条件之下才显现出来，这些条件从太初以来就存在于无限宇宙空间中的无数点上，但是在各个不同时期又必然常常改变自己的空间位置。"因此，在以前的液态的地球上或现在的太阳上，不可能有生命，但是炽热的天体覆盖有一层非常广袤的大气，根据最新的见解，这种大气是由极稀薄地充满宇宙空间并且被各个天体吸引着的同一些物质所组成。发展出太阳系并延伸到海王星轨道以外的旋转星云，也包含着"散布在大气中的一切蒸汽状态的水分〈!〉，这层大气直到不可测度的高度都为碳酸气〈!〉所饱和，因此也就包含着使最低等的有机胚种得以存在〈?〉的基本物质"；在旋转星云中，"在各个极不相同的区域中有极不相同的温度，所以完全有理由假定：有机生命所必需的各种条件，总可以在其中的某个地方找到。因此，我们可以把天体的和旋转的宇宙星云的大气看做有生命形式的永久储藏所，看做有机胚种的永恒栽培地"。——在赤道附近科迪勒拉山脉的高达16 000英尺的大气中，还大量地存在着最小的有生命的原生生物和它们的不可见的胚种。佩尔蒂说：它们"几乎到处都存在"。只是在炽热把它们烧死的地方，它们才不存在。"因此，在一切天体的大气中"，它们（弧菌等等）的存在都是可以想象的，"那里总会找到适当的条件"。①

　　"根据科恩的说法②，细菌……极其微小，在一立方毫米中能容下6.33亿个，而6 360亿个总共不过1克重。微球菌甚至还要小些"，而且也许还不是最小的。但是它们的形状是各种各样的，"弧菌……有时是球形，有时是卵形，有时是杆形或螺旋形〈因此，它们的形状已经具有重大的价值了〉。从这样的或者类似的、极其简单的〈!!〉、在动物和植物之间摇摆不定的中性的原始生物中……在个体的变异性和新获得特性遗传给后代的能力的基础上，在天体的物理条件发生变化以及正在产生的个体变种在空间上被隔离的情况下，经过一段很长的时间，可以而且必定发展出动植物界中多种多样的有高

①　莫·瓦格纳引自马·佩尔蒂《有关显微镜和望远镜现今所能观察到的可显现的造物的界限》1874年柏林版。——编者注
②　莫·瓦格纳引自斐·科恩《论细菌这种最小的生物》1872年柏林版。——编者注

级组织的生物,——这是一个颇有道理的假定,一直到现在还没有人对它提出过有力的反驳。"

值得指明的是,李比希在和化学相比邻的科学即生物学方面完全是一个一知半解的人。

他在 1861 年才读过达尔文的著作①,至于达尔文以后出现的生物学和古生物地质学的重要著作则读得更晚得多。他"从没有读过"拉马克的著作。"同样,在 1859 年以前已经出版的莱·冯·布赫、德·奥尔比尼、明斯特、克利普施泰因、贺业尔和昆施泰特的关于头足纲化石的很重要的古生物学的研究专著,他也始终完全不知道,而这些研究已经令人惊奇地揭示了各种造物在发生方面的联系。上述的一切研究者……由于事实的威力,差不多都违背了自己的意志,被迫走向拉马克的种源假说",而且这是达尔文的著作问世以前的事。"因此,在那些对有机体化石进行较深入的比较研究的研究者的观点中,种源学说早已不声不响地扎下了根。莱·冯·布赫早在 1832 年就在他的著作《关于菊石及其分科》中,以及 1848 年在柏林科学院宣读的论文中,把拉马克关于有机形态的典型的亲缘关系是有机形态的共同种源的标志这一观念,十分明确地引入化石学〈!〉";他在 1848 年根据他的菊石研究提出了这样一个论断:"旧形态的消失和新形态的出现,并不是有机生物全部灭亡的结果,新种从较旧的形态中形成,极可能仅仅是生活条件改变的结果"。②

———

评注。上述关于"永恒生命"和生命自外面输入的假说,是以下列两点为前提的:

（1）蛋白质的永恒性。

（2）那些可以从中发展出一切有机物的原始形态的永恒性。两者都是不可能的。

———

① 指《根据自然选择即生存斗争中适者保存的物种起源》。——编者注
② 莫·瓦格纳引自莱·冯·布赫《关于齿菊石》,载于《1848 年柏林皇家科学院论文集。物理学论文》1850 年版第 19 页。——编者注

关于(1)：李比希认为碳化物和碳本身一样是永恒的,这个主张如果不是错误的,也是值得怀疑的。

(a)碳是简单的东西吗? 如果不是,那么它本身便不是永恒的。

(b)说碳化物是永恒的,这是指它们在相同的混合、温度、压力、电压等等条件下会不断地再产生出来。但是,直到现在还没有人断言：哪怕像 CO_2 或 CH_4 这些最简单的碳化物是永恒的,就是说,它们在任何时候以及或多或少在任何地方都存在着,而不是不断地重新产生又重新消失(从一些元素中产生出来又分解为这些元素)。如果说,活的蛋白质如同其余的碳化物一样是永恒的,那么,它不但必须不断地分解为它的各个元素(这一点是人所共知的),而且必须不断地从这些元素中重新产生,并且无需原有蛋白质的帮助,——而这和李比希所得出的结论恰恰相反。

(c)蛋白质是我们所知道的最不稳定的碳化物。只要它一失去执行它所特有的、我们称之为生命的那些机能的能力,它就立即分解,并且由于它的本性所致,它的这种能力迟早会丧失。难道可以认为这种化合物是永恒的,在宇宙空间能够经受住温度、压力、缺乏养分和空气等等的一切变化吗? 其实它们能经受的最高温度界限竟如此之低——在100℃以下。蛋白质的存在条件远比其他已知的一切碳化物的存在条件复杂,因为其中不仅增添了物理机能和化学机能,而且还增添了营养机能和呼吸机能,而这两种机能又要求一种在物理和化学方面被限制得很狭窄的媒介物,——难道可以认为这种媒介物在一切可能的变化下会永远保持着吗? 李比希"在其他各种条件相同的情况下,宁愿从两个假说中选择最简单的一个",但是有的东西看起来可能很简单,实际却很复杂。

假设存在着无数永恒的活的蛋白体的连续系列,其中每一个都源于另一个,并且在任何环境下总是保持足够的数量,以致它们的门类能保持齐全,——这是所能做出的最复杂的假设。天体的大气,特别是星云的大气,在开始时也都是炽热的,因而没有蛋白体存在的余地。这样一来,最后宇宙空间就势必成为生命的大储藏所,可是在这个储藏所中既没有空气,也没有养料,并且这里的温度肯定使任何蛋白质都无法发生作用,也无法存在!

关于(2):这里所谈的弧菌、微球菌等等,是已经相当分化了的生物——分泌出膜但**没有核**的蛋白质小块。然而有发展能力的蛋白体系列都是**首先形成核**并变成细胞。然后进一步发展就有了细胞膜(球体变形虫[Amoeba sphaerococcus])。因此,我们在这里所考察的有机体,根据以往的全部类比,是属于不能传种接代而走入死路的一种,不可能列为较高等的有机体的始祖。

亥姆霍兹就人工制造生命的尝试没有取得结果这一事实所说的话,是极端幼稚的。生命是蛋白体的存在方式,这个存在方式的**本质要素就在于和它周围的外部自然界的不断的新陈代谢**,这种新陈代谢一停止,生命就随之停止,结果便是蛋白质的分解①。如果有一天用化学方法合成蛋白体成功了,那么它们一定会显示生命现象,发生新陈代谢,即使是很微弱的和短暂的。但是这种物体肯定**最多也不过**具有最低等胶液原生物[187]的形式,或者还更低得多的形式,而决不会是这样一些有机体的形式,这些有机体经过多

---

① 恩格斯在这里加了一个注:"在无机体内也可以发生这种新陈代谢,而且到处不断地发生,因为到处都有化学作用,即使这种作用发生得很慢。而差别在于:在无机体的场合,新陈代谢破坏它们,而在有机体的场合,新陈代谢是它们存在的必要条件。"——编者注

少万年的发展已经分化出来,外膜已和内部区别开来并获得一定的遗传形态。但是,如果我们对蛋白质化学成分了解还不比现在多,因而或许再过一百年还不敢设想用人工方法合成蛋白质,那么,抱怨我们的一切努力等等都"已经失败",这就未免可笑了!

关于新陈代谢是蛋白体特有活动的上述论点,可以举出特劳白的"人造细胞"**191**的生长来加以反驳。但是,这不过是通过内渗作用而把某种液体不加任何改变地吸收进来而已,至于新陈代谢则在于吸收化学构成已被改变的物质,使之为有机体所同化,而其残余则和有机体本身因生命过程而产生的分解物一起排泄出去了。(注意:正如我们不得不说无脊椎的脊椎动物那样,在这里也必须把无机的、无定形的、未分化的蛋白质小块称做有机体。——**从辩证法的观点来看**,这是可行的,因为正如脊索"自在地"以萌芽状态包含着脊柱一样,最初产生的蛋白质小块也"自在地"以萌芽状态包含着较高等的有机体整个无限系列。)特劳白的"细胞"的意义在于:它们表明了,内渗和生长也是无机界中没有任何碳素参与就可能发生的两种现象。

最初产生的蛋白质小块,必然具备了从氧、二氧化碳、氨以及溶解在周围水里的一些盐类中吸取养料的能力。有机的养料当时还不存在,因为它们还不能互相吞食。这就证明,即使是今天的那些无核的胶液原生物,比起它们来也要高出很多,这些胶液原生物靠吞食硅藻等为生,也就是说,它们是以一系列已发生分化的有机体为前提的。

［ 49 ］

原生生物²⁶。(1)无细胞的原生生物,是从那以某种形式伸

出和缩回伪足的简单蛋白质小块,从胶液原生物开始的。① 今天
的胶液原生物与原始的胶液原生物肯定是非常不同的,因为它们
大部分依靠有机物来生活,吞食硅藻和纤毛虫,即吞食比它们自身
要高级并且产生得比较晚的生物体,而且如海克尔的图表 I[192]所
表明的,它们有自己的发展史,并且经历了无细胞鞭毛虫的形
态。——在这里已经可以看到一切蛋白体所固有的成形本能。这
种成形本能在无细胞的有孔虫类那里更进了一步,它们分泌出极
其精巧的外壳,而且预示了高等软体动物的形态(预示了群体,珊
瑚等等),正如管藻类(Siphoneen)预示了高等植物的干、枝、根和
叶的形态一样,但它们仅仅是简单的无结构的蛋白质。所以,应该
把原变形虫和变形虫区分开来。

(2)一方面,在太阳虫(Actinophrys sol)那里已有了外膜层
(Ectosarc[外质])和细胞髓层(Endosarc[内质])的区别(尼科尔
森,第49页②)。外膜层伸出很多伪足(在橙色胶原虫[Protomyxa
aurantiaca]那里,这一阶段已经是过渡阶段,见海克尔,图表 I)。
在这条发展道路上,蛋白质似乎没有走得很远。

(3)另一方面,在蛋白质中又分化出**核**和**仁**——裸变形虫。
此后,形体的形成就迅速起来了。在有机体中,年轻细胞的发展情
况也类似,关于这一点,可参看**冯特**(开头部分)。[193]在球体变形虫
那里,就像在胶原虫那里一样,细胞膜的形成只是过渡阶段,但是,
甚至在这里也已经有了伸缩泡,这是循环作用的开端。我们时而

---

① 恩格斯在此处页边上写着:"个体化的程度很小,它们分成几部分,也
融合在一起。"——编者注
② 见亨·阿·尼科尔森《动物学手册》1870年伦敦版第1卷第42—45
页。恩格斯所使用的版本未查明。——编者注

发现一个胶结在一起的沙壳（沙壳虫［Difflugia］，尼科尔森，第 47 页①），例如在蠕形动物和昆虫的幼虫那里就是如此，时而又发现一个真正分泌出来的外壳，最后是，

(4)**有永久细胞膜的细胞**。② 按照海克尔的说法（第 382 页），根据细胞膜的坚硬程度，或是从中产生了植物，或是在外膜较软时从中产生了动物（？ 肯定不能这样一概而论）。随细胞膜一起出现的，还有确定的、同时是可塑性的形态。在这里又有单纯的细胞膜和分泌出来的外壳之间的区别。但是（和第三点不同）随着这种细胞膜和这种外壳的形成，**伪足的伸出**便停止了。以前的各种形态（鞭毛类）的重现和形态的多样性。Labyrinthuleen［有孔目的一种］（海克尔，第 385 页）是个过渡阶段，它们把伪足伸到外边，并在这个网膜内，靠通常纺锤形态在某种限度内的变化而来回爬行。簇虫类预示了高等寄生生物的生活方式：有一些已不再是单个的细胞而是细胞**链**了（海克尔，第 451 页），但是只包括两三个细胞——一种不健全的开端。就纤毛虫类**真正**属于单细胞来说，它们体现了单细胞有机体的最高发展。在这里有了重大的分化（见尼科尔森）。③ 再就是群体和植虫[194]（累枝虫［Epistylis］）。④ 同样，在单细胞植物那里也有高等的形态发展（鼓藻类［Desmidiaceen］，海克尔，第 410 页）。

---

① 见亨·阿·尼科尔森《动物学手册》1870 年伦敦版第 1 卷第 42—45 页。恩格斯所使用的版本未查明。——编者注

② 恩格斯在此处页边上写着："开始走向更高的分化"。——编者注

③ 见亨·阿·尼科尔森《动物学手册》1870 年伦敦版第 1 卷第 59—65 页。——编者注

④ 同上，见第 62—63 页。——编者注

（5）进一步的发展是几个细胞结合成**一个**生物体,而不再结合成一个群体。首先是海克尔的变形类,即大球型浮浪幼虫［Magosphaera planula］(海克尔,第384页),在这里细胞的结合不过是一个发展阶段。但是,在这里也早就不再有伪足了(这是不是一个过渡阶段,海克尔没有确切地说出来)。另一方面,放射虫类——也是未分化的细胞块——却保持了伪足,并且把外壳的几何学上的规则性发展到最高程度,这种规则性甚至在真正无细胞的根足类中间也起着作用——蛋白质可以说是用自己的结晶形态来包住自己。

（6）大球型浮浪幼虫［Magosphaera planula］形成了向真正的浮浪幼虫［Planula］和原肠胚［Gastraea］等等的过渡。详见海克尔(第452页及以下各页)。[195]

［75］

深水虫[196]。它体内的石质证明:蛋白质的原初形态还没有发生任何形态分化,却已经在自身中包含了形成骨骼的胚体和能力。

［94］

《自然》[98]第294期及以下各期。奥尔曼论纤毛虫类。[197]单细胞性,重要。克罗尔论冰期和地质年代。[198]

《自然》第326期。丁铎尔论发生、特有的腐烂和发酵实验。[199]

［50］

个体。这个概念也变成了完全相对的东西。合体,群体,绦虫——另一方面,细胞和体节,在某种意义上是个体(《人类学》和

《形态学》）。**200**

［ 53 ］

整个有机界在不断地证明形式和内容的同一性或不可分离性。形态学现象和生理学现象、形态和机能是互相制约的。形态（细胞）的分化决定物质分化为骨骼、肌肉、表皮等等，而物质的分化又决定分化了的形态。

［ 51 ］

形态学上的各种形态在一切发展阶段上的重现：细胞形态（在原肠胚［Gastrula］中已经有两种主要的细胞形态）——一定阶段上的体节形成：环节动物，节肢动物，脊椎动物。——在两栖类动物的幼体中，海鞘幼虫的原始形态重现了。——有袋类动物的各种形态在胎盘类动物中重新显现出来（甚至仅就现在还活着的有袋类动物来说）。

［ 52 ］

在有机体发展的全部历史中，应当承认按照离开起点的时间距离的平方发生加速的定律。参看海克尔《创造史》和《人类学》，在这里可以看到与各种地质年代相适应的各种有机形态。① 形态

---

① 参看恩·海克尔《自然创造史。关于一般进化学说，特别是达尔文、歌德、拉马克的进化学说的通俗学术讲演》1873 年柏林修订第 4 版第 333—363 页；《人类起源学或人类发展史。关于人类胚胎史和人类氏族史的基本特征的通俗学术报告》1874 年莱比锡版第 340—368 页。——编者注

越高,进化就越快。

［ 72 ］

脊椎动物［*Vertebrata*］。它们的主要特征:**整个身体都围绕神经系统组成**。因此便有了发展到自我意识等等的可能性。在其他一切动物那里,神经系统是次要的东西,而在这里则是整个机体的基础;神经系统在发展到一定程度的时候(由于蠕虫的头节向后延伸),便控制整个身体,并且按照自己的需要来安排整个身体。

［ 110 ］

当黑格尔以交配(繁殖)为中介而从生命过渡到认识的时候①,在那里已经有了进化论的萌芽,这种理论认为,有机生命一旦产生,它就必然经过一代一代的发展而发展到有思维的生物这一个属。

［ 147 ］

黑格尔叫做相互作用的东西是**有机体**,因而有机体也就形成了向意识的过渡,即从必然向自由、向概念的过渡(见《逻辑学》第2编末尾)**201**。

［ 45 ］

自然界中的萌芽:昆虫国家(普通的昆虫国家超不出纯粹的自然关系),这里甚至是社会的萌芽。能用工具进行生产的动物

---

① 参看黑格尔《逻辑学》第3编《概念论》第3部分第1章。——编者注

(蜂等等,海狸)也是如此,但是,这还只是次要的事情,并且不发生总体作用。——在这以前就有:珊瑚群体和水螅群体,在这里个体至多不过是过渡阶段,而肉体的共同体才多半是充分发展了的阶段。见尼科尔森①。——纤毛虫也是如此,这是**一个单细胞**所能达到的最高级的和部分地高度分化了的形态。

〔 146 〕

必须指出,达尔文学说是黑格尔关于必然性和偶然性的内在联系的论述在实践上的证明。②

〔 136 〕

生存斗争。首先必须把它严格限制在由于植物和动物的**过度繁殖**所引起的斗争的范围内,这种斗争实际发生在植物和低等动物的某些发展阶段上。但是必须把这种斗争同下述情况严格分开:**没有**这种过度繁殖,物种也会变异,旧种会灭绝,新的更发达的种会取而代之。例如,动物和植物迁移到新的地域,那里的新的气候、土壤等等条件会引起变异。**在那里**,有适应能力的个体存活下来,并且由于越来越适应而形成新种,而其他较稳定的个体则死亡和最后灭绝,那些不完善的、处于中间阶段的个体也随同它们一起灭绝。**没有任何马尔萨斯主义**²⁰²,上述情形也能发生而且已经发生;就算这里出现了马尔萨斯主义,它也丝毫不能改变过程,最多

---

① 参看亨·阿·尼科尔森《动物学手册》1870 年伦敦版第 1 卷第 24、59—69 页。——编者注

② 参看黑格尔《逻辑学》第 3 编《概念论》(《黑格尔全集》第 5 卷)1841 年柏林第 2 版第 236—254 页。另参看本书第 92—96 页。——编者注

只能加快过程。——在某一既定地区的地理、气候等等条件逐渐变化(例如,中亚细亚变得干旱)的情况下,也是一样。在那里动物或植物是否互相排挤,这是无关紧要的;由这些变化所引起的有机体的进化过程照样发生。——性的选择也是一样,在这里马尔萨斯主义也毫不相干。

因此,海克尔的"适应和遗传",无需选择和马尔萨斯主义,也能引起全部进化过程。

达尔文的缺点正在于他在《自然选择,或最适者生存》①中把两件不相干的事情混淆起来了:

(1)由于过度繁殖的压力而发生的选择,在这里也许是最强者首先生存下来,但是最弱者在某些方面也能这样。

(2)由于对变化了的环境有较大适应能力而发生的选择,在这里生存下来的是更能适应这些**环境**者,但是,在这里这种适应总的说来可以是进步,也可以是退步(例如,对寄生生活的适应**总是**退步)。

重要的是:有机物发展中的每一进步同时又是退步,因为它巩固**一个方面的**发展,排除其他许多方向上的发展的可能性。

然而这是一个**基本规律**。

［83］

生存斗争。[203]在达尔文以前,他的今天的信徒们所强调的恰好是有机界的和谐合作,植物界怎样给动物界提供食物和氧,而动

---

① 这是查·达尔文《根据自然选择即在生存斗争中适者保存的物种起源》第4章的标题。——编者注

物界怎样给植物界提供肥料、氨和碳酸。达尔文的学说刚刚得到承认,还是这些人立刻到处只看到**斗争**。这两种见解在狭小的范围内都是有道理的,但两者也都同样是片面的和褊狭的。自然界中无生命的物体的相互作用既有和谐也有冲突;有生命的物体的相互作用则既有有意识的和无意识的合作,也有有意识的和无意识的斗争。因此,在自然界中决不允许单单把片面的"斗争"写在旗帜上。但是,想把历史的发展和纷繁变化的全部丰富多样的内容一律概括在"生存斗争"这一干瘪而片面的说法中,是极其幼稚的。这等于什么也没有说。

达尔文的全部生存斗争学说,不过是把霍布斯关于一切人反对一切人的战争[204]的学说和资产阶级经济学的竞争学说以及马尔萨斯的人口论从社会搬到生物界而已。变完这个戏法以后(它的无条件的合理性,特别是同马尔萨斯的学说相关的东西,还很成问题),要把这些学说从自然界的历史中再搬回到社会的历史中去,那是很容易的;如果断言这样一来便证明这些论断是社会的永恒的自然规律,那就过于天真了。

但是为了进行论证,我们暂且接受"生存斗争"这个说法。动物所能做到的最多是**采集**,而人则**从事生产**,人制造最广义的生活资料,这些生活资料是自然界离开了人便不能生产出来的。因此,把动物界的生活规律直接搬到人类社会中来是不行的。一有了生产,所谓生存斗争不再单纯围绕着生存资料进行,而是围绕着享受资料和发展资料进行。在这里——在社会地生产发展资料的情况下——来自动物界的范畴就完全不适用了。最后,在资本主义生产方式下,生产达到这样的高度,以致社会不再能够消耗掉所生产出来的生活资料、享受资料和发展资料,因为生产者大众被人为地和强制地同这些资料隔离开来;因此,十年一次的危机不仅毁灭生产出来的生活资料、享受资料和发展资料,而且毁灭生产力本身的一大部分,以此来重建平衡;因此,所谓生存斗争就采取了**如下的**形式:必须**保护**资产阶级的资本主义社会所生产出来的产品和生产力,使之免遭这个资本主义社会制度本身的毁灭性的、破坏性的作用的影响,办法是从不能办到这一点的居于统治地位的资本家阶级手中夺取社会生产和社会分配的领导权,并把它转交给生产者群众——这就是社会主义革命。

把历史看做一系列的阶级斗争,比起把历史单纯归结为生存斗争的一些没有多大差异的阶段,内容丰富得多,而且深刻得多。

[85]

功①。——这个范畴被力学的热理论从经济学搬到了物理学(因为**在生理学上**对它还远没有作出科学的规定),可是这样一来它就被赋予完全不同的规定,这从下列事实中可以看出来:经济学上的功,只有很有限的次要的一部分(举起重物等等)可用千克米来表示。尽管如此,却有一种倾向,想把热力学上的功的规定搬回到这个范畴由之借用来的、其规定和原来不同的那些科学中去。例如,菲克和维斯里辛努斯在福尔山所做的实验[205],就直截了当地、笼统地把它同生理学的功等同起来。按照这个实验,把一个比方说60千克重的人体提升到比方说2 000米高,那么120 000千克米就可以表示所做的**生理学的**功。但是,在所做的生理学的功中,**如何**实现这个提升是有巨大差别的:是把这个重物直接提升,

①　原文是"Arbeit",在经济学中通常译"劳动"。——编者注

还是攀登直立的梯子,还是走坡度为 45° 的路径或台阶(= 军事上难以行进的地形),还是走坡度为 $\frac{1}{18}$ 的路径,即走大约 36 公里长的路途(然而,如果在这一切情况下都用同一的时间,那么后者就成问题了)。但是不管怎样,在一切实际的情况下,和上升相联系的还有向前的运动,并且在按直线计算时向前的运动也相当大,而这个向前的运动作为生理学的功是不能认定为等于零的。看来有些人在有的地方甚至恨不得把热力学的功这个范畴也搬回到经济学中去,就像某些达尔文主义者把生存斗争搬到经济学中去一样,但是结果无非是一场闹剧而已。让他们把随便某种熟练劳动转换成千克米,并试试以此规定工资吧! 从生理学观点看来,人体包含着各个器官,**从一个方面来看**,这些器官的整体可以看做一架获得热并把热转化为运动的热动机。但是,即使我们假设身体其余器官的条件不变,能否直接用千克米把所做的生理学的功,即使是提升重物的功,完全表示出来,也还是问题,因为在身体中同时进行的**内部**工作在结果上并没有表现出来。身体毕竟不是一部只发生摩擦和损耗的蒸汽机。只有当身体本身不断地发生化学变化时,才能做出生理学的功,并且这还有赖于呼吸过程和心脏的工作。当肌肉每一次收缩和松弛时,神经和肌肉都会发生化学变化,这些变化和蒸汽机中的煤的变化是不能相提并论的。当然,我们可以把其他条件相同的情况下所做的两个生理学的功加以比较,但是不能用蒸汽机等等的功来量度人的生理学的功;它们的外部结果当然是可以比较的,但是,在不做重大保留的情况下,过程本身是不能比较的。

(这一切还要大加修订。)

[自然界和社会]

[99]

劳动在从猿到人的转变中的作用[206]

政治经济学家说:劳动是一切财富的源泉。其实,劳动和自然界在一起才是一切财富的源泉,自然界为劳动提供材料,劳动把材料转变为财富。但是劳动的作用还远不止于此。劳动是整个人类生活的第一个基本条件,而且达到这样的程度,以致我们在某种意义上不得不说:劳动创造了人本身。

在好几十万年以前,在地质学家叫做第三纪的那个地质时代的某个还不能确切肯定的时期,大概是在这个时代的末期,在热带的某个地方——可能是现在已经沉入印度洋底的一大片陆地上,生活着一个异常高度发达的类人猿的种属。达尔文曾经向我们大致地描述了我们的这些祖先:它们浑身长毛,有胡须和尖耸的耳朵,成群地生活在树上。①

这种猿类,大概首先由于它们在攀援时手干着和脚不同的活

---

① 参看查·达尔文《人类起源和性的选择》第 1 卷第 6 章《论人类的血缘和谱系》。——编者注

这样一种生活方式的影响,在平地上行走时也开始摆脱用手来帮忙的习惯,越来越以直立姿势行走。由此就**迈出了从猿过渡到人的具有决定意义的一步。**

现在还活着的一切类人猿,都能直立起来并且单凭两脚向前运动。但是只有在迫不得已时才会如此,并且非常笨拙。它们的自然的步态是采取半直立的姿势,而且用手来帮忙。大多数的类人猿是以握成拳头的手指骨支撑地面,两腿收起,身体在长臂之间摆动前进,就像跛子撑着双拐行走一样。一般说来,我们现在还可以在猿类中间观察到从用四肢行走到用两条腿行走的一切过渡阶段。但是一切猿类都只是在迫不得已时才用两条腿行走。

如果说我们的遍体长毛的祖先的直立行走一定是先成为习惯,并且随着时间的推移才成为必然,那么这就必须有这样的前提:手在此期间已经越来越多地从事其他活动了。在猿类中,手和脚的使用也已经有某种分工了。正如我们已经说过的,在攀援时手和脚的使用方式是不同的。手主要是用来摘取和抓住食物,就像低级哺乳动物用前爪所做的那样。有些猿类用手在树上筑巢,或者如黑猩猩甚至在树枝间搭棚以避风雨。它们用手拿着木棒抵御敌人,或者以果实和石块掷向敌人。它们在被圈养的情况下用手做出一些简单的模仿人的动作。但是,正是在这里我们看到,甚至和人最相似的猿类的不发达的手,同经过几十万年的劳动而高度完善化的人手相比,竟存在着多么大的差距。骨节和筋肉的数目和一般排列,两者是相同的,然而即使最低级的野蛮人的手,也能做任何猿手都模仿不了的数百种动作。任何一只猿手都不曾制造哪怕是一把最粗笨的石刀。

因此,我们的祖先在从猿过渡到人的好几十万年的过程中逐渐学会的使自己的手能做出的一些动作,在开始时只能是非常简单的。最低级的野蛮人,甚至那种可以认为已向更近乎兽类的状态倒退而同时躯体也退化了的野蛮人,也远远高于这种过渡性的生物。在人用手把第一块石头做成石刀以前,可能已经过了一段漫长的时间,和这段时间相比,我们所知道的历史时间就显得微不足道了。但是具有决定意义的一步迈出了:**手变得自由了**,并能不断掌握新的技能,而由此获得的更大的灵活性便遗传下来,并且一代一代地增加着。

所以,手不仅是劳动的器官,**它还是劳动的产物**。只是由于劳动,由于总是要去适应新的动作,由于这样所引起的肌肉、韧带以及经过更长的时间引起的骨骼的特殊发育遗传下来,而且由于这些遗传下来的灵巧性不断以新的方式应用于新的越来越复杂的动作,人的手才达到这样高度的完善,以致像施魔法一样产生了拉斐尔的绘画、托瓦森的雕刻和帕格尼尼的音乐。

但是手并不是单独存在的。它只是整个具有极其复杂的结构的机体的一个肢体。凡是有益于手的,也有益于手所服务的整个身体,而且这是以二重的方式发生的。

首先这是由于达尔文所称的生长相关律。依据这一规律,一个有机生物的个别部分的特定形态,总是和其他部分的某些形态息息相关,哪怕在表面上和这些形态似乎没有任何联系。例如,一切具有无细胞核的红血球并以一对关节(髁状突)来联结后脑骨和第一节脊椎骨的动物,无例外地也都长有乳腺来哺养幼仔。又如,在哺乳动物中,偶蹄通常是和进行反刍的多囊的胃相联系的。身体的某些特定形态的改变,会引起其他部分的形态的改变,虽然我们还不能解释这种联系。蓝眼睛的纯白猫总是或差不多总是聋的。人手的逐渐灵巧以及与之相应的脚适应直立行走的发育,由于上述相关律的作用,无疑会反过来影响机体的其他部分。但是这种影响现在研究得还太少,所以我们在这里只能作一般的叙述。

更加重要得多的是手的发展对机体其余部分的直接的、可证明的反作用。我们已经说过,我们的猿类祖先是一种群居的动物,人,一切动物中最爱群居的动物,显然不可能来源于某种非群居的最近的祖先。随着手的发展、随着劳动而开始的人对自然的支配,在每一新的进展中扩大了人的眼界。他们在自然对象中不断地发现新的、以往所不知道的属性。另一方面,劳动的发展必然促使社会成员更紧密地互相结合起来,因为劳动的发展使互相支持和共同协作的场合增多了,并且使每个人都清楚地意识到这种共同协作的好处。一句话,这些正在生成中的人,已经达到彼此间**不得不说些什么**的地步了。需要也就造成了自己的器官:猿类的不发达的喉头,由于音调的抑扬顿挫的不断加多,缓慢地然而肯定无疑地得到改造,而口部的器官也逐渐学会发出一个接一个的清晰的音节。

语言是从劳动中并和劳动一起产生出来的,这个解释是唯一正确的,拿动物来比较,就可以证明。动物,甚至高度发达的动物,彼此要传递的信息很少,不用分音节的语言就可以互通信息。在自然状态下,没有一种动物会感到不能说话或不能听懂人的语言是一种缺陷。它们经过人的驯养,情形就完全不同了。狗和马在和人的接触中所养成的对于分音节的语言的听觉十分敏锐,以致它们在它们的想象力所及的范围内,能够很容易地学会听懂任何一种语言。此外,它们还获得了如对人表示依恋、感激等等的表达感受的能力,而这种能力是它们以前所没有的。和这些动物经常接触的人几乎不能不相信:有足够的情况表明,这些动物**现在**感到没有说话能力是一个缺陷。不过,它们的发音器官可惜过分地专门朝特定方向发展了,再也无法补救这种缺陷。但是,只要有发音器官,这种不能说话的情形在某种限度内是可以克服的。鸟的口部器官和人的口部器官肯定是根本不同的,然而鸟是唯一能学会说话的动物,而且在鸟里面叫声最令人讨厌的鹦鹉说得最好。人们别再说鹦鹉不懂得它自己所说的是什么了。它一连几个小时唠唠叨叨重复它那几句话,的确纯粹是出于喜欢说话和喜欢跟人交往。但是在它的想象力所及的范围内,它也能学会懂得它所说的是什么。如果我们把骂人话教给鹦鹉,使它能够想象到这些话的意思(这是从热带回来的水手们的一种主要娱乐),然后惹它发怒,那么我们马上会看到,它会像柏林卖菜的女贩一样正确地使用它的骂人话。它在乞求美味食品时也有这样的情形。

首先是劳动,然后是语言和劳动一起,成了两个最主要的推动力,在它们的影响下,猿脑就逐渐地过渡到人脑;后者和前者虽然十分相似,但是要大得多和完善得多。随着脑的进一步的发育,脑的最密切的工具,即感觉器官,也进一步发育起来。正如语言的逐渐发展必然伴随有听觉器官的相应的完善化一样,脑的发育也总是伴随有所有感觉器官的完善化。鹰比人看得远得多,但是人的眼睛识别东西远胜于鹰。狗比人具有锐敏得多的嗅觉,但是它连被人当做各种物的特定标志的不同气味的百分之一也辨别不出来。至于触觉,在猿类中刚刚处于最原始的萌芽状态,只是由于劳动才随着人手本身而一同形成。——脑和为它服务的感官、越来越清楚的意识以及抽象能力和推理能力的发展,又反作用于劳动和语言,为这二者的进一步发展不断提供新的推动力。这种进一

步的发展,并不是在人同猿最终分离时就停止了,而是在此以后大
体上仍然大踏步地前进着,虽然在不同的民族和不同的时代就程
度和方向来说是不同的,有时甚至由于局部的和暂时的退步而中
断;由于随着完全形成的人的出现又增添了新的因素——**社会**,这
种发展一方面便获得了强有力的推动力,另一方面又获得了更加
确定的方向。

从攀树的猿群进化到人类社会之前,一定经过了几十万
年——这在地球的历史上只不过相当于人的生命中的一秒钟①。
但是人类社会最后毕竟出现了。人类社会区别于猿群的特征在我
们看来又是什么呢? 是**劳动**。猿群满足于把它们由于地理位置或
由于抵抗了邻近的猿群而占得的觅食地区的食物吃光。为了获得
新的觅食地区,它们进行迁徙和战斗,但是除了无意中用自己的粪
便肥沃土地以外,它们没有能力从觅食地区索取比自然界的赐予
更多的东西。一旦所有可能的觅食地区都被占据了,猿类就不能
再扩大繁殖了;这种动物的数目最多只能保持不变。但是一切动
物对待食物都是非常浪费的,并且常常毁掉还处在胚胎状态中的
新生的食物。狼不像猎人那样爱护第二年就要替它生小鹿的牝
鹿;希腊的山羊不等幼嫩的灌木长大就把它们吃光,它们把这个国
家所有的山岭都啃得光秃秃的。动物的这种"掠夺行为"在物种
的渐变过程中起了重要的作用,因为这种行为强迫动物去适应不
同于惯用食物的食物,因此它们的血液就获得了和过去不同的化
学成分,整个身体的结构也渐渐变得不同了,而从前某个时候固定

---

① 恩格斯在这里加了一个注:"这方面的一流权威威廉·汤姆生爵士曾
经计算过:从地球冷却到植物和动物能在地面上生存的时候起,已经
过去了**一亿年多一点**。"——编者注

下来的物种也就灭绝了。毫无疑义,这种掠夺行为有力地促进了我们的祖先转变成人。在智力和适应能力远远高于其他一切猿种的某个猿种中,这种掠夺行为必然造成的结果就是食用植物的数目越来越扩大,食用植物中可食用的部分也越来越增多,总之,就是食物越来越多样化,随之摄入身体内的物质,即向人转变的化学条件,也越来越多样化。但是,这一切还不是真正的劳动。劳动是从制造工具开始的。我们所发现的最古老的工具是些什么东西呢?根据已发现的史前时期的人的遗物来判断,并且根据最早历史时期的人群和现在最不开化的野蛮人的生活方式来判断,最古老的工具是些什么东西呢?是打猎的工具和捕鱼的工具,而前者同时又是武器。但是打猎和捕鱼的前提是从只吃植物过渡到同时也吃肉,而这又是向人转变的重要一步。**肉类食物**几乎现成地含有身体的新陈代谢所必需的各种最重要的物质;它缩短了消化过程以及身体内其他植物性过程即同植物生活相应的过程的时间,因此为过真正动物的生活赢得了更多的时间、更多的物质和更多的精力。这种正在生成中的人离植物界越远,他超出动物界的程度也就越高。如果说除吃肉外还要习惯于吃植物这一情况使野猫和野狗变成了人的奴仆,那么除吃植物外也要吃肉的习惯则大大促进了正在生成中的人的体力和独立性。但是最重要的还是肉食对于脑的影响;脑因此得到了比过去丰富得多的为脑本身的营养和发展所必需的物质,因而它就能够一代一代更迅速更完善地发育起来。请素食主义者先生们恕我直言,如果不吃肉,人是不会到达现在这个地步的,至于说在我们所知道的一切民族中,都曾经有一个时期由于吃肉而竟吃起人来(柏林人的祖先,韦累塔比人或维耳茨人,在10世纪还吃他们的父母)[207],这在今天同我们已经毫不相干。

肉食引起了两个新的有决定意义的进步，即火的使用和动物的驯养。前者更加缩短了消化过程，因为它为嘴提供了可说是已经半消化了的食物；后者使肉食更加丰富起来，因为它在打猎之外开辟了新的更经常性的肉食来源，除此以外还提供了奶和奶制品之类的新的食品，而这类食品就其养分来说至少不逊于肉类。这样，对于人来说，这两种进步就直接成为新的解放手段。这里逐一详谈它们的各种间接的影响，未免扯得太远，虽然对于人类和社会的发展来说，这些影响也具有非常重大的意义。

正如人学会吃一切可以吃的东西一样，人也学会了在任何气候下生活。人分布在所有可居住的地面上，人是唯一能独立自主地这样做的动物。其他的动物，虽然也习惯于各种气候，但这不是独立自主的行为，而只是跟着人学会这样做的，例如家畜和有害小动物就是这样。从原来居住的常年炎热的地带，迁移到比较冷的、一年中分成冬季和夏季的地带，就产生了新的需要：要有住房和衣服以抵御寒冷和潮湿，要有新的劳动领域以及由此而来的新的活动，这就使人离开动物越来越远了。

由于手、说话器官和脑不仅在每个人身上，而且在社会中发生共同作用，人才有能力完成越来越复杂的动作，提出并达到越来越高的目的①。劳动本身经过一代又一代变得更加不同、更加完善和更加多方面了。除打猎和畜牧外，又有了农业，农业之后又有了纺纱、织布、冶金、制陶和航海。伴随着商业和手工业，最后出现了艺术和科学；从部落发展成了民族和国家。法和政治发展起来了，

---

① 恩格斯在此处页边上写着："感觉器官"。——编者注

而且和它们一起,人间事物在人的头脑中的虚幻的反映——宗教,也发展起来了。在所有这些起初表现为头脑的产物并且似乎支配着人类社会的创造物面前,劳动的手的较为简陋的产品退到了次要地位;何况能作出劳动计划的头脑在社会发展的很早的阶段上(例如,在简单的家庭中),就已经能不通过自己的手而是通过别人的手来完成计划好的劳动了。迅速前进的文明完全被归功于头脑,归功于脑的发展和活动;人们已经习惯于用他们的思维而不是用他们的需要来解释他们的行为(当然,这些需要是反映在头脑中,是进入意识的)。这样,随着时间的推移,便产生了唯心主义世界观,这种世界观,特别是从古典古代世界没落时起,就支配着人的头脑。它现在还非常有力地支配着人的头脑,甚至达尔文学派的唯物主义自然科学家们对于人类的产生也不能提出明确的看法,因为他们在那种意识形态的影响下,认识不到劳动在这中间所起的作用。

正如我们已经指出的,动物通过它们的活动同样也改变外部自然界,虽然在程度上不如人。我们也看到:动物对环境的这些改变又反过来作用于改变环境的动物,使它们发生变化。因为在自然界中任何事物都不是孤立发生的。每个事物都作用于别的事物,反之亦然,而且在大多数场合下,正是忘记这种多方面的运动和相互作用,才妨碍我们的自然科学家看清最简单的事物。我们已经看到:山羊怎样阻碍了希腊森林的恢复;在圣赫勒拿岛,第一批扬帆过海者带到岛上来的山羊和猪,把岛上原有的一切植物几乎全部消灭光,因而为后来的水手和移民所引进的植物的繁殖准备了土地。但是,如果说动物对周围环境发生持久的影响,那么,这是无意的,而且对于这些动物本身来说是某种偶然的事情。而人离开动物越远,他们对自然界的影响就越带有经过事先思考的、有计划的、以事先知道的一定目标为取向的行为的特征。动物在消灭某一地带的植物时,并不明白它们是在干什么。人消灭植物,是为了腾出土地播种五谷,或者种植树木和葡萄,他们知道这样可以得到多倍的收获。他们把有用植物和家畜从一个地区移到另一个地区,这样就把各大洲动植物的生活都改变了。不仅如此,植物和动物经过人工培养以后,在人的手下变得再也认不出它们本来的样子了。人们曾去寻找演化为谷类的野生植物,但至今仍是徒劳。我们的各种各样的狗,或者种类繁多的马,究竟是从哪一种野生动物演化而来,这始终是一个争论的问题。**208**

此外,不言而喻,我们并不想否认,动物是有能力采取有计划的、经过事先考虑的行动方式的。恰恰相反。哪里有原生质和活的蛋白质生存着并发生反应,即由于外界的一定刺激而发生某种哪怕极简单的运动,那里就已经以萌芽的形式存在着这种有计划的行动方式。这种反应甚至在还没有细胞(更不用说神经细胞)的地方,就已经存在着。食虫植物捕捉猎获物的方法,虽然完全是无意识的,但从某一方面来看同样似乎是有计划的。在动物中,随着神经系统的发展,作出有意识有计划的行动的能力也相应地发展起来了,而在哺乳动物中则达到了相当高的阶段。在英国的猎狐活动中,每天都可以观察到:狐懂得怎样准确地运用关于地形的丰富知识来逃避追逐者,怎样出色地懂得并利用一切有利的地势来切断自己的踪迹。在我们身边的那些由于和人接触而获得较高发展的家畜中间,每天都可以观察到一些和小孩的行动同样机灵的调皮行动。因为,正如母体内的人的胚胎发展史,仅仅是我们的动物祖先以蠕虫为开端的几百万年的躯体发展史的一个缩影一样,孩童的精神发展则是我们的动物祖先、至少是比较晚些时候的动物祖先的智力发展的一个缩影,只不过更加压缩了。但是一切动物的一切有计划的行动,都不能在地球上打下自己的意志的印记。这一点只有人才能做到。

一句话,动物仅仅**利用**外部自然界,简单地通过自身的存在在自然界中引起变化;而人则通过他所作出的改变来使自然界为自己的目的服务,来**支配**自然界。① 这便是人同其他动物的最终的本质的差别,而造成这一差别的又是劳动。

但是我们不要过分陶醉于我们人类对自然界的胜利。对于每一次这样的胜利,自然界都对我们进行报复。每一次胜利,起初确实取得了我们预期的结果,但是往后和再往后却发生完全不同的、出乎预料的影响,常常把最初的结果又消除了。美索不达米亚、希腊、小亚细亚以及其他各地的居民,为了得到耕地,毁灭了森林,但是他们做梦也想不到,这些地方今天竟因此而成为不毛之地,因为他们使这些地方失去了森林,也就失去了水分的积聚中心和贮藏库。阿尔卑斯山的意大利人,当他们在山南坡把那些在山北坡得到精心保护的枞树林砍光用尽时,没有预料到,这样一来,他们就把本地区的高山畜牧业的根基毁掉了;他们更没有预料到,他们这样做,竟使山泉在一年中的大部分时间内枯竭了,同时在雨季又使更加凶猛的洪水倾泻到平原上。**208**在欧洲推广马铃薯的人,并不知道他们在推广这种含粉块茎的同时也使瘰疬症传播开来了。因此我们每走一步都要记住:我们决不像征服者统治异族人那样支配自然界,决不像站在自然界之外的人似的去支配自然界——相

---

① 恩格斯在此处页边上写着:"改良"。——编者注

反,我们连同我们的肉、血和头脑都是属于自然界和存在于自然界之中的;我们对自然界的整个支配作用,就在于我们比其他一切生物强,能够认识和正确运用自然规律。

事实上,我们一天天地学会更正确地理解自然规律,学会认识我们对自然界习常过程的干预所造成的较近或较远的后果。特别自本世纪自然科学大踏步前进以来,我们越来越有可能学会认识并从而控制那些至少是由我们的最常见的生产行为所造成的较远的自然后果。而这种事情发生得越多,人们就越是不仅再次地感觉到,而且也认识到自身和自然界的一体性,那种关于精神和物质、人类和自然、灵魂和肉体之间的对立的荒谬的、反自然的观点,也就越不可能成立了,这种观点自古典古代衰落以后出现在欧洲并在基督教中得到最高度的发展。

但是,如果说我们需要经过几千年的劳动才多少学会估计我们的生产行为**在自然方面的**较远的影响,那么我们想学会预见这些行为**在社会方面的**较远的影响就更加困难得多了。我们曾提到过马铃薯以及随之而来的瘰疬症的蔓延。但是,同工人降低到以马铃薯为生这一事实对各国人民大众的生活状况所带来的影响比起来,同 1847 年爱尔兰因马铃薯遭受病害而发生的大饥荒比起来,瘰疬症又算得了什么呢? 在这次饥荒中,有 100 万吃马铃薯或差不多专吃马铃薯的爱尔兰人进了坟墓,并有 200 万人逃亡海外。当阿拉伯人学会蒸馏酒精的时候,他们做梦也想不到,他们由此而制造出来的东西成了使当时还没有被发现的美洲的土著居民灭绝的主要工具之一。以后,当哥伦布发现美洲的时候,他也不知道,他因此复活了在欧洲早已被抛弃的奴隶制度,并奠定了贩卖黑奴的基础。17 世纪和 18 世纪从事制造蒸汽机的人们也没有料到,他们所制作的工具,比其他任何东西都更能使全世界的社会状态发生革命,特别是在欧洲,由于财富集中在少数人一边,而另一边的绝大多数人则一无所有,起初使得资产阶级赢得社会的和政治的统治,尔后使资产阶级和无产阶级之间发生阶级斗争,而这一阶级斗争的结局只能是资产阶级的垮台和一切阶级对立的消灭。但是,就是在这一领域中,我们也经过长期的、往往是痛苦的经验,经过对历史材料的比较和研究,渐渐学会了认清我们的生产活动在社会方面的间接的、较远的影响,从而有可能去控制和调节这些影响。

但是要实行这种调节,仅仅有认识还是不够的。为此需要对我们的直到目前为止的生产方式,以及同这种生产方式一起对我们的现今的整个社会制度实行完全的变革。

到目前为止的一切生产方式,都仅仅以取得劳动的最近的、最直接的效益为目的。那些只是在晚些时候才显现出来的、通过逐渐的重复和积累才产生效应的较远的结果,则完全被忽视了。原始的土地公有制,一方面同眼界极短浅的人们的发展状态相适应,另一方面以可用土地的一定剩余为前提,这种剩余为应付这种原始经济的意外的灾祸提供了某种回旋余地。这种剩余的土地用光了,公有制也就衰落了。而一切较高的生产形式,都导致居民分为不同的阶级,因而导致统治阶级和被压迫阶级之间的对立;这样一来,生产只要不以被压迫者的最贫乏的生活需要为限,统治阶级的利益就会成为生产的推动因素。在西欧现今占统治地位的资本主义生产方式中,这一点表现得最为充分。支配着生产和交换的一个个资本家所能关心的,只是他们的行为的最直接的效益。不仅如此,甚至连这种效益——就所制造的或交换的产品的效用而言——也完全退居次要地位了；销售时可获得的利润成了唯一的动力。

资产阶级的社会科学,即古典政治经济学,主要只研究人以生产和交换为取向的行为在社会方面所产生的直接预期的影响。这同以这种社会科学为其理论表现的社会组织是完全相适合的。在各个资本家都是为了直接的利润而从事生产和交换的地方,他们首先考虑的只能是最近的最直接的结果。当一个厂主卖出他所制造的商品或者一个商人卖出他所买进的商品时,只要获得普通的利润,他就满意了,至于商品和买主以后会怎么样,他并不关心。关于这些行为在自然方面的影响,情况也是这样。西班牙的种植场主曾在古巴焚烧山坡上的森林,以为木灰作为肥料足够最能赢利的咖啡树利用**一个**世代之久,至于后来热带的倾盆大雨竟冲毁毫无保护的沃土而只留下赤裸裸的岩石,这同他们又有什么相干呢? 在今天的生产方式中,面对自然界和社会,人们注意的主要只是最初的最明显的成果,可是后来人们又感到惊讶的是:取得上述成果的行为所产生的较远的后果,竟完全是另外一回事,在大多数情况下甚至是完全相反的;需求和供给之间的和谐,竟变成二者的两极对立,每十年一次的工业周期的过程就显示了这种对立,德国在"崩溃"[209]期间也体验到了这种对立的小小的前奏;以自己的劳动为基础的私有制,必然进一步发展为劳动者丧失财产,同时一切财产越来越集中在不劳动的人的手中;［……］①

————

① 手稿到此中断。——编者注

316

1932—1984 年间出版的《自然辩证法》中译本

[札记和片断]

[101]

奴隶制,在它是生产的主要形式的地方,使劳动成为奴隶的活动,即成为对自由民来说是有失体面的事情。这样就封锁了这种生产方式的出路,而另一方面,更加发展的生产受到了奴隶制的限制,迫切要求消灭奴隶制。一切以奴隶制为基础的生产和以这种生产为基础的公社,都是由于这种矛盾而毁灭的。在大多数情况下,这种矛盾是通过另外的比较强盛的公社对衰落的公社进行暴力的奴役(例如马其顿以及后来的罗马对希腊的奴役)而解决的;只要这些比较强盛的公社本身也是以奴隶制为基础的,那这里发生的就仅仅是中心的转移和这一过程在更高阶段上的重复,直到(罗马)最后被一个用另外一种生产形式代替了奴隶制的民族征服为止。但是,不管奴隶制是通过强制还是自愿地废除的,**以前的生产方式**还是**死亡**了;例如在美洲,移民的小地块耕作代替了大规模耕作。就这个意义上来说,希腊也是毁于奴隶制的,关于这方面亚里士多德早就谈到:同奴隶的交往使得市民道德败坏——更不用说奴隶制使市民失去劳动能力了。(家奴制是另外一回事,例如在东方:在这里它不是直接地,而是间接地构成生产的基础,作为家庭的组成部分,不知不觉地转入家庭(例如内宅的女奴)。)

[四束手稿目录]²¹⁰

[第 一 束]

[194]

辩证法和自然科学

[第 二 束]

[195]

自然研究和辩证法

1.札记:(a)关于现实世界中数学上的无限之原型。

(b)关于"机械的"自然观。

(c)关于耐格里所说的没有能力认识无限。

2.《反杜林论》旧序。论辩证法。

4.劳动在从猿到人的转变中的作用。

5.《费尔巴哈》的删略部分。①

---

① 第二束手稿目录中原有"3.自然研究和神灵世界"、"5.运动的基本形式",后因列入第三束目录而划去。——编者注

［第 三 束］

［ 196 ］

自然辩证法

1. 运动的基本形式。

2. 运动的两种量度。

3. 电和磁。

4. 自然研究和神灵世界。

5. 旧导言。

6. 潮汐摩擦。

［第 四 束］

［ 197 ］

数学和自然科学。各种札记

弗·恩格斯写于 1873—1882 年

第一次以德文和俄译文对照的
形式全文发表于 1925 年莫斯科
出版的《马克思恩格斯文库》第
2 卷

原文是德文

选自《马克思恩格斯全集》中文第 2
版第 26 卷第 455—774 页

附　　录

恩格斯有关书信选编

致 马 克 思

（1858 年 7 月 14 日）

亲爱的摩尔：

……顺便提一下：请把已经答应给我的黑格尔的《自然哲学》①寄来。目前我正在研究一点生理学，并且想与此结合起来研究一下比较解剖学。在这两门科学中包含着许多极富思辨成分的东西，但这全是新近才发现的；我很想看一看，所有这些东西老头子②是否一点也没有预见到。有一点是肯定的，如果他**现在**要写一本《自然哲学》，那么各种事物会从四面八方向他飞来。可是，人们对最近 30 年来自然科学所取得的成就却一无所知。对生理学有决定性意义的，一是有机化学的巨大发展，二是最近 20 年来才学会正确使用的显微镜。使用显微镜所造成的结果比化学更重大。使整个生理学发生革命并且首先使比较生理学成为可能的主要事实，是细胞的发现：在植物方面是由施莱登发现的，在动物方面是由施旺发现的（约在 1836 年）。一切东西都是细胞。细胞就

---

① 黑格尔《自然哲学讲演录》。——编者注
② 黑格尔。——编者注

是黑格尔的自在的存在,它在自己的发展中正是经过黑格尔的过程,直到最后"观念"即各个完成的有机体从细胞中发展出来为止。

会使老头子黑格尔感到高兴的另一个结果就是物理学中各种力的相互关系,或这样一种规律:在一定条件下,机械运动,即机械力转化为热(比如经过摩擦),热转化为光,光转化为化学亲和力,化学亲和力转化为电(比如在伏打电堆中),电转化为磁。这些转化也能通过其他方式来回地进行。现在有个英国人(他的名字①我想不起来了)已经证明:这些力是按照完全确定的数量关系相互转化的,一定量的某种力,例如电,相当于一定量的其他任何一种力,例如磁、光、热、化学亲和力(正的或负的、化合的或分解的)以及运动。这样一来,荒谬的潜热论就被推翻了。然而,这难道不是关于反思规定如何互相转化的一个绝妙的物质例证吗?

可以肯定地说,人们在接触到比较生理学的时候,对人类高于其他动物的唯心主义的矜夸是会极端轻视的。人们到处都会看到,人体的结构同其他哺乳动物完全一致,而在基本特征方面,这种一致性也表现在一切脊椎动物身上,甚至表现在昆虫、甲壳动物和绦虫等等身上(比较模糊一些)。黑格尔关于量变系列中的质的飞跃这一套东西在这里也是非常适合的。最后,人们能从最低级的纤毛虫身上看到原始形态,看到独立生活的单细胞,这种细胞又同最低级的植物(单细胞的菌类——马铃薯病菌和葡萄病菌等等)、同包括人的卵子和精子在内的处于较高级的发展阶段的胚

———————————

① 詹·焦耳。——编者注

胎并没有什么显著区别,这种细胞看起来就同生物机体中独立存在的细胞(血球,表皮细胞和黏膜细胞,腺、肾等等的分泌细胞)一样……

致　马　克　思[211]

(1873 年 5 月 30 日)

亲爱的摩尔:

今天早晨躺在床上,我脑子里出现了下面这些关于自然科学的辩证思想。

自然科学的对象是运动着的物质,物体。物体是离不开运动的,各种物体的形式和种类只有在运动中才能认识,处于运动之外,处于同其他物体的一切关系之外的物体,是谈不上的。物体只有在运动之中才显示出它是什么。因此,自然科学只有在物体的相互关系之中,在物体的运动之中观察物体,才能认识物体。对运动的各种形式的认识,就是对物体的认识。所以,对这些不同的运动形式的探讨,就是自然科学的主要内容。①

1. 最简单的运动形式是**位置移动**(是在时间之中的——为了使老黑格尔高兴)——**机械**运动。

(a)**单个**物体的运动是不存在的;但是相对地说,可以把**下落**看做这样的运动。向着许多物体所共有的一个中心点运动。但

---

① 卡·肖莱马在页边上写着:"很好,这也是我个人的意见。卡·肖·"
　　——编者注

是,只要单个物体不是向着中心而是向着**另外的**一个方向运动,那么,虽然它还是受**落体**运动定律的支配,但是这些定律已经变化成为①

(b)抛物线运动定律并直接导致几个物体的相互运动——行星等等的运动,天文学,平衡——在运动本身中的暂时的或表面上的平衡。但是,这种运动的**真正**结果最终总是运动着的诸物体的**接触**,一些物体落到另一些物体上面。

(c)接触的力学——相互接触的物体。普通力学,杠杆、斜面等等。但是**接触的作用并不就此穷尽**。接触直接表现为两种形式:摩擦和碰撞。二者都具有这样一种特性:在一定的强度和一定的条件下产生新的、不再仅仅是力学的作用,即产生**热、光、电、磁**。

2.**本来意义上的物理学**——研究这些运动形式的科学,它逐一研究了每种运动形式之后确认,在一定的条件下这些运动形式**互相转化**;并且最后发现,所有这些运动形式在一定的强度(因不同的运动着的物体而异)下就产生超出物理学范围的作用,即物体内部构造的变化——**化学**作用。

3.**化学**。过去,对于研究上述运动形式来说,无论研究的是有生命的物体或无生命的物体,都没有多大关系。无生命的物体所表现出来的现象甚至是最**纯粹**的。与此相反,化学只有在那些从生命过程中产生的物质身上才能认识最重要的物体的化学性质;人工制造这些物质越来越成为化学的主要任务。它构成了向关于有机体的科学的过渡,但是,这种辩证的过渡只是在化学已经完成

_____

① 卡·肖莱马在页边上写着:"完全正确!"——编者注

或者接近于完成实际的过渡的时候才能实现。①

4. 有机体——在这里，我暂时不谈任何辩证法。②

由于你那里是自然科学的中心，所以你最有条件判断这里面哪些东西是正确的。

你的 弗·恩·

如果你们认为这些东西还有点意义，请不要对别人谈起，以免被某个卑鄙的英国人剽窃，加工这些东西总还需要很多时间。

致 马 克 思

（1874 年 9 月 21 日）

亲爱的摩尔：

……我正埋头研究关于本质的理论。从泽西岛回来后，我在这里找到了丁铎尔和赫胥黎在贝尔法斯特的演说**212**，其中再次暴露出这些人在自在之物面前完全陷入困境，因而渴求一种解救的哲学。这促使我在排除了头一个星期的各种干扰之后，重新投入辩证法的研究。虽然大《逻辑》③在真正辩证法的意义上更加深刻地触及事物的本质，但自然科学家有限的智力却只能利用它的个别地方。相反，《全书》④中的论述似乎是为这些人写的，例证大都

---

① 卡·肖莱马在页边上写着："这是最根本的！"——编者注
② 卡·肖莱马在页边上写着："我也不谈。卡·肖·"——编者注
③ 黑格尔《逻辑学》。——编者注
④ 黑格尔《哲学全书纲要》。——编者注

取自他们的研究领域并极有说服力,此外由于论述比较通俗,因而唯心主义较少。我不能也不想使这些先生们免遭研究黑格尔本身的惩罚,可以说这里是真正的宝藏,况且老头子给他们提出了现在也还很伤脑筋的难题。不过,丁铎尔的开幕词是迄今为止在英国的这类会议上所发表的最大胆的演说,它给人以强烈的印象并引起了恐惧。显然,海克尔的远为坚决的姿态使他坐立不安。我这里有一份**一字不差地**登在《自然》[98]上的演说全文,你可以读一读。他对伊壁鸠鲁的推崇会使你发笑。可以肯定的是,就回到真正思考问题的自然观而论,在英国这里要比在德国认真得多,在这里人们不是到叔本华和哈特曼那里去,而至少是到伊壁鸠鲁、笛卡儿、休谟和康德那里去寻求出路。对他们来说,18 世纪的法国人当然依旧是禁忌……

致彼得·拉甫罗维奇·拉甫罗夫

(1875 年 11 月 12—17 日)

亲爱的拉甫罗夫先生:

从德国旅行回来以后[213],我终于能够来谈一谈您的那篇文章了,我刚刚怀着极大的兴趣读完了它。以下是我对这篇文章的意见,意见是用德文写的,这样可以叙述得简洁些。[214]

(1)在达尔文的学说中我接受他的**进化论**,但是我认为达尔文的证明方法(生存斗争、自然选择)只是对一种新发现的事实所作的初步的、暂时的、不完善的说明。在达尔文以前,现在到处都只看到生存**斗争**的那些人(福格特、毕希纳、摩莱肖特等)所强调的正是有机界中的**合作**,植物界怎样给动物界提供氧和食物,反过来动物界怎样给植物界提供碳酸和肥料,李比希就曾特别强调这一点。这两种见解在一定范围内都是有一定道理的,但两者也都同样是片面的和褊狭的。自然界中物体——不论是无生命的物体还是有生命的物体——的相互作用既有和谐,也有冲突,既有斗争,也有合作。因此,如果有一个所谓的自然科学家想把历史发展的全部丰富多样的内容一律概括在"生存斗争"这一干瘪而片面的说法中,那么这种做法本身就已经对自己作出了判决,这一说法即使用于自然领域也还是值得商榷的。

(2)在您所列举的三个"坚定的达尔文主义者"中,看来只有赫尔瓦尔德值得一提。泽德利茨顶多只能说是一个小有才气的人物,而罗伯特·比尔是一个小说家,他的小说《三次》目前正在《海陆漫游》[215]杂志上发表。那里也正是他夸夸其谈的好地方。

(3)我要把您的那种攻击法叫做心理攻击法,这种方法的优点我并不否认,但是我宁愿选择另一种方法。我们每一个人都或多或少地受着我们主要在其中活动的精神环境的影响。对于俄国(您对自己在那里的读者了解得比我清楚),对于依靠"感情上的联系",依靠道义感的宣传性刊物,您的方法可能是比较好的。对于德国,由于虚伪的温情主义已经并且还在继续造成闻所未闻的危害,这种方法并不合适,它会被误解,会被歪曲为温情主义的。我们更需要的是恨,而不是爱(至少在最近期间),而且首先要抛弃德国唯心主义的最后残余,恢复物质事实的历史权利。因此,我向这些资产阶级达尔文主义者进攻时(也许在适当时候这样做),大概会采取下述方式:

达尔文的全部生存斗争学说,不过是把霍布斯关于一切人反对一切人的战争[204]的学说和资产阶级经济学的竞争学说以及马尔萨斯的人口论[202]从社会搬到生物界而已。变完这个戏法以后(正像我在第一点中已经指出的,我否认它是无条件合理的,特别是同马尔萨斯的学说相关的东西),再把同一种理论从有机界搬回历史,然后就断言,已经证明了这些理论具有人类社会的永恒规律的效力。这种做法的幼稚可笑是一望而知的,根本用不着对此多费唇舌。但是,如果我想比较详细地谈这个问题,那么我就要首先说明他们是蹩脚的**经济学家**,其次才说明他们是蹩脚的自然科学家和哲学家。

(4)人类社会和动物界的本质区别在于,动物最多是**采集**,而人则**从事生产**。仅仅由于这个唯一的然而是基本的区别,就不可能把动物界的规律直接搬到人类社会中来。由于这种区别,就有可能,如您所正确指出的,使

"人不仅为生存而斗争,而且为享受,为增加自己的享受而斗争……准备为取得高级的享受而放弃低级的享受"①。

在不否定您由此得出的进一步结论的情况下,我从我自己的前提出发将进一步作出下面的结论。人类的生产在一定的阶段上会达到这样的高度:能够不仅生产生活必需品,而且生产奢侈品,即使最初只是为少数人生产。这样,生存斗争——我们暂时假定这个范畴在这里是有效的——就变成为享受而斗争,不再是单纯为**生存**资料而斗争,而是为**发展资料**,为**社会地生产出来的**发展资料而斗争,对于这个阶段,来自动物界的范畴就不再适用了。但是,如果像目前这样,资本主义方式的生产所生产出来的生存资料和发展资料远比资本主义社会所能消费的多得多,因为这种生产

① 见彼·拉·拉甫罗夫《社会主义和生存斗争》,载于1875年9月15日《前进!双周评论》第17号。——编者注

人为地使广大真正的生产者同这些生存资料和发展资料相隔绝；如果这个社会由于它自身的生存规律而不得不继续扩大对它来说已经过大的生产，并从而周期性地每隔 10 年不仅毁灭大批产品，而且毁灭生产力本身，那么，"生存斗争"的空谈还有什么意义呢？于是生存斗争的含义只能是，生产者阶级把生产和分配的领导权从迄今为止掌握这种领导权但现在已经无力领导的那个阶级手中夺过来，而这就是社会主义革命。

顺便提一下，只要把迄今的历史视为一系列的阶级斗争，就足以看出，把这种历史理解为"生存斗争"的稍加改变的翻版，是如何肤浅。因此，我是决不会使这些冒牌的自然科学家称心如意的。

（5）由于同样的理由，我想用相应的另一种措辞来表述您的下面这个实质上完全正确的论点：

> "为了便于斗争而团结起来的思想，最后能够……发展到把全人类都包括在内，使全人类作为一个团结一致的兄弟社会，而与另一个矿物、植物和动物的世界相对立。"①

（6）但是，另一方面，我不能同意您认为"一切人反对一切人的斗争"是人类发展的第一阶段的那种说法。在我看来，社会本能是从猿进化到人的最重要的杠杆之一。最初的人想必是群居的，而且就我们所能追溯到的来看，我们发现，情况就是这样。

------

11 月 17 日

我再次被打断了，今天又拿起这封信，以便给您寄去。您可以

------

① 　见彼·拉·拉甫罗夫《社会主义和生存斗争》，载于 1875 年 9 月 15 日《前进！双周评论》第 17 号。——编者注

看出,我的这些意见与其说是与您的攻击的内容有关,倒不如说是与您的攻击的形式和方法有关。但愿您会觉得我的这些意见写得够清楚了。这是我仓促写成的,重读之后,本想把许多词句修改一下,但是又担心会把信改得字迹难以辨认。

衷心问好。

弗·恩格斯

致 马 克 思

(1876 年 5 月 28 日)

亲爱的摩尔:

……我重温古代史和研究自然科学,对我批判杜林大有益处,并在许多方面有助于我的工作。特别是在自然科学方面,我觉得自己对于这个领域熟悉得多了,尽管在这方面还要十分谨慎,但行动起来毕竟已经有点自由和把握了。连这部著作①的最终面貌也已经开始呈现在我的面前。这部著作在我的头脑中已初具轮廓,在海滨闲逛对此有不小的帮助,在这里我可以反复思考各个细节。在这个广阔的领域中,不时中断按计划进行的研究工作,并深入思考已经研究出来的东西,是绝对必要的。

从 1853 年以来,亥姆霍兹先生一直没有中断对自在之物的探讨,但始终没有弄清楚。此人不知羞耻,现在还若无其事地再版他在**达尔文的著作问世以前**出版的荒谬货色**216**……

---

① 恩格斯《自然辩证法》。——编者注

注　释

1　《1878 年的计划》是恩格斯写完《反杜林论》以后拟定的《自然辩证法》具体写作计划,第一次以详细提纲的形式确定了整部著作的结构。该计划可能是 1878 年 8 月下半月—9 月写成的,因为里面提到了 1878 年 5—6 月写的《反杜林论》旧序和 1878 年 7 月出版的恩·海克尔的小册子《自由的科学和自由的讲授》;此外,这个计划第 11 项提到恩·海克尔和爱·施米特的达尔文主义的政治学和社会学说,而在 1878 年 8 月 10 日恩格斯给彼·拉·拉甫罗夫的信中也谈到了同样的内容。——3。

2　指埃·杜布瓦-雷蒙于 1872 年 8 月 14 日在莱比锡德国自然科学家和医生第四十五次代表大会第二次公开会议上所作的报告《论对自然界认识的界限》,这个报告于 1872 年在莱比锡以小册子形式出版。——4。

3　卡·耐格里认为人的认识永远不具有全知的性质,这一观点见他于 1877 年 9 月 20 日在慕尼黑德国自然科学家和医生第五十次代表大会上所作的报告《自然科学认识的界限》。报告刊载在代表大会《公报》附录中。——4、41。

4　恩·海克尔是自然科学界中唯物主义的代表,持有机械论观点。参看札记《关于"机械的"自然观》(见本书第 125—130 页)。——4。

5　原生粒是恩·海克尔对活的原生质的细微粒子的称呼,按照他的学说,其中每一个粒子都是结构极其复杂的蛋白质分子,并且具有某种初级"灵魂",即"记忆能力"。

　　关于"原生粒的灵魂"、初级活体中存在着意识的胚胎、意识和它的物质基质的相互关系的问题,是 1877 年 9 月在慕尼黑德国自然科学家和医生第五十次代表大会上辩论的题目,恩·海克尔、卡·耐格里和鲁·微耳和在 9 月 18、20、22 日的全体会议上就这个问题展开了讨论。海克尔在小册子《自由的科学和自由的讲授》中专门用一章来阐述这个问题,反驳微耳和的观点。——4。

6 指鲁·微耳和 1877 年 9 月 22 日在慕尼黑德国自然科学家和医生第五十次代表大会第三次全体会议上所作的报告《现代国家中的科学自由》(1877 年柏林版),在这个报告中微耳和建议限制科学的自由,反对在课堂里讲授达尔文的进化论,断言达尔文主义和社会主义有密切联系,暗指与巴黎公社有联系。恩·海克尔为反驳微耳和的观点,出版了小册子《自由的科学和自由的讲授》。——4。

7 关于有机体是"细胞国家"的形形色色的观点,出现在 19 世纪下半叶。按照这种观点,可以把由细胞组成的有机体比做国家,把各个细胞比做单个人。自由资产阶级的国家观念被搬进了生物学理论。根据鲁·微耳和在《细胞病理学》中阐述的观点,动物个体可以分解为组织,组织分解为细胞层,细胞层分解为单个细胞,所以归根到底,动物个体是单个细胞的机械总和。见鲁·微耳和《细胞病理学》1871 年柏林增订第 4 版第 17 页。——4。

8 鉴于有人试图从查·达尔文的学说中得出社会学的结论,恩格斯计划对他们进行反驳。恩格斯注意到德国著名的自然科学家和资产阶级政治活动家鲁·微耳和与德国生物学家、达尔文主义者恩·海克尔之间的争论(见注 6)。他们对达尔文主义同社会主义运动是否有联系的问题提出不同看法。同时,恩格斯从 1878 年 7 月 18 日《自然》杂志第 18 卷第 455 期上获悉,德国达尔文主义者爱·施米特将于 1878 年 9 月在卡塞尔德国自然科学家和医生第五十一次代表大会上作《论达尔文主义与社会民主党的关系》的报告(代表大会召开以后,施米特的报告用《达尔文主义和社会民主党》的名称以小册子形式发表)。恩格斯在 1878 年 7 月 19 日给施米特的信以及同年 8 月 10 日给彼·拉·拉甫罗夫的信中都表示将对有关的言论予以批驳。——4。

9 关于物理学概念"功",海·亥姆霍兹主要在他 1862 年的讲演《论力的守恒》中谈到,见海·亥姆霍兹《通俗科学讲演集》1871 年不伦瑞克版第 2 册第 137—179 页。恩格斯在《运动的量度——功》一文中考察了"功"这一范畴(见本书 161—176 页)。——4。

10 恩格斯在这里描述的情景,是以他 1850 年写成的《德国农民战争》(见《马克思恩格斯全集》中文第 2 版第 10 卷)一文中的论点为依据的。——5。

11 指意大利 16、17 世纪的著名思想家和哲学家,其中有杰·卡尔达诺、乔·布鲁诺、尤利乌斯·凯撒·瓦尼尼、托·康帕内拉等人。——5。

12 《独立宣言》是 1776 年 7 月 4 日由 13 个英属北美殖民地的代表在费城代表大会上通过的。它宣布北美各殖民地脱离英国,成立独立的共和国——美利坚合众国。——6。

13 尼·哥白尼在他临终的那天——1543 年 5 月 24 日(旧历)得到一本刚刚在纽伦堡印好的他的著作《天体运行论》,这部著作阐述了宇宙的太阳中心说。——6。

14 《导言》是《自然辩证法》中第一篇较完整的长篇论文,它对以前写成的关于自然界的历史和认识自然的历史的很多札记进行了加工。《导言》的草稿没有标题。在《自然辩证法》第三束材料的目录中,这篇《导言》叫做《旧导言》。《导言》中有两个地方使我们可以确定它的写作日期。恩格斯在本文中说:"细胞被发现还不到 40 年"(见本书第 19 页)。而他在 1858 年 7 月 14 日给马克思的信中指出,发现细胞的大致日期是 1836 年(见本书第 323 页),由此可得出结论:《导言》是 1876 年以前写的。其次,恩格斯还在本文中说:"在大约十年前才认识到,完全无结构的蛋白质执行着生命的一切主要机能"(见本书第 21 页)。这里所指的是胶液原生物——最简单的有机体。恩·海克尔在 1866 年出版的著作《有机体普通形态学》中第一次描述了胶液原生物(见注 187)。《导言》的初稿《历史》写于 1874 年底。把上述所有事实加以比较,就可确定《导言》的写作日期是 1875 年底或 1876 年上半年。《导言》的第一部分可能写于 1875 年 11 月或 12 月,第二部分可能写于 1876 年上半年。

——8。

15 路德通过翻译圣经创造了现代德国散文,促进了德国语言的发展。路德翻译的圣经第一个全译本于 1534 年在维滕贝格出版。

路德的赞美诗《我们的主是坚固堡垒》被海涅称赞为"宗教改革的马赛曲"(《德国的宗教和哲学史》第 2 册)。恩格斯在 1885 年 5 月 15 日给海·施留特尔的信中套用了海涅的这句话,称"《我们的主是坚固堡垒》这首歌是农民战争的《马赛曲》"。——10。

16 燃素说是格·施塔尔于 1700 年创立的,在 18 世纪的化学中曾一度占统治地位。根据这一学说,燃烧的过程决定于可燃物体中有一种特殊的物质——燃素,它在燃烧时从可燃物体中逸出。但是,由于人们知道,金属在空气中燃烧时重量增加了,于是主张燃素说的人断言燃素具有一种在物理学上无法解释的负重量。杰出的法国化学家安·洛·拉瓦锡证明了这种理论是毫无根据的,他把燃烧过程正确地解释为燃烧着的物质与氧化合的反应。关于燃素说曾经起过的积极作用,恩格斯曾在《〈反杜林论〉旧序》的结尾部分谈到(见本书第 48 页),并在《资本论》第二卷的序言中作了详细的论述(见《马克思恩格斯选集》第 3 版第 2 卷第 301—303 页)。——12、48。

17 根据伊·康德的星云假说,太阳系是从原始星云(拉丁文:nebula——雾)发展而来的。康德在 1755 年柯尼斯堡和莱比锡出版的划时代的著作《自然通史和天体论,或根据牛顿原理试论宇宙的结构和机械起源》中阐述了这一假说。这本书是匿名出版的。

皮·拉普拉斯关于太阳系的构成的假说最初是在法兰西共和四年(1795—1796 年)在巴黎出版的《宇宙体系论》(两卷集)最后一部分中阐述的。在他生前编好,死后即 1835 年出版的此书的最后一版(第 6 版)中,这个假说是在第七个注中阐述的。

宇宙空间存在着类似康德—拉普拉斯星云假说所设想的原始星云的炽热的气团,是由英国天文学家威·哈金斯于 1864 年用光谱学方法证实的,他在天文学中广泛地运用了古·基尔霍夫和罗·本生在 1859 年发明的光谱分析法。恩格斯在这里参考了安·赛奇《太阳》1872 年不伦瑞克版第 787、789—790 页。——14。

18　指伊·牛顿在他的主要著作《自然哲学的数学原理》1822 年格拉斯哥版第 4 卷第 201—202 页所表达的思想。牛顿写道:"到目前为止,我已用重力说明了天体现象和海洋的潮汐。但是我没有指出重力本身的原因。"他在列举了重力的某些性质以后接着说:"至今我还不能从种种现象中推论出重力的这些性质的原因,假说这个东西我是不考虑的。凡不是从现象中推论出来的,都应该叫做假说;凡是假说,不管它是形而上学的或物理学的,力学的或隐蔽性质的,都不能用于实验哲学之中。在这种哲学中,一切定理都由现象推论而来,并用归纳法加以概括。"

　　黑格尔也注意到牛顿的这种看法,他在《哲学全书纲要》第 1 部(即《小逻辑》)第 98 节附释 1 中指出:"牛顿……直接警告物理学,不要陷入形而上学的窠臼。"——14。

19　若·居维叶认为,在地球历史上曾发生过多次巨大的灾变,每经一次灾变,旧的生物被毁灭,新的生物又被创造出来。他的这一观点,见他的著作《论地球表面的巨变》1830 年巴黎第 6 版。——16。

20　尤·迈尔在 1842 年发表了《关于非生物界的各种力的意见》(载于 1842 年《化学和药学年鉴》第 42 卷)。这是迈尔有关能量守恒定律的表述见诸出版物的最早证明。——16。

21　詹·焦耳于 1843 年在其报告《论磁电的热效应,兼论热值》(载于《不列颠科学促进协会第十三届年会报告。1843 年 8 月于科克》1844 年伦敦版)中,公开了自己的实验结果。——16。

22　恩格斯在这里参考了威·格罗夫的著作《物理力的相互关系》1855 年伦敦第三版。该书第一版于 1846 年在伦敦出版。马克思曾在 1864 年 8 月 31 日给恩格斯的信中称格罗夫在英国和德国"自然科学家中无疑是最有哲学思想的"。他还在 1864 年 8 月 17 日给莱·菲力浦斯的信中称赞格罗夫的这部著作是"自然科学方面一本很出色的书"。——16。

23　文昌鱼(Amphioxus)是一种有些像鱼形的小动物,是非脊椎动物到脊椎动物之间的一种过渡形态,产于多处海域。

　　南美肺鱼(Lepidosiren)是肺鱼属的动物,兼有肺和腮,产于亚马孙河流域,大多数时间不在水中生活。——18、109。

24　一角鱼(Ceratodus)是一种产于澳洲的肺鱼,每隔三四十分钟浮出水面一次,以更新鱼鳔中的空气。

始祖鸟(Archaeopteryx)是一种古生脊椎动物,具有爬行类的某些特征,是爬行动物向鸟类进化的过渡形式。

恩格斯在这里利用了亨·阿·尼科尔森的著作《动物学手册》,该书第一版于1870年出版。——18、84。

25　1759年卡·沃尔弗发表了自己的学位论文《发育论》,论文中依据对植物的观测及对鸡的胚胎的考察,科学地论证了渐成论,驳斥了预成论。

预成是指成熟的机体在胚细胞中预先形成。预成论在17世纪和18世纪生物学中占主导地位。从预成论拥护者的形而上学观点来看,成熟的机体的一切部分都已经以紧缩的形式存在于胚胎中,这样一来,机体的发育被归结为已有器官的纯粹量的增长,而本来意义上的发育,即作为新生成(渐成)的发育就不发生了。从卡·沃尔弗到查·达尔文等许多杰出的生物学家不断论证并发展了渐成论。——18。

26　原生生物(来自希腊文πρῶτιστος——最初的)——按照海克尔的分类,是最简单的有机体的一大组,它包括单细胞的和无细胞的有机体,在有机界中构成除多细胞有机体的两界(植物和动物)以外的一个特殊的第三界。

这个术语是海克尔1866年在《有机体普通形态学》一书中使用的。——19、292。

27　恩格斯在这里以及后面利用了下列著作:约·亨·梅特勒《宇宙的奇妙结构,或通俗天文学》1861年柏林增订第5版和安·赛奇《太阳》1872年不伦瑞克版。参看注154。——19。

28　加拿大假原生物(Eozoon canadense)是在加拿大发现的一种化石,曾被看做最古的原始有机体的遗骸(见亨·阿·尼科尔森《地球古代生命史》1876年爱丁堡—伦敦版第70—71页)。1878年德国动物学家卡·默比乌斯否定关于这种化石的有机起源的意见。——21。

29　后古典时期指随其顿国王亚历山大三世开始的希腊化时期(到公元前30年止)和罗马帝国直到解体时(公元395年)为止的时期。

——28。

30　亚历山大里亚学派是希腊化—罗马时期（公元前323—公元642年）以亚历山大里亚城为中心的各种学术思潮的总称。亚历山大里亚是当时埃及的一个港口城市，是地中海地区的经济中心，也是各种学派的聚集地和东西方文化的交汇点。在各种因素的交互影响下，亚历山大里亚学派在科学、文学和哲学等方面都取得了辉煌成就。

　　在科学方面，亚历山大里亚学派从百科全书式的知识综述转向对自然界进行分门别类的有系统的深入研究，各种专门学科，如数学、力学、地理学、天文学、解剖学、生理学等，都有长足发展，主要代表人物有欧几里得、阿基米德等人。

　　在哲学和神学方面，该派将古犹太神学和古希腊哲学结合起来，对犹太教以及以后的基督教发展产生深远影响。该派认为神灵的启示是最高的知识源泉，对圣经进行比喻性诠释，与侧重从字面和历史意义上进行解释的安提阿学派相对。其主要代表是犹太学者斐洛·尤迪厄斯。斐洛不是基督徒，但因其哲学促成了早期基督教的希腊化，恩格斯在《布鲁诺·鲍威尔和原始基督教》中称他为"基督教的真正父亲"（《马克思恩格斯文集》第3卷第593页）。斐洛之后的重要代表人物是欧利根和普罗提诺。——28。

31　十字军征讨指11—13世纪西欧天主教会、封建主和大商人打着从伊斯兰教徒手中解放圣地耶路撒冷的宗教旗帜，主要对东地中海沿岸伊斯兰教国家发动的侵略战争。因参加者的衣服上缝有红十字，故称"十字军"。十字军征讨前后共八次，历时近200年，最后以失败而告终。十字军征讨给东方国家的人民带来了深重的灾难，也使西欧国家的人民遭受惨重的牺牲，但是，它在客观上也对东西方的经济和文化交流起到了一定的促进作用。——28。

32　《论哲学家的见解》的作者不是普卢塔克，而是一位佚名作者（所谓"假普卢塔克"）。这位佚名作者是公元100年前后的艾修斯。——31。

33　以太最早是古希腊哲学家设想的一种介质，是构成宇宙和天体的最高元素。17世纪，克·惠更斯在阐述光的波动说时又重新提出。当时认为,光是一种机械的弹性波,但由于光可以通过真空传播,所以必须假设存在着一种尚未经实验发现的介质,这种介质可借以传播光波,这就是以太。以太这一概念直到 19 世纪仍为人们所接受。到了 20 世纪初,随着相对论的建立和对场的进一步研究,以太成为过时的概念而不为采用。——33、133、151、186、222。

34　埃利亚派是公元前 6 世纪末—5 世纪古希腊哲学中的唯心主义派别。这一派别的最重要的代表有色诺芬、巴门尼德和芝诺。埃利亚派企图证明,运动和现象的多样性不是存在于现实中,而只存在于想象中。——33。

35　有关留基伯、德谟克利特和伊壁鸠鲁的札记是马克思的手笔,原文是希腊文(根据卡·陶赫尼茨的版本),摘自亚里士多德著《形而上学》和第欧根尼·拉尔修编《著名哲学家的生平》。这个札记大概写于 1874 年9—10 月。恩格斯在《反杜林论》旧序中提及有关伊壁鸠鲁引文的内容(见本书第 43 页)。——34。

36　这篇札记原是恩格斯为《导言》写的准备材料,写于 1876 年 5 月底以前。文中提到的古代世界末期 300 年前后是指欧洲古代奴隶制社会的末期。公元 4 世纪末罗马帝国分裂为东、西两帝国。395 年东罗马帝国建立,定都君士坦丁堡,历史上又称拜占庭帝国。西罗马帝国于公元476 年灭亡,标志着罗马帝国的正式终结。公元 1453 年,土耳其人攻占君士坦丁堡,拜占庭帝国灭亡。关于"拜占庭灭亡"这一事件,恩格斯在《导言》中提及(见本书第 9 页)。——35。

37　指意大利人、法国人、德国人、英国人、西班牙人和葡萄牙人,参见本书第 9 页。——36。

38　1271 年 11 月意大利人马可波罗随其父亲和叔父前往东方,经两河流域、伊朗、越过帕米尔高原,于 1275 年到达中国内蒙古地区,此后他在中国各地生活和游历达 17 年之久。他回国后口述并出版了《马可波罗行纪》,此书被译成多种语言,成为西方人了解中国的珍贵资料。——36。

39 中世纪欧洲的第一所大学出现于 11 世纪的意大利,从 12 世纪末开始,在法国、西班牙、葡萄牙以及中欧地区相继产生了一批大学。大学的创办者主要是各邦君主和想要在精神上取得独立的城市。这些大学区别于以培养神职人员为主要目的的修道院附设学校,设有神学、法学、哲学和医学四门学科;此外还有文法、逻辑学、修辞、算术、几何、音乐和天文等基础课程。——36。

40 《〈反杜林论〉旧序。论辩证法》是恩格斯在《自然辩证法》第二束材料目录中加的标题。它是恩格斯在把《自然辩证法》材料加以分类时列入第二束的。这篇论文的手稿上只有一个"序"字作为标题。而在第一页上面还标有"杜林,科学中的变革"等字样。它是 1878 年 5 月或 6 月初作为《反杜林论》第一版序而写的。但是恩格斯后来又决定用一个较短的序(见《马克思恩格斯全集》中文第 2 版第 26 卷第 7—10 页)来代替这个旧序。新序注明日期是 1878 年 6 月 11 日,新序中利用了旧序前四段的内容。——39。

41 《前进报。德国社会民主党中央机关报》(Vorwärts. Central-Organ der Socialdemokratie Deutschlands)1876 年 10 月 1 日—1878 年 10 月 26 日在莱比锡出版,每周出三次,同时出版学术附刊和附刊;编辑是威·哈森克莱维尔和威·李卜克内西;马克思和恩格斯经常帮助报纸编辑部;1877—1878 年报纸以及它的学术附刊和附刊刊登了恩格斯的著作《反杜林论》;反社会党人法颁布以后报纸被迫停刊;它的续刊为反社会党人法期间在国外出版的《社会民主党人报》(Der Sozialdemokrat)。——39、125。

42 1876 年 5 月 10 日第六届世界工业博览会在费城开幕,有 40 个国家参展。为了在国际市场上获得一席之地,德国也参加了展览。可是,德国政府任命的德国展品评判委员会主席、柏林工业学院院长弗·勒洛教授不得不承认,德国产品的性能大大落后于其他国家,德国工业遵循的原则是"价廉质劣"。此事由 1876 年 6 月 27 日柏林《国民报》第 293 号首先披露,致使舆论哗然。《人民国家报》在 7—9 月就此事专门发表了一系列文章。——40。

43　"半通"的说法出自鲁·微耳和1877年9月22日在慕尼黑德国自然科学家和医生第五十次代表大会第三次全体会议上所作的报告。见鲁·微耳和《现代国家中的科学自由》1877年柏林版第13页。——41。

44　自由贸易派也称曼彻斯特学派,是19世纪上半叶英国出现的资产阶级政治经济学的一个派别,其主要代表人物是曼彻斯特的两个纺织厂主理·科布顿和约·布莱特。19世纪20—50年代,曼彻斯特是自由贸易派的宣传中心。该学派提倡自由贸易,要求国家不干涉经济生活,反对贸易保护主义原则,要求减免关税和奖励出口,废除有利于土地贵族的、规定高额谷物进口关税的谷物法。1838年,曼彻斯特的自由贸易派建立了反谷物法同盟。19世纪40—50年代,该派组成了一个单独的政治集团,后来成为自由党的左翼。——47。

45　指让·傅立叶《热的解析理论》1822年巴黎版和萨·卡诺《关于火的动力和发动这种动力的机器》1824年巴黎版。恩格斯在页边上提到的函数C,见卡诺的著作第73—79页的注释。——48。

46　《神灵世界中的自然研究》是写在手稿第1页上的标题。恩格斯后来把它列入《自然辩证法》第三束材料,标题是《自然研究和神灵世界》。这篇论文最早可能写于1878年1月,因为恩格斯在这篇论文中谈到弗·策尔纳关于两端固定在桌上的一条线打了几个结的"实验"这个"最近传来的捷报"(见本书第57页);策尔纳是1877年12月17日在莱比锡做这些"实验"的。

　　恩格斯的这篇论文在他逝世以后第一次发表于德国社会民主党的1898年《新世界历书》第56—59页。——48。

47　指弗·培根计划写的百科全书式的著作《伟大的复兴》,特别是它的第三部分。培根的计划未能完全实现。该著作第三部分的材料以《自然现象,或可作为哲学基础的自然的和实验的历史》为标题于1622年在伦敦出版。——49。

48　伊·牛顿以神学为题材的最著名的著作是他逝世六年后于1733年在伦敦出版的《评但以理书和圣约翰启示录》。

　　《约翰启示录》即《新约全书》中的《启示录》,相传为圣徒约翰所著。——49。

49　麦斯默术是关于某种"动物的磁性"的理论,据说可用于治疗疾病,以其创立者奥地利医生弗·麦斯默(1734—1815)的名字命名。麦斯默术在18世纪末广为流传,是降神术的前导之一。——49。

50　19世纪初奥地利医生弗·加尔创立了颅相学,认为人大脑的一定部位上生长有各种心理特性的器官,某种心理特性和能力的发展会引起大脑相应部位的发育并使颅骨的相应部位隆起。因此,根据颅骨的外形就可判断人的心理特性。颅相学的结论曾被各式各样的江湖术士包括降神术士广为利用。——49。

51　巴拉塔里亚岛(源于西班牙语 barato——廉价的)是塞万提斯的小说《唐·吉诃德》中虚构的一个岛。在该书第2部第45—53章中,唐·吉诃德的侍从桑乔·潘萨被任命为该岛的总督。——50。

52　《回声报》(The Echo)是英国资产阶级自由派的报纸,1868—1907年在伦敦出版。——54。

53　铊是威·克鲁克斯1861年发现的。

　　辐射计也叫光转车辐射计,是一种测量光能的仪器:在一个真空玻璃球内装一根垂直或水平线轴,上面装几个轻质的小翼,小翼在光或热辐射的作用下旋转,使线轴折弯而产生偏向角,用测定偏向角的方法来测量光能。辐射计是1873—1874年由克鲁克斯设计成功的。——54。

54　《灵学家报》(The Spiritualist Newspaper)是英国降神术士的周报,1869—1882年在伦敦出版;1874年以前以《灵学家》(The Spiritualist)的名称出版。——55。

55　圣彼得堡大学物理学会于1875年5月6日设立了降神现象考察委员会。这个委员会的成员有德·伊·门捷列夫和其他许多著名的科学家,委员会要求在俄国传播降神术的亚·尼·阿克萨科夫、亚·米·布特列罗夫和尼·彼·瓦格纳对降神术进行介绍,按要求进行演示并在实验报告上签字。委员会在圣彼得堡《呼声报》1876年3月25日第85

号上发表了总结性报告,认为降神现象发生于无意识的动作或有意识的欺骗,降神说是迷信。考察纪要和其他材料单独由门捷列夫出版。——56。

56 暗指1871年巴黎公社以后在德国特别流行的对达尔文主义的反动攻击。甚至像鲁·微耳和这样的大科学家,曾经是达尔文主义的信徒,也在1877年慕尼黑德国自然科学家和医生第五十次代表大会上公开发表反对达尔文主义的言论。参看注6。——58。

57 教皇"永无谬误"的教义是1870年7月18日在罗马公布的。德国的天主教神学家约·德林格尔拒绝承认这一教义。美因茨的主教威·凯特勒最初也反对宣布新教义,但是很快就接受了这一教义而且成为它的热烈拥护者。——59。

58 这段话引自托·赫胥黎1869年1月29日给伦敦逻辑学会理事会的信。该学会邀请他参加降神现象研究委员会的工作。赫胥黎拒绝邀请,并发表了许多讽刺降神术的意见。赫胥黎的这封信曾两度公开,一次是在伦敦《每日新闻》1871年10月17日第7946号上,另一次是查·戴维斯在《神秘的伦敦》1875年伦敦版第389页上引用了这封信。——60。

59 《毕希纳》这个片断是《自然辩证法》中写得最早的一篇;它是恩格斯第一束手稿中的第一个札记。恩格斯原本计划要写一部反对庸俗唯物主义和社会达尔文主义的代表路·毕希纳的著作,这篇札记看来是这部著作的提纲。根据这一片断的内容和恩格斯在毕希纳所著《人及其过去、现在和将来在自然界中的地位》1872年莱比锡第2版页边上所作的批注来判断,恩格斯打算首先批判毕希纳的这一著作。威·李卜克内西在1873年2月8日给恩格斯的信中说:"至于毕希纳——你就狠揍吧!"据此判断,在此信之前,恩格斯已直接把自己的想法告诉了李卜克内西。因此可以认为,这个片断最早写于1873年2月,不晚于5月30日,因为这一天恩格斯在同一张稿纸上紧接着写下了札记《自然科学的辩证法》。——60。

60 恩格斯引用的是黑格尔《哲学全书纲要》第二版(《黑格尔全集》第6卷1840年柏林版)序言中的一段话:"莱辛曾经说过,人们对待斯宾诺莎就像对待死狗一样。"黑格尔指的是1780年6月7日哥·莱辛和弗·雅科比的谈话。莱辛在这次谈话中说:"要知道人们谈起斯宾诺莎时总是像谈死狗一样。"(见《雅科比全集》1819年莱比锡版第4卷第1编第68页)

　　黑格尔在他的《哲学史讲演录》第3卷中详细地谈到了法国唯物主义者。——61。

61　参看路·毕希纳《人及其过去、现在和将来在自然界中的地位》1872年莱比锡第2版。毕希纳在该著作第170—171页上说:在人类逐渐发展的过程中,自然界在人身上达到自我意识的时刻正在到来;从这个时刻起,人就不再消极地服从于自然界的盲目规律,而成为自然界的主人——也就是说,在这个时刻,用黑格尔的话来说,正发生量到质的转变。在恩格斯自己手头的毕希纳的著作中,这段话用短线标出,并批注:Umschlag![转变!]——61。

62　恩格斯对哥·莱布尼茨的评价是以黑格尔的观点为依据的。黑格尔曾把莱布尼茨看做微积分的创始人,并认为他先于伊·牛顿建立了这一理论。见黑格尔《哲学史讲演录》第3卷(《黑格尔全集》第15卷)1836年柏林版第451页。后来公认的事实是:牛顿没有依赖莱布尼茨并且先于莱布尼茨建立了微积分。恩格斯写成这个片断后,过了两年在这个问题上又提出了新的见解(见本书第189页)。——63。

63　恩格斯在这里是指伊·牛顿过高估计归纳法的哲学观点的局限性和他对假说所持的否定态度,这种态度表现在他所说的"假说这个东西我是不考虑的"这句众所周知的话中(见注18)。恩格斯对牛顿的这一评价,也来源于黑格尔。黑格尔对牛顿使用的方法曾多次进行严厉批判。见黑格尔《哲学史讲演录》第3卷(《黑格尔全集》第15卷)1836年柏林版第447页。——63。

64　指黑格尔《哲学全书纲要》第1部(即《小逻辑》)第5节说明中的一段话:"人们都承认,要懂得别的科学,必须先加以研究,只有这样懂得了这些科学以后,才有资格去对它们做出判断。人们都承认,要想做一只鞋子,必须学会制鞋技术……唯独谈论哲理,似乎用不着花功夫去进行

注　释

这种研究和学习。"——63。

65　黑格尔《哲学全书纲要》第 1 部(即《小逻辑》)第 6 节:"知性特别喜欢把现实和观念分开,它把自己的来自抽象的梦想当做某种真实的东西,并且以'应当'自夸,它也尤其喜欢在政治领域中去规定'应当',仿佛世界就期待着它,以便知道世界应当是什么样的,而实际上又不是那样的。"——63。

66　黑格尔《哲学全书纲要》第 1 部(即《小逻辑》)第 24 节附释 3:"一说到经验,一切取决于用什么样的头脑去把握现实。一个伟大头脑创造出伟大的经验,能够在纷然杂陈的现象中洞见到有决定意义的东西。"——64。

67　指黑格尔关于在社会历史和个人发展中从朴素的直接性状态过渡到反思状态的论断,参看《哲学全书纲要》第 1 部(即《小逻辑》)第 24 节附释 3。——64。

68　《〈费尔巴哈〉的删略部分》是这一片断在《自然辩证法》第二束材料的目录中的标题。这一片断原是恩格斯《路德维希·费尔巴哈和德国古典哲学的终结》初稿的四页(第 16—19 页)。在第 16 页上面写有:《路德维希·费尔巴哈》的删略部分。这个片断属于《路德维希·费尔巴哈和德国古典哲学的终结》第二章,并且应当紧跟在关于 18 世纪法国唯物主义者的三个主要"局限性"的论述后面。在最后整理《路德维希·费尔巴哈和德国古典哲学的终结》手稿时,恩格斯抽出了这四页,并代之以另外的内容,而这一片断的基本内容(论 19 世纪自然科学中的三个伟大发现)则在《路德维希·费尔巴哈和德国古典哲学的终结》第四章中简略地加以叙述。因为恩格斯的这一著作最初发表在 1886 年《新时代》杂志第 4 年卷第 4、5 期,所以这个片断的写作日期可以认为是 1885 年底 1886 年初。这个片断开头部分的语句是不完整的,现根据发表在《新时代》杂志上的原文补全,补上的部分放在方括号内。——64。

69　费尔巴哈在柏林、耶拿、马尔堡和弗赖堡等地谋求教职的努力失败后,隐居在安斯巴赫附近的布鲁克贝格村,靠他的夫人贝尔塔·勒韦的财产维持生活。——67。

70　指费尔巴哈的如下箴言:"在我看来,唯物主义是人的本质和人类知识的大厦的基础;但是,我认为它不是生理学家、狭义的自然科学家如摩莱肖特所认为的而且从他们的观点和专业出发所必然认为的那种东西,即大厦本身。向后退时,我同唯物主义者完全一致;但是往前进时就不一致了。"这一箴言在费尔巴哈逝世后发表在卡·格律恩的著作《路德维希·费尔巴哈的书简、遗稿及其哲学特征的阐述》1874年莱比锡—海德堡版第2卷第308页上。参看恩格斯《路德维希·费尔巴哈和德国古典哲学的终结》第二章(《马克思恩格斯选集》第3版第4卷第234页)。——68。

71　不是指伊·牛顿作为一般哲学思维来理解的形而上学(见注18),而是指现在作为思维方法来理解的形而上学。——69。

72　威·汤姆生把法国数学家让·傅立叶的著作《热的解析理论》称做"傅立叶的伟大的数学的诗"。见威·汤姆生和彼·格·泰特《自然哲学论》1867年牛津版第1卷第713页。恩格斯在笔记本中摘录了汤姆生的话,并在"傅立叶的伟大的数学的"几个字下面加了着重号。——69。

73　恩格斯的这个札记是针对奥·威·霍夫曼《霍亨索伦王朝庇护下的化学研究工作一百年》(1881年柏林版)这本小册子写的。霍夫曼的有关论述引自卡·罗生克兰茨的著作《科学体系》1850年柯尼斯堡版。霍夫曼在他的小册子里谈到普鲁士国王弗里德里希-威廉三世在建立甜菜制糖业方面的"功绩"时说,"由于国王本人的过问,这一产业的引进大为容易而加快了"。——71。

74　卡西尼家族是法国一个天文学世家:(1)从意大利迁来的乔·多·卡西尼(1625—1712),巴黎天文台第一任台长,(2)儿子雅·卡西尼(1677—1756),(3)孙子塞·弗·卡西尼·德·蒂里(1714—1784),(4)曾孙雅·多·卡西尼伯爵(1748—1845)。他们四个人依次担任了巴黎天文台台长之职(从1669年到1793年)。前三人所持的关于地球形状的观念都是不正确的、反牛顿的,只有最后一个卡西尼在对地球体积和形状更精确测量的影响下,被迫承认牛顿关于绕轴旋转的地球的扁率的结论是正确的。——71。

75　原话为:"陛下,我不需要这种假说。"据说这是皮·拉普拉斯对拿破仑问他为什么在《论天体力学》中不提上帝时的回答。黑格尔在《哲学史讲演录》中也引过此话,但未注明出处。——73。

76　耶拿会战是 1806 年 10 月 14 日法军和普军之间的会战。这次会战以普鲁士军队的失败而告终,普鲁士作为第四次反法同盟的成员国向拿破仑法国投降,并于 1807 年 7 月 9 日在蒂尔西特签订了普法和约。和约的签订使普鲁士丧失了将近一半领土,实际上使普鲁士陷入了拿破仑法国的附属国的境地。——73。

77　无知并不是论据是巴·斯宾诺莎在《伦理学》第一部中讲的一句话,针对的是持僧侣主义目的论的自然观的代表人物。这些人提出"上帝的意志"是一切现象的原因的原因,他们进行论证的唯一手段就是求助于对其他原因的无知。——73。

78　指约·丁铎尔在 1874 年 8 月 19 日召开的贝尔法斯特不列颠科学促进协会第四十四届年会上的开幕词。开幕词载于 1874 年 8 月 20 日《自然》杂志第 10 卷第 251 期。恩格斯在 1874 年 9 月 21 日给马克思的信中对丁铎尔的这一发言作了更详细的评论(见本书第 327—328 页)。——73。

79　《辩证法》是这篇论文手稿第 1 页上的标题。在手稿第 5 页和第 9 页的上端页边上注有"辩证法的规律"的字样。这篇论文没有完成。可以推测,这篇论文写于 1879 年,但不早于当年 9 月,根据是:论文引证了亨·罗斯科和卡·肖莱马著《化学教程大全》第 2 卷的结尾部分;这一卷的第 2 部分于 1879 年 9 月初出版。其次,在论文中完全没有谈到钪的发现(1879 年),如果这篇论文写于 1879 年以后,那么,恩格斯在说到镓的发现时,就不可能不提到钪。——75。

80　黑格尔的《逻辑学》这部著作共分三编:(1)客观逻辑,存在论;(2)客观逻辑,本质论;(3)主观逻辑或概念论。——75。

81　德·伊·门捷列夫于 1869 年发现了化学元素周期律。在 1870—1871 年,门捷列夫详尽地描述了元素周期系中尚缺的一些元素的性质。为了表示这些元素,他建议用梵文数词(例如,"埃卡"——"一")作为字头加在该元素所在系列的第一个元素的名称前面。门捷列夫预言的第一元素镓于 1875 年被发现。——81。

82 这一典故出自莫里哀的喜剧《醉心贵族的小市民》第 2 幕第 4 场。剧中人茹尔丹对他的哲学教师说:"您瞧! 40 多年来我一直用散文讲话,却不知道散文为何物! 我衷心地感谢您,是您让我明白了这一点。"——82。

83 指德国 1848 年资产阶级民主革命的失败。这次革命以贵族和资产阶级之间达成妥协而告终。时任普鲁士内务大臣的奥·曼托伊费尔男爵对于实现这一妥协起了决定性作用。——83。

84 1851 年 12 月 2 日法兰西第二共和国总统路易·波拿巴发动政变,解散议会;翌年 1 月 14 日颁布新宪法,把一切权力集中在总统手中。1852 年 12 月 2 日波拿巴恢复帝制,称拿破仑第三,建立第二帝国,法兰西第二共和国终结。马克思在《路易·波拿巴的雾月十八日》一书中详细评述了这次政变(见《马克思恩格斯选集》第 3 版第 1 卷第 663—774 页)。——83。

85 细颈龙是一种已经绝迹的动物,恐龙的一支(鸟臀目),属爬行纲,但就其骨盆和后肢的构造来看与鸟类相似(见亨·阿·尼科尔森《动物学手册》1870 年爱丁堡—伦敦版第 2 卷第 422 页)。——84。

86 指通过发芽或分裂进行繁殖的腔肠动物。——84。

87 指雅·格林的著作《德意志语言史》1853 年莱比锡第 2 版第 1 卷第 580 页的相关论述。恩格斯在 1878—1882 年期间写的专著《法兰克时代》中较为详细地谈到了法兰克方言(见《马克思恩格斯全集》中文第 2 版第 25 卷)。——87。

88 黑格尔《哲学全书纲要》第 1 部(即《小逻辑》)第 135 节附释:"不应当把一个活的躯体的肢体和器官只看做动物的各个部分,因为肢体和器官只有在它们的统一体中才是肢体和器官,它们决不是和它们的统一体毫无关系的。肢体和器官只是在解剖学家的手下才变成单纯的部分,但这个解剖学家这时所处理的已不是活的躯体,而是尸体。"
——88。

89　黑格尔《哲学全书纲要》第 1 部(即《小逻辑》)第 126 节附释:"甚至有
人还将这种认为物的持存是由独立的质素所构成的理论常常应用于有
机生命方面,也是显得不够用的。我们当然可以说,这一动物是由骨
骼、筋肉、神经等所构成。但很明显,在这里我们用构成一词,与前面所
说花岗石是由某些质素构成的,其意义又不相同。因为在花岗石里,各
种质素的联合完全不相干,即使不联合在一起,各个质素仍可独立存
在。反之,有机体的各部分,各肢节只有在它们的联合里才能存在,彼
此一经分离便失掉其为有机体的存在。"——89。

90　黑格尔《哲学全书纲要》第 1 部(即《小逻辑》)第 117 节附释:"此外,比
较的任务既在于从当前的差别中求出同一,则我们不能不认数学为最
能圆满达到这种目的的科学。其所以如此,即由于量的差别仅是完全
外在的差别。比如,在几何里一个三角形与一个四角形虽说有质的不
同,但可以忽略这种质的差别,而说它们彼此的大小相等。"——90。

91　黑格尔《哲学全书纲要》第 1 部(即《小逻辑》)第 115 节说明:"于是同
一律便被表述为'一切东西和它自身同一',或'甲是甲'。否定的说
法:'甲不能同时为甲与非甲'。这种命题并非真正的思维规律,而只是
抽象理智的规律。这个命题的形式自身就陷于矛盾,因为一个命题总
须得说出主词与谓词间的区别,然而这个命题就没有做到它的形式所
要求于它的。"——90。

92　天数源于阿拉伯语,是伊斯兰教的一个术语,意即定数、命运、天意。后
来在土耳其语及其他语种中被采用。——93。

93　引自海涅的讽刺诗《宗教辩论》(《罗曼采罗》诗集),其中描写了中世纪
天主教嘉布遣会修士和有学问的犹太教拉比之间的一场宗教辩论。拉
比在辩论中引用犹太教的圣书《泰斯维斯-钟托夫》。嘉布遣会修士回
答说:"让《泰斯维斯-钟托夫》见鬼去吧!"这时愤怒的拉比高声叫道:
"连《泰斯维斯-钟托夫》都不再适用了,那还有什么东西适用呢? 天
哪!"——96。

94 参看巴·斯宾诺莎《伦理学》第 1 部分定义一和定义三,以及定理六。
——96。

95 黑格尔《哲学全书纲要》第 1 部(即《小逻辑》)第 39 节:"经验中诚然呈
现出很多甚或不可胜数的相同的知觉,但普遍性与一大堆事实完全是
两回事。同样,经验中还呈现许多前后相续的变化的知觉和位置接近
的对象的知觉,但是经验并不提供必然性的联系。如果老是把知觉当
做真理的基础,普遍性与必然性便会成为不合法的,一种主观的偶然
性,一种单纯的习惯,其内容可以如此,也可以不如此。"——99。

96 恩·海克尔《自然创造史》第 89—94 页强调指出,在康德的《目的论的
判断力批判》(《判断力批判》第 2 部分)中,"机械的说明方法"和目的
论之间存在着矛盾。同时,与康德相反,海克尔把目的论描绘成关于外
在目的和外在的合目的性的学说。黑格尔在他的《哲学史讲演录》第 3
部第 3 篇关于伊·康德的一节中也考察了《目的论的判断力批判》,他
把康德的"内在的合目的性"这一概念提到首位,根据这一概念,在有机
物中"一切都是目的而且也互为手段"(黑格尔引自康德《判断力批
判》)。——100。

97 指黑格尔《精神现象学》(《黑格尔全集》第 2 卷)1832 年柏林版序言中
的下面一段话:"当鲜花开放时蓓蕾消失了,也可以说,蓓蕾被花推翻
了;同样,当果实出现时,可以说花是植物的虚假的存在,而果实作为植
物的真实取代了花。"——100。

98 指乔·罗马尼斯对约·拉伯克《蚂蚁、蜜蜂和黄蜂。对群居的膜翅目观
察的报告》1882 年伦敦版所作的评论。评论的标题为《蚂蚁、蜜蜂和黄
蜂》,载于 1882 年 6 月 8 日《自然》杂志第 658 期第 121—123 页。
　　《自然。每周科学画报》(Nature. A weekly illustrated journal of sci-
ence)是英国的一家自然科学杂志,1869 年起在伦敦出版。——102、
126、217、295、328。

99 关于逻辑学分为三部分(存在论、本质论和概念论)与判断分为四类这
二者之间的一致性,黑格尔在《哲学全书纲要》第 1 部(即《小逻辑》)第
171 节附释中是这样说明的:"判断种类的不同是由逻辑观念本身的普

遍形式决定的。因此,我们起初得到的是三种主要的判断,这三种主要的判断恰好相当于存在、本质和概念这三个阶段。其中第二种主要的判断恰好相当于本质的性质,亦即相当于差别的阶段,使这一阶段本身又得到了重新表述。"——103。

100　"单称的"、"特称的"、"全称的"(singulär, particular, universell)等规定,在这里就是形式逻辑意义上的个别的、特殊的、普遍的,而不同于辩证法范畴"个别的"、"特殊的"、"普遍的"(Einzelnes, Besonderes, Allgemeines)。——103。

101　这篇札记没有写完。恩格斯在这里可能是要强调理论知识的经验基础。——106。

102　恩格斯是针对威·休厄尔的两部主要著作《从远古到现代的归纳科学史》(1837年伦敦版)和《归纳科学的哲学》(1840年伦敦版)中的观点说的。

　　在休厄尔的著作中,归纳科学都被安排在纯粹数学科学的周围。休厄尔认为,纯粹数学科学是纯理性的科学,它们研究"任何理论的条件",并且在这个意义上说,好像在"心智世界地理学"中占据中心地位。在《归纳科学的哲学》(第1卷第2册)中,休厄尔对"纯粹科学的哲学"作了简要论述,认为这类科学的主要代表是几何学、理论算术和代数学。而他在《从远古到现代的归纳科学史》(第1卷导言)中又把"演绎"科学(几何学、算术、代数学)和归纳科学(力学、天文学、物理学、化学、矿物学、植物学、动物学、生理学、地质学)对立起来。——107。

103　在"A—E—B"这个公式中,A表示普遍的,E表示个别的,B表示特殊的。黑格尔在分析归纳推理的逻辑实质时总是使用这个公式。见黑格尔《逻辑学》第3编《概念论》第1部分第3章《归纳推理》一节。在这一节中有恩格斯在下面提到的黑格尔的论点,即归纳推理本质上是一种很成问题的推理。——107。

104　恩·海克尔在他的著作《自然创造史》1873年柏林修订第4版第77页上写道:"根据当时综合的经验认识,人们作出归纳推理:一切哺乳动物都有颚间骨。歌德由此作出演绎推理:由于人在其机体的一切其他方面同哺乳动物没有任何重大差别,所以一定也有颚间骨。事实上他曾对此进行过深入的研究。他的这一演绎推理为后来的经验所证实或验证。"歌德发现胚胎状态的人有颚间骨,而在个别的返祖遗传的场合下,成人也有颚间骨。恩格斯认为海克尔所谈到的归纳法是不正确的,因为它同公认是正确的论点相矛盾,这个论点就是:"人"这种哺乳动物没有颚间骨。——108。

105 指歌德和阿·哈勒用诗歌进行的一场哲学争论。1730 年哈勒发表了诗歌《人的善行的虚伪性》,诗中断言:"没有一个生灵能够洞悉自然界的内部本质,他若知道自然界的外壳就已经非常幸运了。"歌德 1821 年在《无疑》和《最后通牒》两首诗中反驳哈勒的这个说法,指出自然界是统一的,不能像哈勒那样,把自然界分为不可认识的内核与可以认识的外壳。黑格尔在他的《哲学全书纲要》第 1 部(即《小逻辑》)第 140 节说明和第 2 部(《自然哲学》)第 246 节附释中曾提到歌德和哈勒的这一争论。——110。

106 指黑格尔《逻辑学》第 2 编《本质论》第 1 部分第 1 章《外观》一节和第 2 部分第 1 章,该章中关于自在之物有专门的一节(《自在之物和存在》)和专门的一个注释(《先验唯心主义的自在之物》)。——111。

107 黑格尔《自然哲学讲演录》第 280 节附释:"太阳服务于行星,一般说来,正如同太阳、月亮、彗星、恒星都只是地球的条件一样。"恩格斯引自《黑格尔全集》第 7 卷 1842 年柏林版。——113。

108 《关于耐格里所说的没有能力认识无限》是这个札记在《自然辩证法》第二束材料的目录中的标题。札记批判了卡·耐格里的报告《自然科学认识的界限》中的基本论点。恩格斯引用耐格里的报告时依据的版本是:《1877 年 9 月慕尼黑德国自然科学家和医生第五十次代表大会公报。附录》。这个版本的报告很可能是曾出席代表大会的卡·肖莱马送给恩格斯的。——114。

109 1774 年约·普利斯特列描述了氧,但他没有想到,他已经发现了一种新的化学元素,而且这一发现将会引起化学中的变革。恩格斯在为马克思的《资本论》第二卷写的序言中更详细地谈到了这一发现(见《马克思恩格斯选集》第 3 版第 2 卷第 301—302 页）。——116。

110　参看黑格尔《哲学全书纲要》第 1 部（即《小逻辑》）第 13 节说明："从形式上看普遍并把它和特殊并列起来，它本身也会变成某种特殊；这种并列的办法，即使应用于日常生活的事物，也显然不合理和行不通，例如，怎么会有人只要水果而不要樱桃、梨和葡萄，因为它们是樱桃、梨和葡萄而不是水果。"——118、130。

111　这句话引自意大利经济学家斐·加利阿尼的《货币论》第 2 册，引文稍有改动。马克思在《资本论》第一卷中也摘引了这句话（见《马克思恩格斯文集》第 5 卷第 179 页）。马克思和恩格斯的引文出自彼·库斯托第编《意大利政治经济学名家文集·现代部分》1803 年米兰版第 3 卷第 155—156 页。——120。

112　恩格斯引用了黑格尔《逻辑学》中关于量的那一部分，其中谈到：天文学之所以值得惊奇，并不是由于它所涉及的不可计数的星星和不可度量的时间和空间的恶无限性，而是"由于理性在这些对象中认识到的并且成为与上述不合理无限相对立的合理无限的那些度量关系和规律"。见黑格尔《逻辑学》第 1 编《存在论》（《黑格尔全集》第 3 卷）1841 年柏林第 2 版第 2 部分第 2 章注释：《对无限进展的称颂意见》。——120。

113　"$\frac{1}{r^2}$也是如此"这句话是恩格斯补写上去的。恩格斯可能是指无理数 π，它的意义是完全确定的，可是却不能用一个有限的小数或普通的分数来表示。如果取圆面积为一单位，则由公式 $\pi r^2 = 1$ 可得 $\pi = \frac{1}{r^2}$（r 表示圆的半径）。——120。

114　这篇札记写在《自然辩证法》第一束材料的第一张稿纸上。它和恩格斯 1873 年 5 月 30 日给马克思的信所谈的内容相同。恩格斯在信中一开始便说："今天早晨躺在床上，我脑子里出现了下面这些关于自然科学的辩证思想。"（见本书第 325 页）这些思想在信中比在这篇札记中阐述得更详尽。由此可以得出结论，这篇札记草稿是在 1873 年 5 月 30 日写这封信之前写的。除了在这篇札记草稿前不久写成的关于毕希纳的片断（见本书第 60—63 页），《自然辩证法》的所有其他论文和片断都应当是在这篇札记草稿写成以后即 1873 年 5 月 30 日以后完成的。

——121。

115　奥·孔德在他的主要著作《实证哲学教程》中叙述了这个科学分类法。该书第一版于1830—1842年在巴黎出版。该书第1卷第2讲专门谈科学分类的问题。第2讲的标题是《这一教程计划的说明,或实证科学系统总论》。——123。

116　黑格尔在《逻辑学》第3编《概念论》中把自然哲学分为"机械论"、"化学论"、"目的论",在《自然哲学》中,用"力学"、"物理学"、"有机论"三个术语来表示自然科学的三个主要部门。——123。

117　这个片断写在标有《注释》字样的一张单页上。它显然是《关于"机械的"自然观》(见本书第125—130页)的初稿。——124。

118　这篇札记是恩格斯列入《自然辩证法》第二束材料中的三个较大的札记之一(较短的札记都放在第一束和第四束)。这三篇札记中有两篇,即《关于现实世界中数学上的无限之原型》和本篇《关于"机械的"自然观》,是《反杜林论》的两个注释,在这里恩格斯阐发了在《反杜林论》的个别地方只是提到或简短地加以叙述的一些非常重要的思想。另一篇札记《关于耐格里所说的没有能力认识无限》与《反杜林论》无关。前两篇札记的写作时间可能是1877年12月至1878年1月或1878年5月至6月初,因为它们原是为1878年7月在莱比锡出版的《欧根·杜林先生在科学中实行的变革》即《反杜林论》第一版准备的,打算作为注释分别加在该版第17—18页(见《马克思恩格斯全集》中文第2版第26卷第37—39页)和第46页(同上,第71页),不过最终未采用。另外,从恩格斯1884年给爱·伯恩施坦和卡·考茨基以及1885年给海·施留特尔的信件可以看出:在准备出版《反杜林论》第二版时,恩格斯又打算在《反杜林论》的个别地方加进一些关于自然科学的注释,附在该书末尾。但是由于别的事情十分繁忙,特别是要出版马克思《资本论》第二卷和第三卷,恩格斯又未能如愿。

　　《关于"机械的"自然观》是恩格斯在《自然辩证法》第二束材料的目录中所采用的标题。《注释二,附在第46页:运动的各种形式和研究这些形式的各门科学》是写在本札记开头部分的标题。——125。

119　指 1877 年 11 月 15 日在伦敦和纽约出版的《自然》杂志第 17 卷第 420 期第 55 页上的一篇短文，其中简要地叙述了奥·凯库勒在 1877 年 10 月 18 日就任波恩大学校长时发表的演说。1878 年，凯库勒的这篇演说以《化学的科学目的和成就》为题在波恩出版了单行本。——126。

120　洛塔尔·迈耶尔曲线是表现化学元素的原子量和原子体积之间的相互关系的图形，由德国化学家洛·迈耶尔绘制，1870 年发表在他的论文《化学元素的性质即它们的原子量的函数》中，见《化学和药学年鉴》1870 年莱比锡版第 7 卷（补编）第 354 — 364 页和第三个图表。——127。

121　《1880 年的计划》的基本部分是《运动的基本形式》这篇论文的写作计划。同时它涉及在主题和写作年代方面彼此相关联的几篇论文：《运动的量度——功》、《潮汐摩擦》、《热》和《电》。所有这几篇论文都是在 1880—1882 年写成的。这个计划还表明，恩格斯打算进一步发挥《1878 年的计划》中第 5 项第（1）—（4）点（见本书第 4 页）的内容。——131。

122　《运动的基本形式》是这篇论文在《自然辩证法》第三束材料的目录中的标题。它是《1880 年的计划》中预计完成的彼此相关联的几篇论文中的第一篇，写于 1880 年。——132。

123　这里是指运动的一般量，运动在量方面的一般规定性，而不是表示质量和速度的乘积（mv）的特殊意义上的运动量。——134。

124　指尤·迈尔的两篇文章《关于非生物界的各种力的意见》（1842 年发表）和《有机运动及其与新陈代谢的联系》（1845 年发表）。这两篇文章均被收入尤·迈尔《热力学文集》1874 年斯图加特第 2 版。恩格斯在写作《自然辩证法》时使用的是这个版本。——142。

125　这里很可能是指黑格尔《逻辑学》第 2 编《本质论》第 1 部分第 3 章中关于《形式的根据》这一节的注释。在这个注释中，黑格尔嘲笑"用同语反复的根据所作的形式的说明方式"。他写道："这种说明方式所以被推荐，正是由于它十分明白易懂。因为，例如再没有比指出植物的根据是某种植物力即产生植物的力更明白易懂了。""如果对于某人为什么到城里去的问题,指出下列根据:城里有吸引他到那里去的吸引力",那么,这种回答的荒谬程度并不下于借"植物力"作说明。同时,黑格尔指出:"科学,特别是物理科学,是充满这种似乎构成科学特权的同语反复的。"——144、159。

126　参看黑格尔《逻辑学》第 1 编《存在论》第 2 部分第 1 章中的注释:《康德关于时间、空间、物质不可分性和无限可分性的二律背反》。——153。

127　威·格罗夫所谓的"物质的属性"是指"热、光、电、磁、化学亲和力和运动",而他所谓的"运动"是指机械运动,或位移。参看威·格罗夫《物理力的相互关系》1855 年伦敦第 3 版第 15 页。——154。

128　这个札记和《1880 年的计划》写在同一张稿纸上,是恩格斯在《运动的基本形式》(见本书第 132—150 页)一文中所要阐述的观点的提要。——156。

129　关于运动的量守恒的思想,勒·笛卡儿曾在《论光》(《论世界》一书的第一部分,该书写于 1630—1633 年,笛卡儿死后于 1664 年出版)和他 1639 年 4 月 30 日给德·博恩的信中表述过。这个论点在笛卡儿的《哲学原理》(1644 年阿姆斯特丹版)第 2 部第 36 节中得到了充分论证。——157。

130　威·格罗夫在《物理力的相互关系》1855 年伦敦第 3 版第 20—29 页上谈到在机械运动转变为"电压状态"和热时"力的不灭"。——157。

131　在《自然辩证法》第三束材料的目录中,这篇论文的标题为《运动的两种量度》,论文的写作时间大概在 1880 年 2 月中旬到 7 月底之间。——161。

132　《学术纪事》(Acta Eruditorum)是德国一家刊登学术出版物及书评的杂志,1682—1731 用这个名称在莱比锡出版,编者为奥托·门克,1732 年起更名为《新学术纪事》(Nova acta Eruditorum)。——163。

133　康德这部著作的柯尼斯堡第一版扉页上注明的出版年代是 1746 年,而献词所注日期是 1747 年 4 月 22 日,可见该书实际上是 1747 年写成并问世的。——163。

134　针对哥·莱布尼茨 1686 年 9 月在一家科学杂志《文学共和国新闻》上发表的文章,修道院院长卡特兰于 1686 年 9 月和 1687 年 6 月在同一杂志上发表了两篇反对莱布尼茨的论文,替勒·笛卡儿的运动的量度(mv)辩护。莱布尼茨进行反驳的文章分别于 1687 年 2 月和 9 月发表在同一杂志上。这家杂志是由皮·培尔 1684—1687 年在鹿特丹出版的;后来昂·巴纳日-德-博瓦尔将它更名为《学术著作史》继续出版,直到 1709 年。——165。

135　这是一个弄不清德语语法关系的普鲁士下级军官闹的笑话,他搞不清楚在什么场合必须用第三格"mir"("对我"),在什么场合用第四格"mich"("使我")。为了不再在这个问题上给自己找麻烦,他便采取了这样的解决办法:值班时在任何场合都说"mir",而下班后在任何场合都说"mich"。——166。

136　指威·汤姆生和彼·格·泰特,当时两人都在苏格兰的大学任教。实际上,只有在爱丁堡任教的泰特是苏格兰人,而在格拉斯哥任教的汤姆生是英格兰人。——167、175。

137　恩格斯是根据公式 $v=\sqrt{2gh}$ 来计算落体速度的,这里 v 是速度,g 是重力加速度,而 h 是物体下落前的高度。——168。

138　指 1864 年丹麦战争期间的一次会战,普鲁士和奥地利参加了反对丹麦的战争。

罗尔夫·克拉克号是丹麦的一艘装甲舰,于 1864 年 6 月 28 日夜停泊在阿尔斯岛岸边,其任务是阻止普鲁士军队登上该岛。——171。

139　根据现在更精确的测量,单位热量的机械当量为 426.9 千克米。——171、226。

140　此处指彼·格·泰特 1876 年 9 月 8 日在格拉斯哥不列颠科学促进协会第四十六届年会上所作的报告《力》。报告载于 1876 年 9 月 21 日《自然》杂志(见注 98)第 360 期第 459—463 页。——173。

141 恩格斯在《资本论》第 1 卷德文第四版马克思谈到"Arbeit（劳动）"的地方加了一个注："第四版注：英语有一个优点，它有两个不同的词来表达劳动的这两个不同的方面。创造使用价值的并且在质上得到规定的劳动叫做 work，以与 labour 相对；创造价值的并且只在量上被计算的劳动叫做 labour，以与 work 相对。"（见《马克思恩格斯选集》第 3 版第 2 卷第 106 页）——176。

142 参看鲁·克劳修斯《论力学的热理论的第二定律》1867 年不伦瑞克版第 2—3 页。——176。

143 《10 千克的物体被提升 80 米》、《质量为 4 的物体》、《1）v＝ct》这三篇札记是《运动的量度——功》（见本书第 161—176 页）一文的准备材料，有关算式意在推导物体动能应由 $\frac{mv^2}{2}$ 来准确表示。恩格斯在计算时所用的物理单位与现代物理学通行的单位不一致，且同一物理量的单位也不完全统一。——177。

144 《关于现实世界中数学上的无限之原型》是这篇札记在《自然辩证法》第二束材料的目录中的标题。《加在第 17—18 页上：思维和存在的一致。——数学上的无限》是写在本札记开头部分的标题。这是恩格斯列入《自然辩证法》第二束材料中的三个较大的札记之一，原是为《反杜林论》第一版第 17—18 页准备的注释。参看注 118。——182。

145 感觉中未曾有过的东西，理智中也不存在（Nihil est in intellectu, quod non fuerit in sensu）是感觉论的一个基本原理。感觉论的这个基本原理来源于亚里士多德的《分析后篇》第 1 册第 18 章和《论灵魂》第 3 册第 8 章。——182。

146 这个数字引自威·汤姆生的论文《原子的大小》，这篇论文最初于 1870 年 3 月 31 日发表在《自然》杂志第 1 卷第 22 期上，后又作为附录收入威·汤姆生和彼·格·泰特合著的《自然哲学论》一书第 2 版。——184。

147 罗伊斯幼系公国是德国图林根地区的一个小邦，面积 826 平方公里，1864 年人口为 86 400 人，1871 年加入德意志帝国。——187。

注　释

148　"海克尔对思维和存在的同一性的糟糕的复述"可能是指海克尔的心理生理一元论和他的物质构造观。例如,海克尔在他的小册子《原生粒之交替发生》(恩格斯在为《反杜林论》写的第二个注释《关于"机械的"自然观》中引用过)中断言,初级的"灵魂"不仅是"原生粒"(即原生质的分子)所固有的,而且也是原子所固有的;一切原子都"有灵魂",有"感觉"和"意志"(见注5)。海克尔在同一书中说,原子是某种绝对分立的、绝对不可分的、绝对不变的东西,而同时又承认,在分立的原子之外,以太是作为某种绝对连续的东西存在的。见恩·海克尔《原生粒之交替发生》1876年柏林版第38—40页。

　　关于黑格尔如何处理连续的物质和分立的物质之间的矛盾,恩格斯在《物质的可分性》这个札记中提到过(见本书第152—153页)。——188。

149　古·维德曼《流电说和电磁说》1874年不伦瑞克增订第2版。该版分为两卷三册:(1)第1卷《流电说》;(2)第2卷第1篇《电动力学,电磁和抗磁性》;(3)第2卷第2篇《感应和结束章》。维德曼这部著作的第1版两卷本于1861—1863在不伦瑞克出版;第3版四卷本以《电学》为书名于1882—1885年也在不伦瑞克出版。——190、217。

150　参看黑格尔《逻辑学》第1编《存在论》第2部分第2章中的注释《数的规定应用于哲学概念的表达》,其中谈到算术中思维"在无思想性中运动"。另参看《逻辑学》第1编第3部分第2章中的注释《度量关系关节线的例子以及所谓自然界中没有飞跃》,其中谈到"自然数列已经显示了纯粹外在的进程中出现的质的各个环节的关节线"。——190。

151　这一公式见于沙·波绪的著作《微积分》法兰西共和六年(1797—1798年)巴黎版第1卷第38页。恩格斯在《直线和曲线》这一札记中(见本书196—197页)引用了这本书。波绪在《定差积分》一章中首先研究了"求变数 x 的整数幂的积分或其和数"这一问题。同时,波绪假定差数(微分)$\triangle$x 是常数,并且用希腊字母 ω 来表示它。因为由 $\triangle$x 或 ω 构成的和(积分)是 x,所以由 $\omega\times1$ 或 ωx^0 构成的和也等于 x。波绪把这个等式写做:$\Sigma\omega x^0=x$。然后把常数 ω 提出来,置于求和的符号前面,再在公式两边都除以 ω,于是就得出了公式 $\Sigma x^0=\dfrac{x}{\omega}$。波绪后来又用最后这一

个等式引出了 $\Sigma x, \Sigma x^2, \Sigma x^3$ 等数,并解决其他问题。——194。

152 这里是指沙·波绪的《微积分》第148—151页上第17图以及对该图的
说明。这个图如下:

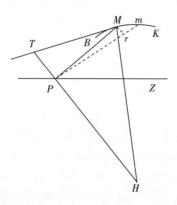

　　BMK 是曲线("极曲线")。MT 和这一曲线相切。P 是坐标的极点
或原点。PZ 是极轴。PM 是 M 点的坐标(恩格斯称之为"实在的横坐
标",现在叫做动径)。Pm 是无限地接近于 M 的 m 点的坐标(恩格斯称
这一动径为"虚构的微分横坐标")。MH 是切线 MT 的垂直线。TPH 是
坐标 PM 的垂直线。Mr 是以 PM 为半径的弧线。因为 MPm 是无限小
的角,所以 PM 和 Pm 可认为是平行的。因此三角形 Mrm 和 TPM,以及
三角形 Mrm 和 MPH,都可以看做是相似三角形。——197。

153 指鲁·克劳修斯所阐述的热力学第二定律,参看鲁·克劳修斯《论力学
的热理论的第二定律》1867 年不伦瑞克版。恩格斯后来对这个问题进
行了更加详尽的探讨,见本书第 273—274 页。——201。

154 这篇札记和后面两篇札记(《星云》、《赛奇:天狼星》)中的材料摘自下
列两部著作:(1)约·亨·梅特勒《宇宙的奇妙结构,或通俗天文学》
1861 年柏林增订第 5 版(第 9 篇《恒星》,第 10 篇《星云》);(2)安·赛
奇《太阳》1872 年不伦瑞克版(第 3 部《太阳或恒星》)。这些摘录是在
1875 年底或 1876 年初作的,恩格斯在《自然辩证法》的《导言》第二部
分中使用过(见本书第 19—27 页)。——202。

注　释

155　这一标题的第一行写在正文前面的单页上，第二行写在正文第一页上。在《自然辩证法》第三束材料的目录中，本文的标题是《潮汐摩擦》，写作时间为 1880 年。——206。

156　鲁·沃尔夫在《天文学史》(1877 年慕尼黑版)一书第 325 页指出，光的折射定律是维·斯涅尔发现的，而不是勒·笛卡儿发现的；但是斯涅尔表述这个定律的著作在生前并未发表，斯涅尔死后笛卡儿从他的著作中抄袭了这个定律。——211。

157　本文没有写完。本文和札记《辩证逻辑和旧的纯粹的形式逻辑相反》(见本书第 103—105 页)都对自摩擦取火以来有关热的观念的历史发展进行探究，从它们阐述的详略程度来看，恩格斯写作本文的时间是在《辩证逻辑和旧的纯粹的形式逻辑相反》之后；《辩证逻辑和旧的纯粹的形式逻辑相反》与《认识》写在同一张纸上，恩格斯在《认识》中引用了 1882 年 6 月 8 日《自然》杂志第 658 期上的内容(见本书第 102 页)，由此可以推断恩格斯开始写作本文的具体时间应在 1882 年 6 月 8 日之后。恩格斯结束本文的时间是同年 8 月底之前，因为恩格斯在本文以及与本文写于同一时间段的《电》中没有采用威·西门子在 1882 年 8 月底提出的新的功率单位——瓦特，仍沿用"伏特"这一术语，而从恩格斯 1882 年 8 月 26 日和 11 月 23 日给马克思的信看出，恩格斯是知道西门子在不列颠科学促进协会第五十二届年会上的发言和他提出的这一新的量度单位的。——212。

158　这里应"换算"成电的量度单位——瓦特。恩格斯在 1882 年 11 月 23 日给马克思的信中，对电这种运动形式的量度问题作了重要修正。——214。

159　在《自然辩证法》第三束材料的目录中，本文的标题是《电和磁》。从恩格斯在写作本文时引用了 1882 年 6 月 15 日《自然》杂志第 659 期一事来看，本文的写作时间应该是 1882 年。——217。

160　恩格斯引证的是《自然》杂志上的一篇书评《马斯卡尔和茹贝尔的〈电和磁〉》，作者署名 G.C.。书评中提到古·维德曼的《流电说和电磁说》。——217。

161 托·汤姆生是在他的《热学和电学概论》第 2 版第 400 页上引用法拉第这段话的。这段话引自法拉第《电学实验研究》第 12 辑。法拉第的这篇文章发表在 1838 年伦敦皇家学会杂志《自然科学会报》第 105 页。汤姆生的引文有一处不确切。按法拉第的原文,应译为"就像以金属丝代替放电的粒子时所发生的情形一样"。——219。

162 1905 年爱因斯坦创立了狭义相对论,认为光在真空中的传播速度 c 为一物理常数,是物质粒子运动速度的上限。带电粒子的运动速度小于 c。——222。

163 恩格斯在说明法夫尔的实验时依据的是古·维德曼《流电说和电磁说》1874 年不伦瑞克版第 2 卷第 2 篇第 521—522 页。——225。

164 恩格斯在这里和后面引用的尤·汤姆森的热化学测量结果,依据的是亚·瑙曼著《普通化学和物理化学》1877 年海德堡版第 639—640 页。——234。

165 《维德曼年鉴》即《物理和化学年鉴》。

　　《物理和化学年鉴》(Annalen der Physik und Chemie)是德国的一家科学杂志,1824—1899 年用这个名称在莱比锡出版,发行人是约·克·波根道夫(1824—1877)和古·亨·维德曼(1877—1899);定期每年出版三卷。

　　这里引用的是弗·柯尔劳施《轻金属水化物、轻金属盐、五水硫酸铜、七水硫酸锌和硝酸银的水溶液的电导性》一文。——239。

166 有关在德国批判圣经的流派和代表人物可参看恩格斯写的《路德维希·费尔巴哈和德国古典哲学的终结》以及《论原始基督教的历史》。恩格斯提到批判圣经的几部主要著作:大·弗·施特劳斯《耶稣传》(校勘本)1835—1836 年蒂宾根版第 1—2 卷,布·鲍威尔的《约翰的福音故事考证》1840 年不来梅版、《符类福音作者的福音故事考证》1841 年莱比锡版第 1—2 卷和《符类福音作者和约翰的福音故事考证》1842 年不伦瑞克版。——240。

167 这是当时的一个笑话。在德语中,博士和医生均称做"Doktor"。有一个老少校,听到一个"一年制志愿兵"自称是哲学博士,而老少校弄不清什么是"哲学博士",什么是"医学博士",不知道两者有什么不同,便说:"对我来说倒无所谓,外科医生就是外科医生"。恩格斯用这个笑话嘲笑那些不懂得区别概念含义的人。——247。

168 恩格斯在这里和后面引用的波根道夫的实验结果,依据的是古·维德曼《流电说和电磁说》1874 年不伦瑞克版第 1 卷第 368 — 373 页。——251。

169 恩格斯在这里引用的实验结果,依据的是古·维德曼《流电说和电磁说》1874 年不伦瑞克版第 2 卷第 2 篇第 498—499 页。——253。

170 恩格斯引用的拜特洛的热化学测量结果,依据的是亚·瑙曼《普通化学和物理化学》1877 年海德堡版第 652 页。——254。

171 恩格斯在这一节中引用的电动力的测量结果,依据的是古·维德曼的《流电说和电磁说》1874 年不伦瑞克版第 1 卷第 390、375、385 和 376 页。这些结果是从拉乌尔、惠斯通、贝茨和焦耳的实验中得出的。——260。

172 "又是克里斯平"(Ecce iterum Crispinus)是古罗马诗人尤维纳利斯的《讽刺诗集》第四首诗的首句,这部诗集的第一首诗曾提到并痛斥罗马皇帝多米齐安的一个宫臣克里斯平。这句话的转义是:"又是这个家伙"或"又是这个东西"。——261。

173 十字实验(Experimentum crucis)源于弗·培根的 instantia cruces(十字路口用来指路的标志物),指一种决定性的实验,可最终确定对某一现象所做解释的正确性。见弗·培根《新工具论》第 2 册格言第 36 则。——261。

174 "联盟中的第三者"出自席勒叙事诗《保证》。暴君狄奥尼修斯口出此言,要求接受他参加两个忠实朋友的联盟。——267。

175 彼·拉·拉甫罗夫在匿名出版的著作《论思想史》1875 年圣彼得堡版第 1 卷第 109 页上说:"那些熄灭的太阳以及死寂的行星和卫星体系在变

为正在形成的新星云以前,在空中继续运动。而死去的星体的残骸会成为加速新的星体形成过程的材料。"他在脚注中引证了弗·策尔纳的观点:熄灭的天体的僵死状态"可能仅仅由于外部的影响,例如,由于和另一个天体碰撞产生热而停止"。——273。

176　海·亥姆霍兹《通俗科学讲演集》1871 年不伦瑞克版第 2 册第 119—121 页。恩格斯在《运动的基本形式》中对亥姆霍兹的计算作了评述(见本书第 137 页)。——273。

177　指鲁·克劳修斯 1867 年 9 月 23 日在美因河畔法兰克福德国自然科学家和医生第四十一次代表大会全体会议上所作的报告《论力学的热理论的第二定律》。报告的单行本于 1867 年在不伦瑞克出版。——273。

178　恩格斯显然是指鲁·克劳修斯《论力学的热理论的第二定律》1867 年不伦瑞克版第 16 页上提到的存在于天体之外的以太。克劳修斯在该书第 6 页上也谈到以太,但是他在那里认为它不是存在于天体之外,而是存在于天体的粒子的空隙之间。关于以太的概念,参看注 33。——276。

179　嫌恶真空(horrow vacui)源于亚里士多德的下述观点:自然界不存在真空的空间(亚里士多德《物理学》第 4 章中的《B 虚空》)。在 17 世纪中叶以前,这一观点在自然科学中统治地位。1643 年,伽利略的学生埃·托里拆利发现了大气压,从而证实了物理学意义上真空的存在。——276。

180　这里是指彼·拉·拉甫罗夫的著作《论思想史》。在《思想史的宇宙基础》这一章,即该书第 103—104 页上,拉甫罗夫提到各派科学家(奥伯斯、威·司徒卢威等)关于光经过极大距离会消失的观点。——276。

181　这里是指安·赛奇的著作《太阳》(1872 年布伦瑞克版)第 632 页上所引用的,用来表明不同太阳射线的波长与其热功能、光功能和化学功能之间的关系的图解。图解的主要部分如下:
　　曲线 BDN 表示热辐射从波长最大的热射线(在 B 点)到波长最小的热射线(在 N 点)的强度变化。曲线 AMH 表示从波长最大的(在 A

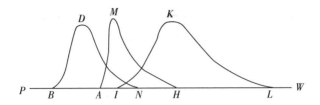

点）到波长最小的（在 H 点）光线的强度变化。曲线 IKL 表示从波长最大的（在 I 点）到波长最小的（在 L 点）化学射线的强度变化。在所有这三种情形中，射线的强度都是用曲线上的点到直线 PW 的距离来表示的。——277。

182　这篇札记中的引文均摘自托·汤姆生《热学和电学概论》1840 年伦敦第 2 版。这篇札记和接下来的两篇札记（《电。关于汤姆生的无稽之谈》、《静电和动电》）是恩格斯为写作《电》一文（见本书第 217—272 页）准备的材料。——278。

183　在这篇札记以及下一篇札记《自然辩证法的一个很好的例子》中，恩格斯引用的是弗·格思里的著作《磁和电》1876 年伦敦—格拉斯哥版。格思里在第 210 页上写道："电流强度和溶解于电池中的即氧化了的锌的量成正比，而且也和这个锌氧化时所放出来的热成正比。"——281。

184　亨·丹·龙考夫于 1851 年发明的一种可以把低压强电流转化为高压弱电流的电磁感应装置。——281。

185　黑格尔《哲学全书纲要》第 1 部（即《小逻辑》）（《黑格尔全集》第 6 卷）1840 年柏林版第 81 节附释 1："生命本身即具有死亡的种子。"——285。

186　原生质发生（Plasmogonie）这一概念源自恩·海克尔，指有机体产生于某种有机溶液中；它不同于自生（Autogonie），即最简单的有机个体从无机溶液中直接产生。原生质发生又被海克尔称做自然发生。参看恩·海克尔《自然创造史。关于一般进化学说，特别是达尔文、歌德、拉马克的进化学说的通俗学术讲演》1873 年柏林第 4 版第 302 页。——285。

187 胶液原生物（来自希腊文 μούηρηζ——简单的）——按照海克尔的见解，是无核的完全没有结构的蛋白质小块，它执行生命的所有重要职能：摄食、运动、对刺激的反应、繁殖。海克尔把原始的、通过自生的途径产生而目前已经绝灭的胶液原生物（最古的胶液原生物）同现代的还存在的胶液原生物区分开来。前者是有机界的三个界发展的起点，细胞就是从最古的胶液原生物历史地发展出来的。后者属于原生生物界，并构成该界的第一个最简单的纲；在海克尔看来，现代的胶液原生物具有不同的种：Protamoeba primitiva（原变形虫）、Protomyxa aurantiaca（橙色胶原虫）、Bathybius Haeckelii（海克尔深水虫）。

这个术语是海克尔 1866 年在《有机体普通形态学》一书中使用的。——286、291。

188 指路·巴斯德 1860 年所做的有关自然发生这个问题的实验。巴斯德用这些实验证明：空气中广泛存在着微生物；在装有营养液（有机液）的容器中，如果没有细菌孢子，此后又阻断了外界空气中生命胚种的进入，其中不可能产生微生物（细菌、真菌、纤毛虫）。巴斯德由此得出结论：生命不可能自然发生。——286。

189 莫·瓦格纳《自然科学的争论问题》载于奥格斯堡《总汇报》1874 年 10 月 6 日第 279 号附刊第 4333—4335 页，1874 年 10 月 7 日第 280 号附刊第 4351—4352 页和 1874 年 10 月 8 日第 281 号附刊第 4370—4372 页。

《总汇报》（Allgemeine Zeitung）是德国的一家日报，1798 年由约·弗·科塔创办，由科塔出版社先后在蒂宾根、乌尔姆和斯图加特出版，1810—1882 年在奥格斯堡出版；基本上持保守派的观点，但温和的自由派的观点也常见于报端；特别是三月革命以前，报纸是大资产阶级自由派的主要喉舌；19 世纪 50—60 年代支持在奥地利霸权下统一德国的计划。——287。

190 威·汤姆生和彼·格·泰特《理论物理学手册》，经作者同意的德译本，由海·亥姆霍兹和韦特海姆翻译，1874 年不伦瑞克版第 1 卷第 2 部第 XI 页。这段文字恩格斯转引自莫·瓦格纳的文章。马克思针对这种意见，曾写道："亥姆霍兹和其他人已经打算宣布一种荒谬的学说，胡说地球上生命的胚胎是从月亮上现成地掉下来的，即它们是靠陨石带到我

们这里来的。"（见马克思 1875 年 6 月 18 日给彼·拉·拉甫罗夫的信）
——287。

191 特劳白的人造细胞是德国化学家和生理学家莫·特劳白制作的活细胞的模型，用来模拟细胞生长。其方法是在胶质溶液中加入五水硫酸铜晶体，晶体在溶解过程中吸收溶液中的水逐渐膨胀，从而形成带膜的球体——"生长细胞"。1874 年 9 月 23 日在布雷斯劳德国自然科学家和医生第四十七次代表大会上，特劳白宣读了自己的试验成果。马克思和恩格斯对特劳白的这一发现评价极高（见马克思 1875 年 6 月 18 日给彼·拉·拉甫罗夫的信和 1877 年 1 月 21 日给威·亚·弗罗恩德的信）。——292。

192 恩格斯这里引用的是恩·海克尔《自然创造史》1873 年柏林第 4 版。图表 I 在该书的第 168 和 169 页之间，而图表的说明在第 664—665 页上。——293。

193 恩格斯引用的很可能是威·冯特的著作《人体生理学教本》1873 年埃朗根增订第 3 版第 14 页。该书 1865 年第 1 版，1868 年第 2 版均在埃朗根出版。——293。

194 植虫（Pflanzentiere——植物动物）是 16 世纪以来对无脊椎动物组（主要是海绵动物和腔肠动物）的称呼，它们的某些特征与植物的特征相同（例如固定的生活方式），因此人们认为植虫是介于植物和动物之间的中间形态。从 19 世纪中叶起，"植虫"这个术语是作为腔肠动物的同义词来使用的，现在这一术语已不再使用。——294。

195 恩·海克尔在他的著作《自然创造史》第 4 版中列举了多细胞动物胚胎发育的下述五个最初阶段：Monerula（前卵），Ovulum（卵），Morula（桑椹胚），Planula（毛胚）和 Gastrula（原肠胚）。根据海克尔的观点，这五个阶段与整个动物界的五个最初发展阶段相一致。在这部著作的以后各版中，海克尔对这个公式作了重要修改。但是，恩格斯所肯定的海克尔的基本思想，即有机体的个体发展（个体发育）和该有机形态的历史发展（系统发育）之间的平行关系的思想，在科学中得到了可靠的证实。——295。

196　"深水虫"的原文为"Bathybius"，这个词的含义是"生活在深水中"。1868 年托·赫胥黎描述了取自北大西洋海底的黏物，认为这就是原始的无结构的活的物质——原生质。为了纪念恩·海克尔，他把这种在他看来最简单的生物命名为海克尔深水虫。海克尔认为，深水虫是现代还活着的胶液原生物的一种。关于深水虫及其中的石灰石小块，见海克尔《自然创造史》1873 年柏林第 4 版第 165—166、306、379 页。后经对各大洋海底进行考察，都未证实所谓深水虫的存在，前面发现的黏物只不过是有机体的分解物。——295。

197　指乔·詹·奥尔曼 1875 年 5 月 24 日向林耐学会所作的年度报告。报告以《我们关于纤毛虫类的知识方面的最新进步》为题，载于 1875 年 6 月 17 日和 24 日以及 7 月 1 日《自然》杂志第 294—296 期。——295。

198　指署名为 J.F.B.的人对詹·克罗尔《气候和年代以及它们的地质关系。地球气候世纪变化的理论》（1875 年伦敦版）一书的评论。评论发表于 1875 年 6 月 17 日和 24 日《自然》杂志第 294、295 期。——295。

199　指约·丁铎尔的论文《论胚胎。腐烂和传染现象引起的大气在光学上的变化》，这是他于 1876 年 1 月 13 日在皇家学会上所作报告的简述。论文以《丁铎尔教授论胚胎》为题发表在 1876 年 1 月 27 日和 2 月 3 日《自然》杂志第 326、327 期。——295。

200　恩·海克尔在《有机体普通形态学》（1866 年柏林版）第 1 卷中，用四大章（第 8—11 章）的篇幅来阐述有机个体的概念，论述有机体在形态学和生理学上的个性。海克尔的《人类起源学或人类发展史》（1874 年莱比锡版）一书有许多地方也考察了个体的概念。他把有机个体分为六个纲或目：质体、器官、体辐、体节、个体、合体。第一目中的个体是细胞前的原虫（原细胞）型的有机构成和细胞。这是"初级有机体"。从第二日开始，每一目的个体都是由前一目的个体构成。第五目的个体，在高级动物中，是狭义的"个体"。

合体是第六目的形态学上的个体，是第五目的个体的群体；可以作为合体的例子的是海萤的链。

体节是第四目的形态学上的个体，是第五目个体的躯体的重复部分。可以作为体节的例子的是绦虫的节片（节）。海克尔认为，未分化为体节的动物不可能达到已分化为体节的动物在形态和功能上的完善性，因此体节在某种意义上是独立的个体。——296。

201 指黑格尔《逻辑学》第 2 编《本质论》第 3 部第 3 章中的《相互作用》。另见《哲学全书纲要》第 1 部（即《小逻辑》）第 156 节附释。黑格尔把生物机体用做说明相互作用的例子："生物机体的各种器官和机能都是处于彼此相互作用的关系中"。——297。

202 英国资产阶级经济学家托·马尔萨斯的《人口原理。人口对社会未来进步的影响》1798 年在伦敦出版。在这本书中，他提出了自己的人口论，即人口以几何级数率（1、2、4、8、16……）增长，生活资料以算术级数率（1、2、3、4、5……）增长，人口的增长超过生活资料的增长是一条"永恒的自然规律"。他用这一观点来解释资本主义制度下劳动人民遭受失业、贫困的原因，认为只有通过战争、瘟疫、贫困和罪恶等来抑制人口的增长，人口与生活资料的数量才能相适应。马尔萨斯的人口论又称马尔萨斯主义。——298、330。

203 这一札记与恩格斯 1875 年 11 月 12 — 17 日给彼·拉·拉甫罗夫的信（见本书第 328 — 332 页）在内容上几乎完全一致。——299。

204 "一切人反对一切人的战争"（bellum omnium contra omnes）是英国哲学家托·霍布斯的用语，出自他 1642 年的论文《论公民》中的致读者序（《霍布斯哲学著作集》1668 年阿姆斯特丹版第 1 卷第 7 页）以及他用英文写的《利维坦，或教会国家和市民国家的实质、形式和权力》1651年伦敦版的拉丁文译本（《霍布斯哲学著作集》1668 年阿姆斯特丹版第 2 卷第 83 页）。霍布斯认为，人的自然状态，即市民社会之外的状态，是一切人反对一切人的战争；为了克服这种状态，人们必须通过契约来建立国家。——300、329。

205 生理学家阿·菲克和化学家约·维斯里辛努斯在 1865 年登上瑞士伯尔尼阿尔卑斯山福尔山，用采集小便的方法研究人体肌肉的新陈代谢的变化。他们把生理学上的机能活动简单地等同于热力学的功。他们的研究结果发表在《苏黎世自然研究学会季刊》1865 年第 10 年卷第

317—348 页上。——301。

206　《劳动在从猿到人的转变中的作用》是这篇论文在《自然辩证法》第二束材料目录中的标题。这篇论文是恩格斯原打算写的著作《奴役的三种基本形式》的导言,标题为《对劳动者的奴役。导言》。但是由于该著作没有完成,恩格斯最后给他已经写成的导言部分加上了《劳动在从猿到人的转变中的作用》的标题,这个标题符合手稿基本部分的内容。这篇论文很可能是 1876 年 5—6 月写成的,因为威·李卜克内西在 1876 年 6 月 10 日给恩格斯的信中写道,他急切地等待着恩格斯答应给《人民国家报》写的著作《奴役的三种基本形式》。这篇论文 1896 年第一次发表于《新时代》杂志第 14 年卷第 2 册第 545—554 页。——303。

207　参看雅·格林《德国古代法》1854 年格丁根第 2 版第 488 页所引用的德国修道士拉·诺特克尔(约 952—1022 年)的证明材料。恩格斯在其未完成的著作《爱尔兰史》中也引证了诺特克尔的这个材料。——309。

208　在论述动物及人类活动影响植物界和气候的问题上,恩格斯利用了卡·弗腊斯的著作《各个时代的气候和植物界》1847 年兰茨胡特版和马·雅·施莱登的著作《植物及其生命》1848 年莱比锡版。马克思 1868 年曾读过弗腊斯的这部著作并作了摘录。他在 1868 年 3 月 25 日给恩格斯的信中谈到弗腊斯的著作(见《马克思恩格斯选集》第 3 版第 4 卷第 471 页)。——312、313。

209　指 1873 年世界经济危机。这次危机席卷了奥地利、德国、北美、英国、法国、荷兰、比利时、意大利、俄国和其他国家,具有猛烈而深刻的特点。在德国,这次危机从 1873 年 5 月以"大崩溃"开始,一直延续到 70 年代末。——316。

210　恩格斯给《自然辩证法》四束材料中每一束材料所加的标题以及他所编的第二束和第三束材料的目录,大概写于《自然辩证法》的主体工作结束之后,可能不早于 1886 年,因为第二束的目录中已列举出 1886 年初才写成的片断《〈费尔巴哈〉的删略部分》。——318。

211　恩格斯在这封信里谈了他从 1873 年开始撰写的著作《自然辩证法》的

构思。这封信寄往曼彻斯特，因为当时马克思正在那里。恩格斯还请马克思把这封信转交给卡·肖莱马和赛·穆尔看过。信稿上保留有肖莱马作的边注。——325。

212　指约·丁铎尔1874年8月19日在贝尔法斯特不列颠科学促进协会第四十四届年会上的开幕词(载于1874年8月20日《自然》杂志第10卷第251期)，以及托·亨·赫胥黎在8月24日协会会议上的报告《关于动物是自动机的假说及其历史》(载于1874年9月3日《自然》杂志第253期)。恩格斯在《自然辩证法》中曾谈到丁铎尔的观点(见本书第73—74页)。——327。

213　1875年10月底至11月初，恩格斯同妻子去海德堡，送内侄女玛丽·艾伦·白恩士去上寄宿中学。——328。

214　恩格斯在这封信中对彼·拉·拉甫罗夫《社会主义和生存斗争》一文所发表的意见，其基本内容和《自然辩证法》中的札记《生存斗争》(见本书第299—301页)的内容几乎完全一致。拉甫罗夫的这篇文章载于1875年9月15日《前进! 双周评论》第17号。

　　《前进! 双周评论》(Вперёд! Двухнедельное обозрение)是拉甫罗夫1875—1876年在伦敦编辑出版的一份俄文报纸，反映俄国革命民粹派右翼的立场和观点，总共出版了48号。——328。

215　《海陆漫游》(Über Land und Meer)是德国的一家每周出版的画报，1858—1923年在斯图加特出版。——329。

216　海·亥姆霍兹于1876年再版了《通俗科学讲演集》一书。该书汇集的报告中有许多篇目已经在19世纪50年代发表过。查·达尔文的主要著作《根据自然选择即在生存斗争中适者保存的物种起源》于1859年出版。——332。

人 名 索 引

A

阿基米德(Archimedes 公元前 287 前后—212)——古希腊数学家和力学家。
——28。

阿加西斯,路易·让·鲁道夫(Agassiz, Louis-Jean-Rudolphe 1807—1873)——
瑞士动物学家和地质学家,达尔文主义的反对者,居维叶的学生,写有关于
古生物和现代动物的著作和有关冰川理论的文章。——7、72、73。

阿克萨科夫,亚历山大·尼古拉耶维奇(Аксаков, Александр Николаевич
1832—1903)——俄国的神秘主义者和降神术士。——56。

阿里斯塔克(萨摩斯的)(Aristarchus of Samos 约公元前 310—250)——古希
腊天文学家和数学家,曾提出关于太阳系以太阳为中心的假说,因测定从
地球至月亮和太阳的距离而闻名。——35。

阿莉阿德尼(Ariadne)——古希腊神话中克里特王米诺斯的女儿,她曾用小线
团帮助提修斯在迷宫中杀死怪物米诺托之后走出迷宫。后来人们用"阿莉
阿德尼线"来比喻帮助解决复杂问题的办法。提修斯把她带走并遗弃在纳
克索岛上,后来她成了女祭司和酒神巴克科斯的妻子。——18。

阿那克西曼德(米利都的)(Anaximander of Miletus 公元前 610 前后—
546)——古希腊唯物主义哲学家,伊奥尼亚学派的代表人物。——30
—31。

阿那克西米尼(米利都的)(Anaximenes of Miletus 约公元前 585—525)——古
希腊唯物主义哲学家,伊奥尼亚学派的代表人物。——31、33。

埃德伦,埃里克(Edlund,Erik 1819—1888)——瑞典物理学家,斯德哥尔摩科学院的教授,主要从事电学理论方面的研究。——222。

奥伯斯,亨利希·威廉·马蒂亚斯(Olbers,Heinrich Wilhelm Matthias 1758—1840)——德国医生和天文学家,发现了彗星和小行星以及它们运行轨迹的计算方法。——204。

奥尔比尼,阿尔西德·德萨林·德(Orbigny,Alcide-Dessalines d' 1802—1857)——法国古生物学家和探险家,居维叶的学生,把居维叶的灾变论发展到了极限。——289。

奥尔曼,乔治·詹姆斯(Allman,George James 1812—1898)——英国医生和动物学家。——295。

奥古斯丁,奥勒留(Augustinus,Aurelius 354—430)——基督教神学家、哲学家,教父哲学的主要代表;生于北非的塔加斯特,387年弃摩尼教,皈依基督教,395年任北非希波主教;他用新柏拉图主义哲学论证基督教教义,把哲学和神学结合起来,他的一些论述对以后基督教各派的神学和哲学都有一定影响。——93。

奥吉亚斯(Augeias〔Augias〕)——古希腊神话中的奥吉亚斯王,有大牛圈,养牛3 000头,30年未打扫。后来人们用"奥吉亚斯的牛圈"来比喻极其肮脏的地方。——10。

奥肯,洛伦茨(Oken,Lorenz 原名奥肯富斯 Ockenfuß 1779—1851)——德国自然科学家和自然哲学家。——18、63、72。

奥沃斯,阿尔图尔·尤利乌斯·格奥尔格·弗里德里希·冯(Auwers,Arthur Julius Georg Friedrich von 1838—1915)——德国天文学家,天体测量学专家,因编制星辰表而闻名。——206。

B

巴巴盖诺(Papageno)——莫扎特的歌剧《魔笛》中的人物,捕鸟者,身穿鸟羽做成的衣服。——58。

巴斯德，路易（Pasteur, Louis 1822—1895）——法国化学家、微生物学家，微生物学的奠基人之一。——286。

白恩士公司（Burns）——英国的一家印刷和出版公司。——49。

拜尔，卡尔·罗伯特（Bayer, Karl Robert 笔名罗伯特·比尔 Robert Byr 1835—1902）——德国小说家。——329。

拜特洛，皮埃尔·欧仁·马塞兰（Berthelot, Pierre-Eugène-Marcelin 1827—1907）——法国化学家和政治活动家，从事有机化学、热化学和农业化学的研究；写有中古化学史方面的著作。——254。

鲍威尔，布鲁诺（Bauer, Bruno 1809—1882）——德国唯心主义哲学家、宗教和历史研究者，资产阶级激进主义者；早期为黑格尔正统派的拥护者，1839 年后成为青年黑格尔派的重要理论家，自我意识哲学的代表；1834 年起在柏林大学、1839 年起在波恩大学任非公聘神学讲师，1842 年春因尖锐批判圣经而被剥夺教职；1842 年为《莱茵报》撰稿人；1837—1842 年初为马克思的朋友；1842 年夏天起为"自由人"小组成员；1848—1849 年革命后为《新普鲁士报》（《十字报》）的撰稿人；1866 年后成为民族自由党人；写有一些基督教史方面的著作。——240。

贝茨，威廉（Beetz, Wilhelm 1822—1886）——德国物理学家，曾在慕尼黑工学院进行多项电学的研究，以其电学方面的著作而闻名。——260。

贝尔，卡尔·恩斯特（卡尔·马克西莫维奇）（Бэр, Карл Эрнст［Карл Максимович］1792—1876）——俄国自然科学家和地理学家，胚胎学的创始人，曾在德国工作。——7、18。

贝塞尔，弗里德里希·威廉（Bessel, Friedrich Wilhelm 1784—1846）——德国天文学家、数学家和测量学家，用观测和计算的方法准确地测定多颗恒星的位置，天体测量学奠基人。——203、205。

比尔，罗伯特——见拜尔，卡尔·罗伯特。

毕达哥拉斯（Pythagoras 公元前 571 前后—497）——古希腊数学家和哲学家，毕达哥拉斯派的创始人；奴隶主贵族的思想家，认为宇宙的根本是数，相信灵魂转生。——31—33、130。

毕希纳,路德维希(Büchner, Ludwig 1824—1899)——德国医生和哲学家,庸俗唯物主义和无神论的代表人物;德国1848—1849年革命的参加者,属于小资产阶级民主派的极左翼;国际洛桑代表大会代表(1867)。——43、44、60、61、63、328。

波根道夫,约翰·克里斯蒂安(Poggendorff, Johann Christian 1796—1877)——德国物理学家,以其电学和磁学方面著作而闻名,《物理和化学年鉴》的发行人。——251、252、266、267。

波绪,沙尔(Bossut, Charles 1730—1814)——法国数学家和物理学家,写有关于数学理论和数学史方面的著作。——196。

波义耳,罗伯特(Boyle, Robert 1627—1691)——英国化学家和物理学家,科学化学的奠基人,最先提出化学元素的科学定义,试图把机械原子论的观点运用于化学,研究过定性化学分析;发现了气体的体积和压力成反比的定律。——29、272。

玻耳兹曼,路德维希·爱德华(Boltzmann, Ludwig Eduard 1844—1906)——奥地利物理学家、数学家和自然哲学家,唯物主义者;法拉第—麦克斯韦电磁说的拥护者,以研究力学的热理论和气体动力学而闻名,为用统计学解释热力学第二定律奠定了基础;原子论者和达尔文主义者。——223。

柏克勒尔,安东·塞扎尔(Becquerel, Antoine-César 1788—1878)——法国物理学家,主要从事电、磁和光学现象的研究,以其电学方面的著作而闻名。——259、261。

布赫,克里斯蒂安·莱奥波德·冯(Buch, Christian Leopold von 1774—1853)——德国地质学家和古生物学家,主要从事自然地理学、植物学和气象学的研究,写有《关于菊石及其分科》等著作。——289。

布拉德莱,詹姆斯(Bradley, James 1693—1762)——英国天文学家,格林尼治天文台第三任台长(1742—1761);发现了光行差和地轴的章动。——202。

布鲁诺,乔尔丹诺(Bruno, Giordano 1548—1600)——意大利哲学家和自然科学家,唯物主义者;阐发了泛神论的、辩证的世界观,哥白尼关于宇宙构造学说的拥护者;由于拒绝放弃自己的观点被宗教裁判所烧死。——6、10。

布特列罗夫,亚历山大·米哈伊洛维奇(Бутлеров, Александр Михайлович 1828—1886)——俄国化学家,作为现代有机化学基础的有机化合物构造学说的创始人。——56。

C

策尔纳,约翰·卡尔·弗里德里希(Zöllner, Johann Carl Friedrich 1834—1882)——德国天体物理学家,莱比锡大学教授,从事天体光度学的研究;开发了第一个测震计;降神术的拥护者。——56—57。

查理一世,查理大帝(Charles I, Charlemagne 742—814)——法兰克国王(768—800)和皇帝(800—814)。——37。

D

达尔文,查理·罗伯特(Darwin, Charles Robert 1809—1882)——英国自然科学家,科学的生物进化论的奠基人。——4、7、18、23、49、60、66、72、95、96、130、289、296、298—300、302—303、305、311、328—329、332。

达兰贝尔(达朗贝尔),让·巴蒂斯特·勒龙德(D'Alembert, Jean-Baptiste Le Rond 1717—1783)——法国哲学家和数学家,18世纪资产阶级启蒙运动的代表人物之一。——163—166、172。

达文波特,埃拉·伊拉斯特斯(Davenport, Ira Erastus 1839—1911)——美国降神术士,1864年起住在欧洲,威·亨·达文波特的哥哥。——52。

达文波特,威廉·亨利·哈里森(Davenport, William Henry Harrison 1841—1877)——美国降神术士,1864年起住在欧洲,埃·伊·达文波特的弟弟。——52。

戴赛尼,维克多(Dessaignes, Victor 1800—1885)——法国化学家。——219、279。

戴维,汉弗莱(Davy, Sir Humphrey 1778—1829)——英国化学家和物理学家,

杜布瓦-雷蒙,埃米尔(Du Bois-Reymond, Emil 1818—1896)——德国生理学家,原籍瑞士;现代电生理学的奠基人之一;反活力论者和原子论者。——4、259。

杜林,欧根·卡尔(Dühring, Eugen Karl 1833—1921)——德国折中主义哲学家和庸俗经济学家,小资产阶级社会主义者,形而上学者;在哲学上把唯心主义、庸俗唯物主义和实证论结合在一起;在自然科学和文学方面也有所著述;1863—1877年为柏林大学非公聘讲师;70年代他的思想曾对德国社会民主党部分党员产生过较大影响。——3、39—41、46、125、126、183、318、332。

F

法布罗尼,乔万尼·瓦伦蒂诺·马蒂亚(Fabbroni, Giovanni Valentino Mattia 1752—1822)——意大利化学家,燃素说的反对者。——280。

法夫尔,皮埃尔·安东(Favre, Pierre-Antoine 1813—1880)——法国物理学家和化学家,同让·蒂·济伯曼一起从事热化学的研究,热化学方面第一批实验者之一。——222、225、227、253、254。

法拉第,迈克尔(Faraday, Michael 1791—1867)——英国物理学家和化学家,电磁场学说的奠基人。——71—72、218—219、222、248、250、278、280。

菲克,阿道夫(Fick, Adolf 1829—1901)——德国生理学家,主要从事肌肉热力学的研究,证明了能量守恒定律在肌肉收缩情况下的作用。——277、301。

费尔巴哈,路德维希(Feuerbach, Ludwig 1804—1872)——德国唯物主义哲学家,德国古典哲学的代表人物。——46、64、67、68、318。

费希纳,古斯塔夫·泰奥多尔(Fechner, Gustav Theodor 1801—1887)——德国物理学家、生理学家和哲学家,科学心理学的创始人。——220、228、259、261。

费希特,约翰·哥特利布(Fichte, Johann Gottlieb 1762—1814)——德国哲学家,德国古典哲学的代表人物,主观唯心主义者。——111。

G

哥白尼，尼古拉（Kopernicus［Copernicus, Copernikus］, Nikolaus 1473 —
1543）——波兰天文学家，太阳中心说的创立者。——6、10、13、35。

哥伦布，克里斯托弗尔（Colombo［Columbus］, Christoforo 1451 — 1506）——意
大利航海家，在西班牙供职，在四次航海（1492—1504）过程中，发现并考察
了加勒比群岛以及中美洲沿海地区和南美洲的东北地区。——314。

歌德，约翰·沃尔弗冈·冯（Goethe, Johann Wolfgang von 1749—1832）——德
国诗人、作家、思想家和博物学家。——23、72、108、110。

格拉姆，泽诺布·泰奥菲尔（Gramme, Zénobe-Théophile 1826—1901）——法国
电工技术方面的发明家，原籍比利时，1869 年设计出一种带环状电枢的直
流发电机。——224。

格里厄（Grieux）——普列服的小说《曼侬·列斯戈》中的人物。——74。

格林，雅科布·路德维希·卡尔（Grimm, Jacob Ludwig Karl 1785 — 1863）——
德国语文学家和文化史学家，柏林大学教授；温和的自由主义者；1848 年是
法兰克福国民议会议员，属于中间派；比较历史语言学的奠基人，第一部德
语比较语法的作者；写有德国语言史、法学史、神话史和文学史方面的著
作；1852 年与其弟威·卡·格林合作开始出版《德语辞典》。——87。

格罗夫，威廉·罗伯特（Grove, William Robert 1811—1896）——英国物理学家
和法学家。——7、16、96、97、154、157、229、253、263。

格思里，弗雷德里克（Guthrie, Frederick 1833 — 1886）——英国物理学家和化
学家。——281。

古皮（Guppy 父姓尼科尔斯 Nicholls 19 世纪）——英国女巫师，第二个丈夫是
沃尔克曼。——52—54。

古皮（Guppy 死于 1875 年）——古皮（父姓尼科尔斯）的第一个丈夫。
——53。

圭多（阿雷佐的）（Guido d' Arezzo 992 前后—1050）——意大利修道士，音乐
理论家、作曲家，创立了现代记谱法的基础。——37。

H

哈金斯,威廉(Huggins, Sir William 1824—1910)——英国天文学家和物理学家,天文学中运用光谱分析和摄影的奠基人之一,1864 年最终确定了气体星云的存在。——205。

哈勒,阿尔布雷希特·冯(Haller, Albrecht von 1708—1777)——瑞士医学家、植物学家、诗人和政论家;写有反对伏尔泰和自由思想派的《关于启示录中的重要事实的书信》(1772)。——110。

哈雷,埃德蒙(Halley, Edmund 1656—1742)——英国天文学家和地球物理学家,格林尼治天文台第二任台长(1720 年起),曾提出关于星体自行的假说,因对彗星运动的研究而闻名。——202。

哈特曼,爱德华·冯(Hartmann, Eduard von 1842—1906)——德国唯心主义哲学家,普鲁士容克的思想家,他把谢林和叔本华的哲学同黑格尔哲学的保守特点结合成"无意识哲学"。——44、328。

哈维,威廉(Harvey, William 1578—1657)——英国医生、生理学家和胚胎学家,科学生理学的创始人和胚胎学研究的倡导者;1628 年发现血液循环系统。——29。

海克尔,恩斯特·亨利希(Haeckel, Ernst Heinrich 1834—1919)——德国生物学家,达尔文主义者,自然科学中的唯物主义的代表,无神论者;提出了确定系统发育和个体发育之间的相互关系的生物发生律;"社会达尔文主义"的创始人。——4、72、85、99—100、106—109、126、128—130、154、188、293—296、299、328。

海涅,亨利希(Heine, Heinrich 1797—1856)——德国诗人,革命民主主义运动的先驱,马克思一家的亲密朋友。——45、77。

亥姆霍兹,海尔曼·路德维希·斐迪南(Helmholtz, Hermann Ludwig Ferdinand 1821—1894)——德国物理学家和生理学家,不彻底的唯物主义者,倾向于新康德主义的不可知论;同时从事生理光学、力学、流体动力学、声学、热动力学和电动力学的研究,柏林物理工程学院创始人,并从 1888 年起任院长。——4、102、103、131 — 134、137 — 149、157、161、163、167、170、174、175、221、257、273、287、291、332。

汉克尔,威廉·哥特利布(Hankel, Wilhelm Gottlieb 1814 — 1899)——德国物理学家,从事热电研究,提出了与麦克斯韦的电磁场理论相似的电现象理论。——222。

贺业尔,弗兰茨(Hauer, Franz Ritter von 1822 — 1899)——奥地利地质学家和古生物学家。——289。

赫德森(Hudson 19 世纪下半叶)——英国伦敦的摄影师。——52、53。

赫尔瓦尔德,弗里德里希·安东·赫勒尔(Hellwald, Friedrich Anton Heller 1842 — 1892)——奥地利民族学家、地理学家和历史学家。——329。

赫拉克利特(Herakleitos 约公元前 540 — 480)——古希腊哲学家,辩证法的奠基人之一,自发的唯物主义者。——31。

赫歇尔,弗雷德里克·威廉(Herschel, Frederick William 1738 — 1822)——英国天文学家,原籍德国,1781 年发现海王星以及约 2500 个星云和星团。——15、203 — 206。

赫歇尔从男爵,约翰·弗雷德里克·威廉(Herschel, John Frederick William, Baronet 1792 — 1871)——英国天文学家,威·赫歇尔的儿子。——204。

赫胥黎,托马斯·亨利(Huxley, Thomas Henry 1825 — 1895)——英国自然科学家,生物学家;达尔文的朋友和信徒及其学说的普及者,在哲学方面是不彻底的唯物主义者。——60、327。

黑格尔,乔治·威廉·弗里德里希(Hegel, Georg Wilhelm Friedrich 1770 — 1831)——德国古典哲学的主要代表。——3、14、29 — 32、39、42 — 48、61 — 63、69 — 71、75 — 76、78 — 81、85 — 87、89 — 90、94、96、100 — 107、110 — 113、118 — 120、123、128 — 130、143 — 145、150 — 153、160、161、182、187 — 188、190、192、202、218、219、222、252、280、285、297、298、323 — 324、325、327、328。

亨利齐,弗里德里希·克里斯托夫(Henrici, Friedrich Christoph 1795—1885)——德国物理学家。——259。

洪堡男爵,亚历山大(Humboldt, Alexander Freiherr von 1769—1859)——德国自然科学家和地理学家。——7。

华莱士,阿尔弗勒德·拉塞尔(Wallace, Alfred Russel 1823—1913)——英国生物学家,生物地理学的创始人之一,曾和达尔文同时提出自然选择的理论,降神术的拥护者。——49—55、57—58、60。

惠更斯,克利斯蒂安(Huygens, Christian 1629—1695)——荷兰物理学家和数学家,他创立了光的波动说。——162、215。

惠斯通,查理(Wheatstone, Charles 1802—1875)——英国物理学家和发明家,以其电学方面的著作而闻名。——260。

惠特沃思,约瑟夫(Whitworth, Joseph 1803—1887)——英国工程师,军事发明家和兵工厂厂主。——171。

霍布斯,托马斯(Hobbes, Thomas 1588—1679)——英国哲学家,机械唯物主义的代表人物,早期资产阶级天赋人权理论的代表。——300、329。

霍尔,斯宾塞·蒂莫西(Hall, Spencer Timothy 1812—1885)——英国降神术士和颅相相士。——49—50。

霍夫曼,奥古斯特·威廉(Hofmann, August Wilhelm 1818—1892)——德国有机化学家,1845年从煤焦油中提炼出苯胺。——71。

霍亨索伦王朝——勃兰登堡选帝侯世家(1415—1701),普鲁士王朝(1701—1918)和德意志皇朝(1871—1918)。——71。

霍姆,丹尼尔·邓格拉斯(Home, Daniel Dunglas 1833—1886)——苏格兰降神术士,曾经去过美国、瑞士和英格兰。——52。

霍姆斯(Holmes 19世纪)——美国降神术士。——56。

霍姆斯(Holmes 19世纪)——美国降神术士,霍姆斯的妻子。——56。

J

基尔霍夫,古斯塔夫·罗伯特(Kirchhoff, Gustav Robert 1824—1887)——德国物理学家,自然科学中唯物主义的代表,从事电动力学热射线理论、力学和光学问题的研究;1859年与罗·本生一起奠定光谱分析的基础。——167、173、175。

济伯曼,让·蒂埃博(Silbermann, Jean-Thiébaut 1806—1865)——法国物理学家,同皮·安·法夫尔一起从事热化学的研究。——254。

加尔,弗兰茨·约瑟夫(Gall, Franz Joseph 1758—1828)——奥地利医生和解剖学家,颅相学的创始人。——49—51。

加尔文,让(Calvin, Jean 1509—1564)——法国神学家和宗教改革运动的活动家,新教宗派之一加尔文宗的创始人。——10、93。

加洛林王朝——法兰克王朝,751年起统治法兰西(到987年)、日耳曼尼亚(到911年)和意大利(到887年)。——87。

加西奥,约翰·彼得(Gassiot, John Peter 1797—1877)——英国物理学家,从事电现象的研究。——229。

伽伐尼,路易吉·阿洛伊西奥(Galvani, Luigi Aloisio 1737—1798)——意大利医生和自然科学家,动物电的发现者。——225—226、232、238、262、266。

伽利略(Galilei, Galileo 1564—1642)——意大利物理学家和天文学家,力学原理的创始人,哥白尼学说的拥护者,维护太阳中心说,为此遭到宗教裁判所的审判(1633);晚年在流亡中度过。——6、29、162、200。

焦耳,詹姆斯·普雷斯科特(Joule, James Prescott 1818—1889)——英国物理学家,主要从事电磁理论和热的研究,通过实验测定了热的机械当量,因而为能量守恒定律提供了佐证。——16、65、104、142、171、222、227、260、324。

金纳斯利,埃比尼泽(Kinnersley, Ebenezer 1711—1778)——美国医生和物理学家。——279。

——6、11。

凯库勒·冯·施特拉多尼茨,弗里德里希·奥古斯特(Kekulé von Stradonitz, Friedrich August 1829—1896)——德国化学家,从事有机化学和物理化学的研究;提出了价理论,并于 1865 年发现苯的环结构。——43、124—126、272。

凯特勒男爵,威廉·艾曼努埃尔(Ketteler, Wilhelm Emanuel Freiherr von 1811—1877)——德国天主教神学家,1850 年起为美因茨主教。——59。

康德,伊曼努尔(Kant, Immanuel 1724—1804)——德国古典哲学的创始人,唯心主义者;也以自然科学方面的著作闻名。——4、7、14—15、17、18、44—46、63、85、99—100、102、106、111—112、134、136、145、161、163、206、208、209、211、328。

柯尔丁,路德维希·奥古斯特(Colding, Ludwig August 1815—1888)——丹麦物理学家和工程师,不依靠迈尔和焦耳而独立地确定了热的机械当量。——65、104、142、171。

柯尔劳施,弗里德里希·威廉·格奥尔格(Kohlrausch, Friedrich Wilhelm Georg 1840—1910)——德国物理学家,主要从事电测量和磁测量、电解和热电方面的研究,鲁·柯尔劳施的儿子。——239、261、272。

柯尔劳施,鲁道夫·海尔曼·阿恩特(Kohlrausch, Rudolf Hermann Arndt 1809—1858)——德国物理学家,以研究电流闻名。——263、264。

柯普,海尔曼·弗兰茨·莫里茨(Kopp, Hermann Franz Moritz 1817—1892)——德国化学家和化学史学家,曾把新的物理测量方法运用于化学;李比希的学生,肖莱马的老师。——283。

科恩,斐迪南·尤利乌斯(Cohn, Ferdinand Julius 1828—1898)——德国植物学家和微生物学家,从事藻类、菌类和细菌的研究。——288。

克拉佩龙,贝努瓦·皮埃尔·埃米尔(Clapeyron, Benoît-Pierre-Émile 1799—1864)——法国工程师和物理学家,以其热力学方面的著作而闻名。——216。

L

古代史方面的研究。——102。

拉斐尔·桑齐奥(Raffaello Sanzio 1483—1520)——意大利画家。——305。

拉甫罗夫,彼得·拉甫罗维奇(Лавров, Петр Лаврович 1823—1900)——俄
国社会学家和政论家,民粹派的思想家,在哲学上是折中主义者;1870年起
侨居国外;第一国际会员,巴黎公社参加者;《前进!》杂志编辑(1873—
1876)和《前进!》报编辑(1875—1876);1889年国际社会主义工人代表大
会副主席;从70年代初起同马克思和恩格斯通信。——272、276、328、
330、331。

拉朗德,约瑟夫·日罗姆(Lalande, Joséph-Jérôme 1732—1807)——法国天文
学家,巴黎天文台台长(1795年起)。——202。

拉马克,让·巴蒂斯特·皮埃尔·安东(Lamarck, Jean-Baptiste-Pierre-Antoine
1744—1829)——法国自然科学家,从事植物区系学和动物区系学方面的
研究,生物学上第一个完整的进化论的创立者,达尔文的先驱。——7、18、
72、87、289、296。

拉普拉斯,皮埃尔·西蒙(Laplace, Pierre-Simon 1749—1827)——法国天文学
家、数学家和物理学家,不依靠康德而独立地阐发了并且从数学上论证了
太阳系起源于星云的假说(1796),并阐发了概率论(1812)。——7、14、15、
20、46、63、73、136、151、202。

拉瓦锡,安东·洛朗·德(Lavoisier, Antoine-Laurent de 1743—1794)——法国
物理学家和化学家,从理论上解释了氧气的发现,推翻了关于燃素存在的
假说,同时也从事政治经济学和统计学的研究;1794年被处死。——17、
48、282。

拉乌尔,弗朗索瓦·玛丽(Raoult, François-Marie 1830—1901)——法国化学
家和物理学家,主要从事结晶过程的研究,以物理化学方面的著作而闻名。
——222、227、260。

莱奥纳多·达·芬奇(Leonardo da Vinci 1452—1519)——意大利画家、雕刻
家和作家,文艺复兴时期的博学多才的学者和工程师。——9。

（1876—1878 和 1890—1900）；1889、1891 和 1893 年国际社会主义工人代
表大会代表；马克思和恩格斯的朋友和战友。——39。

李特尔，约翰·威廉（Ritter，Johann Wilhelm 1776—1810）——德国物理学家，
从事电现象的研究，紫外区的光谱发现者。——227。

林耐，卡尔·冯（Linné，Carl von 1707—1778）——瑞典自然科学家和医学家，
植物和动物分类法的创立者；主张物种描述采用双名命名制。——11—
12、123。

留基伯（Leukippos〔Leucippus，Leukipp〕约公元前460年）——古希腊哲学家，
原子论的创始人，德谟克利特的老师。——34、43。

龙考夫，亨利希·丹尼尔（Ruhmkoff，Heinrich Daniel 1803—1877）——德国机
械师和电学家；1839 年移居巴黎，1851 年发明了一种可以把低压强电流转
化为高压弱电流的电磁感应装置。——281。

路德，马丁（Luther，Martin 1483—1546）——德国神学家，宗教改革运动的活
动家，德国新教路德宗的创始人，德国市民等级的思想家，温和派的主要代
表；在 1525 年农民战争时期，站在诸侯方面反对起义农民和城市平民。
——6、10。

罗生克兰茨，约翰·卡尔·弗里德里希（Rosenkranz，Johann Karl Friedrich
1805—1879）——德国作家、哲学家和文学史家，保守党人，黑格尔主义者。
——71。

罗斯伯爵，威廉·帕森斯（Rosse，William Parsons，Earl of 1800—1867）——爱
尔兰天文学家，1845 年研制了 182 厘米反射望远镜，并用其观测和发现了
许多螺旋星云。——204、206。

罗斯科，亨利·恩菲尔德（Roscoe，Henry Enfield 1833—1915）——英国化学
家，写有化学教科书。——81。

洛克，约翰（Locke，John 1632—1704）——英国唯物主义经验论哲学家和经济
学家，启蒙思想家，早期资产阶级天赋人权理论的代表。——45。

曼托伊费尔男爵,奥托·泰奥多尔（Manteuffel, Otto Theodor Freiherr von 1805—1882）——普鲁士国务活动家,贵族官僚的代表,曾参与宪法（1848年12月）的颁布和三级选举制的实行（1849）;曾任内务大臣（1848年11月—1850年12月）,首相和外交大臣（1850—1858）;1849年为普鲁士第二议院议员,1866年入选第一议院。——83。

梅特勒,约翰奈斯·亨利希·冯（Mädler, Johannes Heinrich von 1794—1874）——德国天文学家,多尔帕特天文台台长;写有天文学方面的通俗著作。——14、19、25、35、202—205、276。

门捷列夫,德米特里·伊万诺维奇（Менделеев, Дмитрий Иванович 1834—1907）——俄国化学家,1869年发现化学元素周期律。——81。

蒙塔朗贝尔侯爵,马尔克·勒奈（Montalembert, Marc-René, marquis de 1714—1800）——法国将军,军事工程师,曾研究出一种新筑城法,在19世纪被广泛采用。——10。

米利都的阿那克西曼德——见阿那克西曼德（米利都的）。

米利都的阿那克西米尼——见阿那克西米尼（米利都的）。

明斯特伯爵,格奥尔格（Münster, Georg Graf zu 1776—1844）——德国古生物学家。——289。

摩莱肖特,雅科布（Moleschott, Jakob 1822—1893）——荷兰生理学家和哲学家,庸俗唯物主义的代表人物;曾在德国、瑞士和意大利的学校中任教。——60、328。

莫里哀（Molière 原名让·巴蒂斯特·波克兰 Jean-Baptiste Poquelin 1622—1673）——法国喜剧作家。——82。

莫扎特,沃尔弗冈·阿马多斯（Mozart, Wolfgang Amadeus 1756—1791）——奥地利作曲家。——58。

默里,林德利（Murray, Lindley 1745—1826）——英国语法学家。——53。

N

耐格里,卡尔·威廉·冯(Nageli,Carl Wilhelm von 1817—1891)——德国植物学家,达尔文主义的反对者;1857 年起住在慕尼黑;主要从事植物学各领域的研究。——4、41、114—118、318。

耐普尔,约翰(Napier[Neper],John 1550—1617)——苏格兰数学家,在 16 世纪后十年发明了对数。——11。

瑙曼,亚历山大(Naumann,Alexander 1837—1922)——德国化学家,主要从事热化学的研究。——175、230、261。

尼古拉,克里斯托夫·弗里德里希(Nicolai,Christoph Friedrich 1733—1811)——德国作家、出版商和书商,开明专制主义的拥护者;在哲学中反对康德和费希特。——61。

尼科尔森,亨利·阿莱恩(Nicholson,Henry Alleyne 1844—1899)——英国动物学家和古生物学家,以其动物学和古生物学方面的著作而闻名。——107、293—294、298。

牛顿,伊萨克(Newton,Isaac 1642—1727)——英国物理学家、天文学家和数学家,经典力学的创始人。——6、11、13、14、49、63、71、73、123、136、189、201、272。

纽可门,托马斯(Newcomen,Thomas 1663—1729)——英国铁匠,蒸汽机的发明者之一。——216。

诺伊曼,卡尔·哥特弗里德(Neumann,Carl Gottfried 1832—1925)——德国数学家和物理学家。——221。

O

欧几里得(Euclid 公元前 4 世纪末—3 世纪初)——古希腊数学家。——11。

欧姆,格奥尔格·西蒙(Ohm,Georg Simon 1787—1854)——德国物理学家,1826 年发现了确定电路电阻、电动力和电流强度之间的相互关系的电路基本定律,后以他的名字命名为欧姆定律。——228。

欧文,理查(Owen,Richard 1804—1892)——英国动物学家、解剖学家和古生物学家,达尔文主义的反对者;发展了关于脊椎动物是按"原型"构成的唯心主义观念;1863年最先描述了侏罗纪的始祖鸟。——70。

欧文,罗伯特(Owen,Robert 1771—1858)——英国空想社会主义者。——50。

P

帕格尼尼,尼古洛(Paganini,Niccoló 1782—1840)——意大利提琴演奏家和作曲家。——305。

帕米纳(Pamina)——莫扎特的歌剧《魔笛》中的人物。——58。

帕潘,德尼(Papin,Denis 1647—1714)——法国医生和物理学家,1680年起游历欧洲各国,进行了一些蒸汽机发明前准备工作,蒸汽机发明者之一。——215。

泡利,菲力浦·维克多(Pauli,Philipp Viktor 1836—1920)——德国化学家,曾管理莱瑙(曼海姆附近)的一家化学工厂,肖莱马和恩格斯的朋友。——74。

培根,弗兰西斯,维鲁拉姆男爵,圣奥尔本斯子爵(Bacon,Francis,Baron of Verulam and Viscount of Saint Albans 1561—1626)——英国唯物主义哲学家、政治活动家和法学家、自然科学家和历史学家;英国启蒙运动的倡导者。——45、49、272。

佩尔蒂,约瑟夫·安东·马克西米利安(Perty,Joseph Anton Maximilian 1804—1884)——德国自然科学家,1833年移居伯尔尼。——288。

普利斯特列,约瑟夫(Priestley,Joseph 1733—1804)——英国化学家和唯物主义哲学家,英国资产阶级激进派的思想家,1774年发现氧气;1794年因拥护法国大革命而流亡美国。——48、116。

普林尼(老普林尼)(盖尤斯·普林尼·塞孔德)(Gaius Plinius Secundus Major 23—79)——古罗马政治活动家、作家和博物学家,《博物志》(共 37 卷)的作者。——72。

普卢塔克(Plutarchos 46—119 以后)——希腊著作家和唯心主义哲学家,道德论者,柏拉图哲学的拥护者,曾与伊壁鸠鲁学派和斯多亚学派论争;写有古希腊罗马名人传记以及哲学和伦理学著作。——31。

普罗克拉斯提斯(Prokrustes)——古希腊神话中的一个身材高大的强盗,他强迫所有过路的人躺在他所设置的一张床上,若比床长则砍足,短则拉长。——44。

R

茹尔丹(Jourdain)——莫里哀的喜剧《醉心贵族的小市民》中的主人公。——82。

S

萨弗里,托马斯(Savery,Thomas 约 1650—1715)——英国工程师,蒸汽机的发明者之一。——216。

塞尔维特,米格尔(Serveto〔Servet〕,Miguel 1511—1553)——西班牙医生,政论家和思想家,在研究血液循环方面有重要发现,因批判宗教教义而被加尔文下令在日内瓦以"异端"罪名处以火刑。——6、10。

赛奇,彼得罗·安吉洛(Secchi,Pietro Angelo 1818—1878)——意大利天文学家,罗马天文台台长,耶稣会会士;主要从事太阳系和恒星光谱的研究。——19、24—25、73—74、203、205、206、277。

圣西门,昂利(Saint-Simon,Henri 1760—1825)——法国空想社会主义者。——3、14、123。

施达克,卡尔·尼古拉(Starcke,Carl Nikolai 1858—1926)——丹麦资产阶级哲学家和社会学家。——68。

施莱登,马蒂亚斯·雅科布(Schleiden,Matthias Jakob 1804—1881)——德国

植物学家,细胞学说的创立者之一。——65、323。

施米特,爱德华·奥斯卡尔(Schmidt, Eduard Oskar 1823—1886)——德国动物学家,达尔文主义者,斯特拉斯堡大学教授。——4。

施特劳斯,大卫·弗里德里希(Strauß, David Friedrich 1808—1874)——德国哲学家和政论家,黑格尔的学生;《耶稣传》(1835)和《基督教教义》(1840)的作者;他对圣经的历史性批判奠定了青年黑格尔派的理论基础;1866 年后成为民族自由党人。——240。

施旺,泰奥多尔(Schwann, Theodor 1810—1882)——德国动物学家,细胞学说的创立者之一,同植物学家马·施莱登共同奠定了细胞学说的基础。——65、323。

叔本华,阿尔图尔(Schopenhauer, Arthur 1788—1860)——德国哲学家,唯意志论、非理性主义和悲观主义的鼓吹者,普鲁士容克的思想家。——44、328。

斯宾诺莎,巴鲁赫(贝奈狄克特)(Spinoza, Baruch [Benedictus] 1632—1677)——荷兰唯物主义哲学家,无神论者。——13、61、73、96。

斯宾塞,赫伯特(Spencer, Herbert 1820—1903)——英国哲学家和社会学家,实证论者。——188。

斯米,阿尔弗勒德(Smee, Alfred 1818—1877)——英国外科医生和物理学家,曾将电运用于生物学和冶金工业。——225。

斯涅尔,维勒布罗尔德(Snellius, Willebrord 1580—1626)——荷兰天文学家和数学家,发现了光的折射定律。——211。

苏特尔,亨利希(Suter, Heinrich 1848—1922)——瑞士数学家和数学史学家。——162—166、169、172。

梭伦(Solon 约公元前 640—560)——雅典政治活动家和诗人,相传为古希腊"七贤"之一,在人民群众的压力下制定了许多反对氏族贵族的法律。——63。

T

泰勒斯(米利都的)(Thales of Miletus 公元前 624—547)——古希腊哲学家、
数学家和天文学家,伊奥尼亚学派的主要代表人物;自发唯物主义的米利
都学派的创始人。——30、33、144、154。

泰特,彼得·格思里(Tait, Peter Guthrie 1831—1901)——苏格兰物理学家和
数学家,《理论物理学手册》的作者。—— 166、167、173、175、206、209
—211。

汤姆森,汉斯·彼得·耶尔根·尤利乌斯(Thomsen, Hans Peter Jörgen Julius
1826—1909)——丹麦化学家,主要从事热化学的研究。——234、235、
245、251。

汤姆生,托马斯(Thomson, Thomas 1773—1852)——苏格兰化学家和化学史
学家,格拉斯哥大学教授,道尔顿的原子论的拥护者。——71、72、217—
219、278—280。

汤姆生,威廉,开尔文男爵(Thomson, William, Baron Kelvin 1824—1907)——
英国物理学家,格拉斯哥大学理论物理教研室主任(1846—1899);主要从
事热力学、电工学和数学物理学的研究;1852 年提出唯心主义的"宇宙热
寂"假说。——166、175、184、206、209—211、274、287、308。

唐·吉诃德(Don Quijote［Don Quixote］)——塞万提斯的同名小说中的主要
人物。——73。

特劳白,莫里茨(Traube, Moritz 1826—1894)——德国化学家和生理学家,曾
创造出演示细胞生理学过程的人造细胞模型。——292。

廷斯利兄弟公司(Tinsley Brothers)——英国一家印刷和出版公司。——56。

托勒密,克劳狄乌斯(Ptolemaeus, Claudius 约 90—160)——希腊天文学家、星
象学家、数学家和地理学家,地球中心说的创立者。——11。

托里拆利,埃万杰利斯塔(Torricelli, Evangelista 1608—1647)——意大利物理
学家和数学家,水银温度计的发明者,伽利略的学生。——11、29。

托瓦森,贝尔特尔(Thorvaldsen,Bertel 1768—1844)——丹麦雕刻家,后古典主义的主要代表人物。——305。

W

瓦格纳,莫里茨·弗里德里希(Wagner,Moriz Friedrich 1813—1887)——德国自然科学家和探险家,达尔文主义者。——287—289。

瓦利,克伦威尔·弗利特伍德(Varley Cromwell Fleetwood 1828—1883)——英国电气工程师。——55。

瓦特,詹姆斯(Watt,James 1736—1819)——英国商人、工程师和发明家,万能蒸汽发动机的设计者。——216。

微耳和,鲁道夫(Virchow,Rudolf 1821—1902)——德国病理学家和人类学家,资产阶级政治活动家,细胞病理学的奠基人,达尔文主义的反对者,进步党的创始人和领袖;普鲁士第二议院议员(1862—1902)和德意志帝国国会议员(1880—1893)。——4、40、41、58、62。

韦伯,威廉·爱德华(Weber,Wilhelm Eduard 1804—1891)——德国物理学家,曾从事电学理论和磁学理论的研究,1833年制造出德国第一台电报机。——220、221。

维德曼,古斯塔夫·亨利希(Wiedemann,Gustav Heinrich 1826—1899)——德国物理学家,主要从事电磁学的研究,《物理和化学年鉴》的发行人(1877—1899)。——190、217、220、221、224、225、227—251、254、256—260、262—266、270、271、282。

维耳克,克里斯蒂安·哥特洛布(Wilke,Christian Gottlob 1786—1854)——德国神学家,新教教徒,后改宗天主教。——240。

维勒,弗里德里希(Wöhler,Friedrich 1800—1882)——德国化学家,主要从事有机化学和无机化学的研究,提出了一系列化学合成方法;1824年第一次实际完成尿素的合成;李比希的好友。——66。

维斯里辛努斯,约翰奈斯(Wislicenus,Johannes 1835—1902)——德国化学家,

主要从事化学结构和立体化学的研究。——301。

X

肖莱马,卡尔(Schorlemmer,Carl 1834—1892)——德国化学家,有机化学的创始人,辩证唯物主义者,曼彻斯特大学教授(1859年起);德国社会民主党党员,国际会员,60年代初成为马克思和恩格斯的朋友。——62、81、325—327。

休厄尔,威廉(Whewell,William 1794—1866)——英国哲学家和科学史家,剑桥大学矿物学教授(1828—1832)和道德哲学教授(1838—1855)。——107。

休谟,大卫(Hume,David 1711—1776)——英国哲学家、历史学家和经济学家,主观唯心主义者,近代不可知论的创始人;重商主义的反对者,货币数量论的早期代表人物。——4、97、328。

Y

亚当斯,约翰·库奇(Adams,John Couch 1819—1892)——英国天文学家和数学家,1845年不依靠勒维烈而独立地计算出当时还不为人知的海王星的轨道,并确定了这个行星在宇宙中的位置。——211。

亚里士多德(Aristoteles 公元前384—322)——古希腊哲学家,在哲学上摇摆于唯物主义和唯心主义之间,奴隶主阶级的思想家,按其经济观点来说是奴隶占有制自然经济的维护者,他最先分析了价值的形式;柏拉图的学生。——30—35、42、61、72、103、317。

扬布利柯(Jamblichos 约死于330年)——希腊唯心主义哲学家,神秘主义者,新柏拉图主义哲学学派的主要人物,该学派叙利亚分支的创始人;著有《论埃及的秘密宗教仪式》等著作。——52。

依巴谷(尼西亚的)(Hipparchus of Nicaea 约公元前190—125)——古希腊天文学家。——202。

伊壁鸠鲁(Epikouros 约公元前342—270)——古希腊哲学家,无神论者。——34、43、328。

约翰(Johannes)——据基督教传说,是基督教使徒之一,是耶稣基督最喜爱的门徒。按习惯说法是启示录、约翰福音和约翰一、二、三书的作者,实际上这些作品是由许多人写成的。——49、277。

约书亚(嫩的儿子约书亚)(Joshua〔Josua〕)——圣经中的英雄,相传他吩咐自己的战士随着吹羊角的声音大声呼喊,从而使耶利哥城墙塌陷。——215。

Z

泽德利茨,格奥尔格(Seidlitz, Georg)——德国自然科学家,达尔文主义者,《达尔文学说》一书的作者。——329。

《自然辩证法》细目

（按手稿写作时间编排）①

1873 年 2—5 月

1874 年 9—10 月

---

① 各篇手稿标题前方括号［ ］内的数字是编者按照恩格斯手稿写作时间加的序号，后面标注的数字是本书的页码。——编者注

1875 年 11 月—1877 年 8 月

1877 年 10 月—1878 年 5 月或 6 月

1878 年 8—9 月

1879 年 9 月

1880 年 2—7 月

1882 年初—1886 年或以后

《自然辩证法》细目

（按手稿内容编排）①

---

① 各篇手稿标题前方括号［　］内的数字是编者按照恩格斯手稿写作时间
加的序号，后面标注的数字是本书的页码。——编者注

《自然辩证法》四束手稿内容索引①

［第 一 束］
辩证法和自然科学

---

① 各篇手稿标题前方括号［ ］内的数字是编者按照恩格斯手稿写作时间加的序号,后面标注的数字是本书的页码。——编者注

[第 二 束]

自然研究和辩证法

责任编辑：崔继新
装帧设计：汪　莹
版式设计：周方亚
责任校对：阎　宓

图书在版编目（CIP）数据

自然辩证法/恩格斯著；中共中央马克思恩格斯列宁斯大林著作编译局编译.
　—北京：人民出版社，2015.12（2018.3 重印）
（马列主义经典作家文库）
ISBN 978－7－01－015522－7

Ⅰ.①自… 　Ⅱ.①恩… ②中… 　Ⅲ.①马列著作-马克思主义
　Ⅳ.①A81－49②N031

中国版本图书馆 CIP 数据核字（2015）第 275569 号

书　　名	**自然辩证法**
	ZIRAN BIANZHENGFA
编 译 者	中共中央马克思恩格斯列宁斯大林著作编译局
出版发行	人民出版社
	（北京市东城区隆福寺街 99 号　邮编　100706）
邮购电话	（010）65250042　65289539
经　　销	新华书店
印　　刷	北京新华印刷有限公司
版　　次	2015 年 12 月第 1 版　2018 年 3 月北京第 2 次印刷
开　　本	635 毫米×927 毫米 1/16
印　　张	28
插　　页	3
字　　数	338 千字
印　　数	10,001-20,000 册
书　　号	ISBN 978－7－01－015522－7
定　　价	58.00 元